THE DETAILS OF THE SECOND WORLD WAR

二战的细节

库特·冯·蒂佩尔斯基希◎著

李娟◎编译

民主与建设出版社

图书在版编目（CIP）数据

二战的细节 /（德）库特 · 冯 · 蒂佩尔斯基希著；李娟编译 . — 北京：民主与建设出版社，2017.4（2021.3 重印）

ISBN 978-7-5139-1484-0

Ⅰ . ①二… Ⅱ . ①库… ②李… Ⅲ . ①第二次世界大战—史料 Ⅳ . ① K152

中国版本图书馆 CIP 数据核字 (2017) 第 071662 号

二战的细节

ERZHANDEXIJIE

编　　者　库特 · 冯 · 蒂佩尔斯基希　李娟 编译

责任编辑　刘树民

封面设计　仙境

出版发行　民主与建设出版社有限责任公司

电　　话　（010）59417747 59419778

社　　址　北京市海淀区西三环中路 10 号望海楼 E 座 7 层

邮　　编　100102

印　　刷　三河市华东印刷有限公司

版　　次　2017 年 6 月第 1 版

印　　次　2021 年 3 月第 2 次印刷

开　　本　710 mm × 1000 mm　1/16

印　　张　14.5

字　　数　157 千字

书　　号　ISBN 978-7-5139-1484-0

定　　价　35.00 元

注：如有印、装质量问题，请与出版社联系。

目录

第一章 战前事件和战争爆发

一、走向战争 / 002

二、1939 年的德国武装力量 / 006

三、1939 年德国的敌人 / 011

第二章 德国在欧洲势力范围的扩大

一、波兰战局 / 018

二、消灭波军 / 019

三、第四次瓜分波兰 / 021

四、西线的阵地战 / 023

五、1939—1940 年冬季对英国的海战和空战 / 030

六、苏联在波罗的海沿岸的行动 / 036

七、侵占挪威和丹麦 / 041

第三章 德军在西线的胜利

一、法国内部动荡加剧 / 056

二、双方的计划和兵力 / 057

三、战略突然性的成功 / 061

四、法国会战 / 070

第四章 德国进攻苏联

一、军事和政治准备 / 082

二、红军 / 089

三、战争爆发 / 092

第五章 斯大林格勒大会战

一、1942 年夏季苏军的扰乱性行动 / 098

二、德军进攻斯大林格勒 / 101

三、斯大林格勒战役的结束 / 105

四、1942 年冬季的苏德战场 / 111

五、高加索至沃罗涅日的苏军攻势 / 117

第六章 1944 年夏季德军东线的崩溃

一、德军在东线的最后进攻 / 124

二、苏军挺进第聂伯河 / 128

三、苏军在卡累利阿地峡的进攻 / 142

四、德军中央集团军群的溃败 / 146

五、苏军自喀尔巴阡山至楚德湖的进攻 / 156

六、芬兰退出战争 / 164

七、德军南乌克兰集团军群的惨败和罗马尼亚退出战争 / 167

八、库尔兰集团被合围和苏军入侵东普鲁士 / 173

九、苏军在匈牙利的攻势 / 176

第七章 东线的结局

一、苏军突破维斯瓦河防线 / 190

二、突破奥得河防御 / 214

三、柏林陷落和希特勒的末日 / 223

第一章

战前事件和战争爆发

一、走向战争

1938年秋，在慕尼黑会议上，苏台德问题得到和平解决，德国人民满心欢喜。会议结束后，张伯伦走过慕尼黑的街道，看到周围都是沉浸于欢乐之中的人——德国人民希望能与欧洲各国和平共处，但同时要成为强者，得到人们的尊重。慕尼黑会议的召开，使德国人民更加相信，他们的这种希望需要希特勒政策的保障。因为希特勒不仅不经流血就轻易消除了压抑德国人民民族意识的《凡尔赛合约》所带来的后果，而且使德意志帝国的实力更加强大。这个时候，还在怀疑希特勒的政策，并看透希特勒魔鬼本性的人少之又少。而且，在希特勒的极权制度之下，这一小撮人根本没有公开发表意见和忧虑的机会。这次会议之后，那些分布在德国边界以外的德国居民开始组成大大小小的团体纷纷以和平的方式并入大德意志国家中来，这使德意志帝国进一步壮大。当然，这并非希特勒之前预料到的。在希特勒看来，所谓的大德意志不过是个幌子，他之所以顺势提出这个口号，不过是想要利用20世纪初欧洲在民族问题上的政策。第一次世界大战后，德国被夺走了好几个州，日耳曼人也成了战败民族。从这一事实出发，希特勒找到了有力的论据，并坚信这些论据能在德国人民心中得到全然合理的共鸣。在希特勒看来，对国界进行稍微地修改，能使德国人民更加信服他的政策。

事实上，在慕尼黑会议召开前，希特勒已经开始盘算另一件事了——他要向欧洲乃至世界展示他所建立起的德国新武装力量。在他看来，与其召开这次会议，不如直接同捷克斯洛伐克开战。他认为，最便捷的手段就是向西方列强展现德军的实力，从而让他们害怕与德国发生任何意见上的分歧。可以确信的是，早在 1937 年，希特勒就下定决心，一有机会就“试验军事实力”，也就是从那时起，这种想法就成了他所有外交政策的目标。

为了达成这一目标，首先要做的就是对内做好德国人民的思想工作——让他们相信，希特勒推行的政策是为了进一步修改《凡尔赛和约》，将所有的德国人统一到一个国家中来。除此之外，希特勒对外还努力营造出一种政治形势，那就是既能实行军事性质的打击，又不会招致敌对联盟优势兵力的反击。

基于此，希特勒于 1939 年 3 月开始进攻捷克斯洛伐克。就对外政策而言，这一行动是十分冒险的——希特勒打破了他一再强调的将所有德国人统一到一个国家的宏伟蓝图。但是，就军事角度而言，消灭捷克斯洛伐克这个国家是实现以后计划的必要前提。在此过程中，那些签订《慕尼黑协定》的大国因害怕战争并没有跳出来反对，这使德国人民将这一行动视为希特勒政策的又一次证明。占领捷克斯洛伐克之后，波兰就成为希特勒的下一个目标，但希特勒也明白，再故伎重施是不可能的。所以，他选择在政治和军事上尽可能地孤立波兰。当时的形势是：法波联盟仍然存在，而且受德国入侵捷克斯洛伐克的影响，英国于 1939 年 3 月底向波兰做出保证，如果波兰受到侵略，便出兵帮忙。尽管如此，希特勒依然坚持进攻波兰，并认为即使这样，英法两国也不敢贸然为波兰出头。因为根据几年来的经验，希特勒认为，只要让英法相信，他们对波兰采取军事援助时已为时过晚，那他们就可能在最后关头退缩。为此，在对波兰发动进攻前，希特勒让德军做足准备，以便在几个星期之内解决掉波兰，不给英法反应的时间。

当然，在对波兰进攻之前，苏联的立场也意义重大。所以，尽管希特勒之前在政治上与苏联并不亲近，但为了拿下波兰，他一改往日的对苏态度，开始刻意讨好苏联。克里姆林宫的领导人是经验丰富的政治家，当然知道欧洲的紧张局势一触即发。他更知道，对于事态的进一步发展，苏联的态度至关重要。因此，斯大林也一改之前的谨慎态度，开始试探柏林方面。另一方面，西方国家也开始与苏联进行谈判。因为他们清楚地意识到，如果没有苏联的军事援助，他们对波兰许下的承诺就毫无根基可言。因此，他们努力想要苏联成为希特勒的敌对势力。6 月，他们派出外交代表团，前往莫斯科。然而代表团遇到的苏联人也很清醒，他们并不愿意受西方国家的蛊惑，轻易地卷入战争中。而且他们也明白，成为反对德国的主力，要付出极大代价。

更加糟糕的是，西方国家发现，即使苏联做出保证，波兰人也并不相信——波兰人担心，苏联人一旦以同盟者的身份进入他们的国家，就永远不会离开。因此，英法代表在莫斯科的谈判陷入了僵局，不断出现的矛盾和困难引起了无休止的争吵，并让谈判更加复杂化，而苏联人与柏林的谈判却异常顺利地进行着。

起初，希特勒怀疑苏联企图通过与德交涉作为同西方国家谈判的筹码，直到 7 月底，希特勒终于确信他的怀疑是错误的，于是他指示帝国外交部长加快了谈判进程。对苏联而言，与德国达成协议比与西方国家结盟更有利。此外，希特勒剩下的时间也不多了——他早已决定了发生冲突的日期。他希望在与波兰发生冲突之前，能营造一个确定的政治形势。所以他给苏联人的东西比西方国家给的要多得多——西方国家需要苏联的积极援助；而对希特勒而言，苏联只要保持中立就够了，而且他还愿意给苏联高昂的报酬，以让其保持这种立场，那就是将波兰的部分领土划给苏联，并承诺不涉足与苏联接壤的东欧小国。因此，8 月 23 日，德苏两国在莫斯科签订了《苏德互不侵犯条约》。对于这一条约的意义，斯大林有很清楚的认识，如果德国开始进攻波兰，英国将对德宣战。这样一来，即使不爆发世界大战，也会爆发欧洲战争。虽然战争在苏联旁边上演，但他不必卷入战争中，再加上苏德的协议，战争一开始，苏联将不费一兵一卒就获得大片的波兰领土，这样一来，苏联的西部边界也能明显扩大。

如今，西方国家陷入了困境。1933 年至 1938 年间，实力强于德国的西方国家没有阻拦希特勒，这使德国的军事和政治实力大大提升，现在爆发战争对西方国家而言是极其危险的。他们错过了将德国的政策局限于他们能控制的范围内的机会。尽管如此，英国还是决定以暴制暴，以此回应希特勒的暴力行动。8 月 25 日，英国与波兰结成军事同盟，希望这一明确的行为能制止希特勒进攻波兰的计划。同日，墨索里尼表示，意大利无意参战——他认为这场战争不可能局限于与波兰一国开战。这样一来，希特勒不得不推迟他的进攻计划（他原本定于 8 月 26 日凌晨发起进攻）。希特勒做此决定，并非全然因为墨索里尼拒绝参战，希特勒希望再给自己一些充分考虑这一决定的时间，同时也寄希望于法国人的避战情绪会影响英国的立场。于是，里宾特洛普受希特勒的委托，继续与英国和波兰谈判，希望他们能明白，如果波兰人不做出前所未有的让步，它们注定要遭遇可怕的失败。但英国和波兰并没有屈服。8 月 31 日，希特勒断定谈判失败，随后，他发布了有关展开战争的第 1 号训令，该训令指出：“现在，通过和平途径解决德国再也不能容忍的东部边界现状的一切政治手段都已经用尽，我决定以武力达成这一目的。”1939 年 9 月 1 日 4 时 45 分，德军根据这一训令开始进攻波兰。

尽管已经付诸武力，希特勒依然希望英国和法国在目睹波兰深陷绝境的惨状后，不会参战。无论如何，希特勒并不希望同时与那么多西方国家作战。基于此，他委托意大利主持召开了新的国际会议，企图通过谈判避免那些西方的敌人卷入战争中来。但这场新的谈判很快就归于失败——英国于 9 月 3 日递交了最后通牒，英国在最后通牒中声称，如果 11 时以前，德国没有给出满意的答复（承诺停止对波兰的一切进攻行动并从该国撤军），那么，从11时起，英国将与德国处于战争状态。目击者称，当英国政府的最后通牒交到希特勒手中时，他发了好一阵的呆——他终于明白，他预估错了英国人可能的反应，而他的行动太草率了。接着，法国人的最后通牒也如同回声一般送达，最后期限为17时。

于是，第二次世界大战在欧洲爆发了。

二、1939年的德国武装力量

陆军方面，通常认为，德国的新陆军组建于1935年3月16日，也就是希特勒宣布实行义务兵役制，并确定陆军人数为36个师的时候。但实际上，德国早在1933年秋天就已经开始补充军队人员和技术装备了，到了1934年的春天，更是加快步伐。所以，德国陆军的重新组建总共花了6年时间，从1933年至1939年。

国防军陆军是德国陆军的核心力量，虽然受制于《凡尔赛和约》，国防军陆军仍以人员的高素质著称，在军队教育和专业训练等方面都超越了他曾经的敌人。到1939年秋季来临之前，国防军陆军已由原来的7个步兵师和3个骑兵师增至39个步兵师、3个山地步兵师、5个坦克师、4个轻步兵师和1个骑兵师，总计52个师，不过上述这些师并非满员师。

为了应付战争，希特勒后来又组建了46个师，但困难在于为这些师补充人员。于是，只能征召一些出生于第一次世界大战期间的低龄人员，这些出生于1901至1914年间的人员自1919年起就再未接受过任何军事训练，现在只能从头开始。

至于军队的装备，原国防军陆军的装备，就连步枪也已十分陈旧，就现代观点而言，基本是完全没有武装。至于后来组建的46个师，只能用那些被基干部队淘汰的陈旧装备，以及那些被解散的捷克斯洛伐克军队所使用的技术兵器，但即使这样，这些杂牌武器也只是勉强够数。由此可见，1939年的陆军有诸多缺点，自然没有做好参战的准备。

但他们也有自己的优势，这些优势在战时才完全体现出来。相比于敌人的陆军，德国陆军的编制比较合理，装备也相对精良，训练也更系统。编制和装备之所以稍胜一筹，是因为德国在组建陆军时采取了一些特殊措施。早在和平时期，基干师就达到了战时规定的数量，并装备了较之于敌军更现代化和多样化的武器。着手组建坦克师和轻步兵师后，德国陆军就走上了这条新路，至于其他国家的军队要么没有跟着他走这条路，要么走得犹犹豫豫。

陆军的战斗训练是以国防军的训练原则为基础的。国防军是长期服役的职业军队，所以战斗训练水平很高，这些训练军队的原则被机械化地搬到了短期服役、人数要庞大得多的陆军中来。结果，其战斗训练达到的水平，当然比其他国家以普遍义务兵役制为原则进行补充的陆军要高得多。

而且，德国陆军还沿袭了普鲁士的传统，保留了世界上任何其他陆军都没有的士官，这些士官数量众多，军容整齐划一，训练有素。他们后来成了国防军人员选拔、教育和训练方法的典范。虽然德国陆军后来扩大了两倍，并且还在继续扩大，士兵的素质也变得参差不齐，但士官始终保持着高水准，这使得德军在战前和战时，能不断培养出合格的士官。

此外，德国陆军还从第一次世界大战中吸取了教训，认为快速行动是决定胜负的关键，而要达到这样的要求，就需要给军队装备飞机、坦克等新式兵器。这与还坚持着第一次世界大战时传下来的以阵地战为主导的旧观念完全相反，此时的法国人依然认为，现代战争中，防御比进攻更重要，为此，首先要在炮兵方面取得优势。而只有德国人懂得，更有效的办法是组建大量快速兵团，并与那些装备精良、训练有素的空军兵团协同作战，实际上，德国人也是这样做的。

海军方面，德国于 1935 年与英国签订了《英德协定》，根据这一协定，德国舰队未来的总吨位为不列颠帝国水面舰艇总吨位的 35%，潜艇总吨位为其潜艇总吨位的 45%，某些条件下才能达到 100%。从那时起，德国海军就挣脱了《凡尔赛和约》的桎梏，但它因此得到的好处要远少于陆军和空军。海军发展较慢的真正原因在于，出于政治和军事上的考虑，德国要在短时间内同时组建和扩充陆军和空军。此外，德国出于战略考虑，于 1938 年夏季开始构筑齐格菲防线，为此耗费了大量的人力、物力和财力，因此，根本没有足够的精力建设海军，只能按照英国所规定的建造潜艇限额行事。

希特勒计划在 1944 年或 1945 年前完成德国海军的组建工作，此期限以前，海军实力应该达到“拥有足够作战半径大的战舰，并能同英国在大西洋交通线上顺利进行斗争”。但是，在 1939 年对英国的战争就开始了，而此时德国的海军还处于初建阶段。

1939 年 9 月 1 日，德国海军拥有以下舰艇：

战列舰 2 艘（沙恩霍斯特号、格奈泽瑙号）；装甲巡洋舰（袖珍战列舰）3 艘，每艘排水量为 10，000 吨（德意志号——后改称吕佐夫号，海军上将谢尔夫号，海军上将施佩伯爵号）；重巡洋舰 2 艘（希珀尔号和布吕歇尔号）；轻巡洋舰 6 艘；驱逐舰 22 艘；雷击舰 20 艘；扫雷舰 2 艘；近海作战潜艇 35 艘，每艘排水量为 250 吨；远洋潜艇 22 艘，每艘排水量 500 至 700 吨；鱼雷艇 17 艘。

此外，正在建造且战时可能建成的舰艇还有：战列舰 2 艘（俾斯麦号和蒂尔皮茨号）；重巡洋舰 2 艘（欧根亲王号）；潜水舰队每月增加 2 至 3 艘潜艇。

本来，希特勒还计划建造大量大型舰艇，但后来随着战事越来越激烈，要完成这一计划是不可能的。迫于形势，海军只能将即将建成的战舰完成，并重点建造潜艇。由此可见，此时的德国舰队并未做好与英国开战的充足准备。不过值得庆幸的是，航空兵也能参与海上战役，而且此时水面舰艇的作战半径较之于第一次世界大战时要大得多。总而言之，在对波兰的作战中，德国海军完全有能力完成它在波罗的海上所承担的任务：同波兰作战，并从瑞典北部运输矿石。

空军方面，发展更加困难。在德国，年轻的空军于第一次世界大战期间首次组建起来，但等到第一次世界大战结束，根据《凡尔赛和约》的规定，禁止德国拥有用于军事目的的飞机，因此，德国空军于1920年被解散。可是，陆军和海军都清楚，任何武装力量都有赖于这种现代化兵种的协助，而且，随着希特勒的上台，他们深信，总有一天，《凡尔赛和约》规定的军事限制会被取缔。所以，陆、海军在训练军队和在理论上制定战斗实施计划时，总是竭力为空军保留适当的位置，以为其后续发展创造条件。

陆军军官中有一些军官曾在空军服役，起初，他们的活动局限于讨论某些理论问题或研究外国空军的发展。1926年，随着《巴黎航空协定》的签订，西方国家允许德国陆军和海军每年训练36名运动飞行员，并允许他们去国外参与补充战斗的训练。30年代初期，《凡尔赛和约》的限制越加松动，此时德国开设的民航驾驶员学校已经能够训练飞行干部了。但是，仍不能进行战斗训练，直到1933年，德国从陆军和海军人员中培养了约2500名飞行员。

建造适用于战争的飞机也是一大难题。根据1926年《巴黎航空协定》的规定，德国航空工业不能制造战斗机。于是，一些德国飞机制造商在国外成立了子公司，并在那里制造飞机，以用于训练德国飞行员。在德国本土，只能生产教练机，第二次世界大战中，这些飞机被用于侦察，发挥了巨大作用。

为了训练地面军队与航空兵的协同作战，并帮助飞行观察员学习侦察行动，德国组建了几个教练机大队。1933 年，已在国外积累了大量经验的德国航空工业，开始制造当时德国还很少的现代军用飞机。

至于陆军的几个炮兵连，则是高射炮兵的萌芽，他们最初使用的装备是第一次世界大战时留下的过时兵器，以及少量新装备。希特勒上台后，戈林控制了所有可用于发展飞机制造业的企业，并将其合并为帝国的一个委员会，1933 年，他在其基础上成立了空军部。此后，德国兴建了大量机场，航空工业得到蓬勃发展，空军空勤和地勤人员也得到了加速训练。

为了给空军补充人员，海、陆军给空军调配了原飞行员干部（就是参与第一次世界大战的飞行员），以及经过多年训练的驾驶员和观察员。许多有飞行经验的原军官都回到空军部队服役。在此过程中，隶属于戈林的警察提供了许多帮助。1934 年秋，德国组建了第一批分队，主要是侦察大队。

1935 年 3 月 1 日，即德国宣布废除《凡尔赛和约》的军事限制之前，德国空军揭开了伪装的面纱，此前的组建工作已大致完成。现在，是时候迅速发展空军了，为此，政府为其拨出了巨额款项。

较之其他国家的空军，德国空军的一大优势是，没有旧式作战飞机。在经历了一系列探索后，德国在战机方面占据了绝对优势。德国航空工业制造了几种很先进的飞机，如 He—111、Do—17 型轰炸机、Me—109 型歼七机、最完美的 Ju—87 型俯冲轰炸机和 Me—110 双引擎重型歼击机。1934 至 1939 年间，德国航空工业每年生产的飞机由 900 架增至 6000 架。

希特勒原本计划于 1942 年前，生产 1000 架单座歼击机、1000 架轰炸机，以及 1000 架俯冲轰炸机、侦察机和双引擎重型歼击机，并制造一定数量的运输机和教练机。当 1939 年战争爆发时，该计划并未完成。此时的德国空军拥有 2500 架飞机，其中由 1000 架轰炸机，组建了 5 个航空兵师和 1 个伞降师。德国飞机的质量要好于波兰和法国，与英国飞机的质量相当。如果只计算现代飞机的数量，德国空军的飞机比三个敌国加起来还要多。

然而，德国的空军是在仓促之间组建起来的，它的缺点也很明显——作战经验少，而且在人数上与陆军总数严重失调。除此之外，空军在德国西北部地区并没有建成足够大的机场网，再加上当时技术条件的限制，战争爆发后，伦敦成了一个遥不可及的目标——没有一架飞机能从德国东部出发，经过北海，绕到英国最重要的工业区和西岸港口。

三、1939 年德国的敌人

波兰方面，自从第一次世界大战后重新成立，到 1939 年，人口已发展到 3500 万人，据 1931 年的调查，其中约有 1000 万人讲的不是波兰语。此时的波兰正处于一种尴尬的境地——对于小国而言，波兰是个庞然大物；然而，无论在军事上，还是工业上，它又无法与那些大国相抗衡。

波兰军队诞生于德国、奥匈帝国和苏联这三个大国的许多州内，它没有自身的军事传统和发展基础。和平时期的波兰军队就人数众多，包括 30 个步兵师、1 个骑兵师和 11 个独立骑兵旅。装备数量也很充足，但以第一次世界大战时的旧式武器为主。摩托化刚开始发展，整个波兰只有 9 个轻型坦克连和 29 个装甲汽车连。6 个混成航空兵团中最多有 1000 架飞机，其中只有约 400 架适应现代战争的需求。高射炮兵的情况更糟糕，此外还有许多缺编。

海军方面，波兰海军只有 4 艘驱逐舰、2 艘雷击舰、6 艘扫雷舰、2 艘炮舰和 5 艘潜艇，在波罗的海的作用微弱，无法阻止东普鲁士和德国之间展开海上运输。

1939 年夏，波兰所处的国际环境开始急剧恶化，为此，波兰开始进行秘密动员，陆续组建了预定组建的所有后备部队，包括团、独立营和炮兵营，并准备将这些后备部队合并为 10 个师，但因为这些准备工作需要保密，所以合并工作直到 1939 年 9 月 1 日才展开。战争爆发后，德国各集团军迅速进攻，这些预定措施被迫中止。

只有在边界地区阻拦敌人的进攻，才有可能保卫国家西部的经济区，为此需要构筑坚固的工事。波兰与德国间的国境线长达 1900 公里（其中有 600 公里与东普鲁士交界），而且自从德国对斯洛伐克实施军事管制后，南部边界也危机重重。所以，按照法国马其诺防线或德国齐格菲防线的模式修筑工事十分困难。波兰只能匆匆在上西里西亚东部受到严重威胁的工业区边缘和边界的其他地段修筑了几道筑垒地域线，而且没能完工。托伦、波兹南、格鲁琼兹、莫德林、佩列梅什利等省的旧式要塞也基本保留了原貌。

总而言之，不知波兰人基于何种理由相信自己能阻止一个大国的猛烈进攻。现在看来，波兰人严重高估了自己的实力。

法国方面。在希特勒看来，法国的武装力量在这场战争中起着决定性作用。因为战争一旦爆发，希特勒将与他们正面交锋。

1939 年秋，法国动员了 57 个步兵师、5 个骑兵师、1 个坦克师和 45 个后备师，其中一部分暂时留在北非，约 20 个师在阿尔卑斯战场上对付意大利。除了这些兵力外，法军本土仍然兵力雄厚，足以在德国对波兰发起进攻前，在西线以优势兵力进行突袭。

但是，在编制、补充制度、技术兵器和军队士气等方面，法国陆军存在着诸多缺点，这大大降低了法军的实力。

就法军的装备而言，它在数量上符合现代战争的要求，但在质量上并不符合——许多武器还是第一次世界大战时遗留下来的。炮兵的主要装备是 75 毫米的加农炮，而德国陆军已装备 105 毫米的榴弹炮，无论是炮弹的射程还是威力，两者都相差甚远。然而，法国拥有大量重炮和大威力火炮，尽管有一部分装备很陈旧，但就火力而言，比德国的火炮要强。

另外，虽然法国居民都有服兵役的义务，但作为战时被整编为后备兵团的大量后备人员，他们实际上并没有接受过认真的战斗训练。后来，法国政府也意识到了这个问题，开始采用临时集训的方法训练后备人员，但这种集训的时间很短，而被征召的后备人员数量也不够。结果显而易见——后备兵团的战斗力很弱，1940 年时，他们在防御战中不能顺利作战。

比起编制和装备上的缺点，法国面临的更大问题是心理方面的困难，法国在第一次世界大战中的死难者近 130 万人，所以法国人不想再遭受如此巨大的牺牲。因此，在这场即将到来的战争中，法国打算以军事防御为主，这也是法国军事政策的基本思想，具体体现在马其诺防线上，早在 20 年代初，当时的陆军部长马其诺就建议修建一条漫长的筑垒线，从巴塞尔地区的莱茵河开始，直至卢森堡的整段法德边界，以阻止敌人从德国境内进攻法国。1929 年，筑垒工事开始，耗费了大量人力、财力和物力，终于在 30 年代完成。无论是物质方面，还是心理方面，马其诺防线都对法国极具消极意义——巨额资金没有被用于军队现代化，而是花在了构筑筑垒工事上。而且如此大的工事，还需要人来守卫。（为此，法国还组建了专门的要塞部队，以便给筑垒工事提供齐全的人员）。用来守备防线的军队都是法国最精锐的部队，但战时，他们只能防守，不能进攻。如此消极的防御观点安抚着人们，让他们觉得自己已经被保护了起来，不会遭到任何人的入侵。因此，当战争爆发后，他们并不愿意付诸武力，去履行作为波兰盟国的义务。

除了这支人数众多但并不实施进攻的陆军外，法国还拥有一支过时的空军。在发展航空兵力方面，法国曾一度领先于他国——早在 1934 年，法国就组建起了欧洲最庞大的空军。但是，到了 1939 年前，它的飞机总数已经掉到了第四名，位于德国、英国和意大利之后。1934 年年中，德国航空工业已经超越了法国，此后，法国还于 1936 年前进一步缩减了产量。战争爆发前夕，法国仅拥有 1500 架飞机，几乎比德国少了一半，更没有德国飞机那么现代化。

总之，在 1934 年时，法国还是欧洲大陆最强大的国家，然而在战争爆发后，在陆地上却只对在两个战场同时作战的德国占据着微弱的数量优势，而在空中则远远落后于德国。

英国方面。数个世纪以来，英国政治的一个基本原则就是以强大的国家联盟去抗衡任何可能在欧洲大陆称霸的国家。英国还利用这一联盟保障其海上的自由行动，而只派出少量的远征军参与大陆的军事行动。

第一次世界大战时，英国已经不能顺利地遵循这一原则，而是靠着庞大的陆军力量，才与遭受重创的法军一起勉强坚持到了 1918 年。而且，为了获胜，英国还接受了美国的大力支援。

第一次世界大战后，英国又回到了昔日的老政策，赞成全面限制军备，以此避免战争再次发生。为此，英国还对德国为了恢复武力而采取的初期举措保持了消极态度——为了让自己不用面对海上竞争，英国冒着引起法国不满的风险，与德国签订了海军协定，这等于放弃了对德国海军的发展限制。

后来，德国空军飞速发展，当这种优势昭然若揭时，英国才感到不安。1935 年，英国航空兵位居世界第五位，它的飞机比法国少一半。但因为德国的飞机只有英国飞机数量的 2/3，英国想当然地认为，只要在五年内将空军扩大一倍就可以高枕无忧了。但是，到了 1936 年，德国空军的飞机数量已经超过了英国，尽管如此，德国依然毫不懈怠，继续进行武装。而此时的英国，困难重重的内政严重妨碍了空军的发展。之后，英国在慕尼黑采取退让态度，某种程度上就是因为空军不够强大。

在陆军编制上，英国陆军自第一次世界大战以来，并没有发生任何重大变化，英国一直在建设传统的小型职业军队。这支军队的相当一部分被派往印度和帝国的许多军事据点中充当防备部队。1939 年 4 月 27 日，英国实行了普遍义务兵役制，尽管很多人怀疑这一步骤的合理性。但它直接增加了战时英国陆军的人数，并缩短了动员时组建部队的时间。当然，这只是对法国和波兰摆出了一个象征性的姿态而已。对希特勒而言，与其说这是一种威慑，不如说是一种激励。

1939 年 9 月 3 日，英国加入战争——派出 4 个师参与欧洲大陆的军事行动。此外，为了保卫英国本土，英国竭尽全力想将战事局限于欧洲大陆。

相较于陆军的羸弱，英国的海军则十分强大。英国海军的舰艇编制如下：战列舰 12 艘，战列巡洋舰 3 艘，航空母舰 7 艘，重巡洋舰 15 艘，轻巡洋舰 49 艘，驱逐舰 184 艘，扫雷舰 42 艘，潜艇 58 艘。

这支海军拥有强有力的编制，在实施动员时能有效利用各种辅助舰船，并能适应一切要求。

和平时期，英国政府一向反对在军备上斥以巨资，现在看来，他只能在战争过程中弥补之前来不及准备的事。

第二章

德国在欧洲势力范围的扩大

一、波兰战局

1939年4月3日，德军最高统帅部印发了《关于武装力量一致准备战争》的训令，包括以下基本原则："德国武装力量的任务是消灭波兰武装力量。为此，必须力争并准备突袭。关于进行隐蔽和公开总动员的命令，将只能在进攻当日，并尽可能在最后时刻下达……拟定战争准备计划时，务必做到能在1939年9月1日以后的任何时间进行战斗。"

德国武装力量对波兰开战的准备和实施依据的就是这一训令。

在地理和军事方面，德军具有迅速战胜波兰的一切前提条件。东普鲁士和帝国的其他州从北面和西面包围了波兰的大部分地区。而且，随着捷克斯洛伐克的瓦解，德国武装的战略展开区进一步扩大。德国可以从西部的边界将重兵撤出，并利用东部边界的轮廓，沿着向心方向，使用武器装备远超敌人的大量军队进行进攻。这样的话，如果波兰只依靠自己，那必败无疑。

7月，德国采取了一系列举措，在不宣布动员的情况下，将大量按战时编制补满人员的基干军队调到预定集中地域或战略展开区。于是，以训练为借口，在庆祝坦嫩贝格会战二十五周年的幌子下，各基干师从德国转移到了东普鲁士各练兵场。此外，兵团也扩充到了战时编制的数量，并在波德边界展开掩体作业，至于坦克师、轻步兵师和摩托化师则前往德国中部，进行秋季大演习。8月25日前不久，预定进攻波兰以及未参与这些大演习的师被调到战略展开区。8 月 25 日，德国陆军做好了进攻准备。

9 月 1 日 4 时 45 分，德军开始进攻。进攻的第一天，德国空军就在机场上消灭了势单力薄的波兰空军，从而有效阻止了波兰武装力量有组织地完成动员工作，也使波军不能沿铁路进行大规模的作战调动，还严重破坏了敌人的指挥和通信网络，这为后来德国陆军的迅猛推进创造了条件。

之后，德国陆军集团军的进攻有条不紊地展开，到 9 月 7 日前，它们或者突破了敌军的边境防御，或者消灭了敌军的掩护部队，或者迫使他们仓皇撤退，并造成了惨重伤亡。

仅仅几天时间，德国的北方集团军群就建立起东普鲁士与德国之间的联系。之后，第 4 集团军与第 3 集团军在奥萨河附近的格鲁琼兹要塞胜利会师，成功切断了波军在“走廊”中的退路。

波兰人四处奋勇抗敌，尽管他们在战场上很勇猛，但无法扭转波军面临的困境——在许多地方，波军成功夜袭了德军分散的兵团，但面对德军坦克展开的攻击，波军却无能为力。波兰政府明白，末日即将到来，于是于 9 月 6 日从华沙逃往卢布林，9 月 9 日，又从卢布林逃到克列梅涅茨，9 月 13 日，又逃到了紧靠着罗马尼亚边界的城市扎列希基。9 月 16 日，波兰政府跨过边界。当时波兰人民和军队还在拼死抵抗，但他们的政府却抛弃了他们。

二、消灭波军

德军突破了波军的边境防御后，随即发动了几场战役，围歼了仍坚守在维斯瓦河以西的敌军。接着，第 14、第 3 集团军在维斯瓦河以东展开新的战役，从南北两面进行深远突击，竭力包围了维斯瓦河以东或者退守到该地的所有波军兵团。

在南面，第 14 集团军继续向东进攻。9 月 5 日，斯洛伐克参战，一个斯洛伐克师在杜克拉山口处越过边界，这大大减轻了第 14 集团军行动的难度。在桑河，集团军遭遇了顽强抵抗，但德军最终于 9 月 11 日强渡该河。如此一来，普热梅希尔被德军合围。9 月 12 日，德军的一个先遣队来到格鲁代克、利沃夫之间的地区，在那里陷入了长达几天的鏖战，直到重兵前来支援。

之后，第 14 集团军的左翼进攻兵团攻下了克拉科夫，并沿着维斯瓦河向上游挺进，然后在桑多梅日渡河，来到东岸。此后，这些兵团继续向东挺进，在俄罗斯的拉瓦、托马舒夫遭遇了敌军的重兵集团，该兵团是在皮斯托将军的率领下从南部边界退到这里的波军各集团的残余势力。德军阻止了该兵团的撤退，并和从南方赶来的集团军其余部队协同合作，于 9 月 16 日围歼了这批敌人。

渡过瓦尔塔河后，第 10 集团军兵分两路，如同两把尖刀一般，从东西两侧迂回包抄了维西察峰，并继续向拉多姆推进，这样一来，整个战局的第一个大合围圈的雏形就完成了。9 月 13 日，敌军被合围，几天后，德军将波军 5 个师的残部——总计 65000 人和 145 门火炮，都收入囊中。

结束战斗后，德军继续向东挺进，9 月 15 日，他们在桑河和维普日河河口之间渡过了维斯瓦河。接着，他们途经卢布林，与第 14 集团军会合（该集团军在俄罗斯拉瓦附近获胜后，就挥师北上）。接着，他们抵达弗沃达瓦地区的布格河，9 月 16 日，与第 3 集团军的先遣部队取得联系。这样一来，外合围圈也完全封闭了。

9 月 16 日，在沃维奇附近，波兰人进行了最后一次突围的尝试，失败后，在绝望中被消灭——波军 19 个师和 3 个骑兵旅残部约 17 万人被驱逐到维斯瓦河和布祖拉河之间的区域，在司令官博尔特诺夫斯基将军的率领下，于9月19日投降。与此同时，在维斯瓦河的西岸，波军的最后一个集团军也被歼灭。

至此，波兰的战局其实已经结束。尽管德国人一再建议停止没有意义的战斗，更何况华沙还遭到了炮火和轰炸机的轮番轰炸，然而，德军的攻击一直持续到9月28日。

战争总共持续了18天，最终，波军被全歼。德军总计俘虏了694000人，苏军总计俘虏了217000人，另外，可能有约10万人经过立陶宛、匈牙利和罗马尼亚的边界逃走。死于战争的波兰人数永远无法精确统计。而德军总计有10572人死亡，30332人受伤，还有3409人失踪。对于这些较小的伤亡数字，德国人以轻松的心情接受了下来（虽然他们无法正确解释它们）。之后，德国的宣传机构巧妙地利用了这些数字，以巩固人民对其领导人的信心。

三、第四次瓜分波兰

眼见德国对波战争已经必胜无疑，苏联认为，从与德国签订的密约中获取好处的时机已经来临（该密约是与苏德互不侵犯条约同时签订的）。于是，苏军于9月17日全线越过波俄边界，从背后进攻波兰。苏联政府这样为自己的行动寻找根据："波兰政府已经瓦解，没有表现出任何生机。这也就意味着，波兰及其政府已经不复存在。因此，苏波签订的条约也就失效了。波兰的无政府状态，使其成为能够培养出对苏联构成威胁的温床。所以，一直以来保持中立态度的苏联政府将不再对这一事态保持中立态度。”

9月初，进入波兰领土的苏军兵团并未遭遇有组织的抵抗。亚伟斯托克和布列斯特以东，以及德军一直没有拿下的科韦利和利沃夫两地，波兰人仍以其特有的狂热进行着抵抗，但这种抵抗很快就被镇压了。到9月21日为止，苏联人已经俘虏了217000名波兰人，其中还包括许多军官。此后不久，他们中的大部分人在卡廷死于非命。

9月28日，苏德两国在莫斯科重新签订了苏德友好和边界条约，对于波兰的占领被正式固定了下来。这一协定规定了两国的利益范围，这意味着德国不能再对芬兰、拉脱维亚、爱沙尼亚、立陶宛和比萨拉比亚施加任何影响。此后，苏联一直在筹划下一步行动，以便在新攫取的州内施加影响。8月，苏德两国在莫斯科重新划定了分界线，德国将边界向东移到了布格河，将该河以东的地区划分给了苏联。

在此之前，苏德两国都努力奉行着不妨碍伙伴利益的政策。在全世界看来，这两个大国的政治合作已经亲密无间，因为在签订友好和边界条约后，两国发表了共同声明，指出“消除目前以德国为一方，以英国和法国为另一方的战争，符合全世界人民的共同利益。”但等到波兰瓜分完毕，德国和苏联成为邻国之后，许多西方政要都认为这种亲密关系就要走到尽头。丘吉尔在他的回忆录中谈道：“现在，苏联人已经和德国在边界对峙，而德国想不防守东线，是不可能的。它必须在那里留驻一支庞大的德国军队。据加默兰将军估计，这支军队至少包括20个师，或者25个，甚至更多。”

现在看来，这种盲目的乐观主义态度根本不切实际。那些有战斗力的军队很快就从东线撤退了——希特勒决定利用眼前的大好局势，只在东线留下少量由老龄人员组成的占领军和警察部队，而将德国武装势力的全部兵力都调往西线。如此一来，东线已经不复存在了。

四、西线的阵地战

在德国对波兰发动进攻后的第二天（9 月 3 日），法国也宣布参战，之后不久，英国也参与进来，西线战事由此展开。

希特勒的《关于进行战争的 1 号训令》对于西方国家是这样说的：“务必将发动战争的责任推到英国人和法国人身上。对于动作不大的越境行动，应该以纯粹的局部行动作为回应。我们答应保持荷兰、比利时、卢森堡和瑞士的中立地位，这一点应该予以尊重。如果英国和法国对德国采取军事行动，那么对西线武装力量而言，要保存兵力，以便为胜利结束对波兰的作战创造有利条件。而要完成这一任务，就必须尽可能多地消灭敌军的武装力量及其经济潜力。但只有接到我的命令后，才能发动进攻。如果西方国家破坏比利时等国的中立地位，陆军应该扼守西方壁垒，做好充足的准备，防止其遭受北面的迂回。”

由此产生的西线任务主要由特尔·冯·莱布上将指挥的西方集团军群完成。该集团军群共有 8 个基干师和 25 个后备师，然而，无论是技术装备，还是战斗训练，这些军队都不具备充分的战斗力。尽管作为西方壁垒的齐格菲防线远远没有马其诺防线坚固，并且还有一部分尚在构筑当中，但西方集团军使用的兵力仍旧不足。德军最初的兵力部署如下：由多尔曼上将率领的第 7 集团军沿着巴塞尔到卡尔斯鲁厄一段的莱茵河部署；由维茨莱本上将率领的第 1 集团军在莱茵河至卢森堡边界之间占领着西方壁垒。由男爵哈梅尔施泰因率领的“A”战役集群防守着韦瑟尔以南的德国与各中立国之间的边界。

在回忆录中，丘吉尔的说法完全正确：“自从慕尼黑危机以来，德国的实力大大增强，但在波兰被征服前，西线的局势仍让德国最高统帅部忧心忡忡，十分焦虑。只是因为希特勒专制果敢，而他的政治判断也屡屡得到证实，从而在军民中产生威望，这才怂恿或迫使将军们去承担他们原本不愿意承担的风险。”

法国在宣战之后，并没有马上出兵，它只打算防守法德边界。法军在充实马其诺防线兵力的基础上，还在其背后部署了兵力不大的“掩护军”。对于法军来说，整个陆军的动员工作大约需要三个星期的时间才能完成，而且在法国人看来，这一期限很难缩短。而且，英国远征军的两个师要在10 月的第一个星期才能抵达欧洲大陆，另外两个师则要到 10 月下半月才能抵达。至于英国的其他师，就更指望不上了。这也是法国人不进攻的理由之一，因为他们不想独自承受这一系列行动带来的所有负担。除此之外，他们还对德国人巨大的空中优势忧心忡忡。基于此，他们希望尽可能避免主动进攻。

因此，法国人只是在西方壁垒前进行了一些局部冲突。而德军又收到命令要谨慎行动，于是法国人轻松地占领了两个突出的地段，也就是萨尔布吕肯西南的瓦伦特地段以及萨尔布吕肯和普法尔茨森林之间的边界突出部。9 月 13 日，法军再次对后一地段展开攻势，德军一度十分惶恐——他们担心法军会向茨韦布吕肯方向挺进。于是匆匆忙忙地调遣预备队赶往受威胁的地段。但后来却被证明是虚惊一场。

德波战争结束后，从东线空闲下来的德军兵团陆续西调，10 月 3 日，法国人开始从他们所占领的大部分边境地区撤退。他们不想让前方的兵力遭受突袭，于是退回了国界线，个别地方还退到了国界线内。德军匆忙追来，法军野战阵地松散的工事构筑让他们大为吃惊。

10 月 18 日，德军最高统帅部发布战报，德军在西线的损失为 196 人阵亡，356 人受伤，144 人失踪。期间总计俘虏了 689 名法国人。该数据表明，当时两国航空兵的行动十分有限，并没有超出侦察飞行的范围。法国人要求英国人停止空袭德国，因为法国的工业企业没有防护措施，他们担心遭受德国的报复性袭击。

尽管法国人一心想保持这种不战不和的中间状态，但希特勒的新计划早已考虑成熟。因为在波兰迅速取胜，他决定尽快进攻西方。9月底，他将这一决定通知了海陆空军总司令。对于这一决定，布劳希奇上将强烈反对。和其他陆军领导人一样，他感到很失望：希特勒曾向他保证，只向波兰发动战争，如今他的计划已经全盘落空。在他看来，希特勒的决定是不恰当的，因为西线还没有做好战争准备。更让布劳希奇惴惴不安的是，想在西线发起进攻，就必须破坏德国曾郑重承诺过的比利时的中立地位。德国将会因为破坏中立再次被仇视——在第一次世界大战期间，这种仇视曾改写了德国的命运。即使将这些都抛诸脑后，他和总参谋长依然认为没有进攻的必要。因为法国不愿发动战争这一点已经昭然若揭，而且也没有迹象表明法国想要改变这一立场。相反，许多事实证明，法国人认为战争毫无意义，迫切希望早点结束战争。除了这些政治性的考量之外，布劳希奇上将在军事上也有着同样的忧虑。他并不相信德国陆军已经强大到能够在西线大获全胜。

尽管他强烈反对，但他深知，以政治上的理由去说服希特勒完全是徒劳的，于是他决定以一个军事家的身份向他表明自己的顾虑。布劳希奇的担忧可以归纳为以下几点：在波兰作战时，各坦克兵团已承受了很大负担，现在急需整编和休整。应该将轻装师改编为坦克师。至于预备队师和后备师，虽然数量众多，但并未完全做好进行防御行动的准备，更加无法进行进攻。他们需要得到进一步的训练，装备也应该更加现代化。他还指出，在波兰作战时，一些准备不充分的师已经暴露出缺乏进攻精神的缺点。这些话恰好戳到了希特勒的痛处，让他觉得自己受到了侮辱。因为这些批评攻击的是纳粹教育的成果，而希特勒认为自己是负责这种教育的，并确信它已经产生了很好的结果。观点的不同让希特勒和布劳希奇之间产生了矛盾。其实，他们之间的分歧早就存在，现在不过是公开化了，在之后的战斗领导过程中，这种矛盾将更加尖锐。

总而言之，希特勒在军事方面下定决心后就不容反驳，尤其是他于 10 月 6 日提出的和平建议没得到西方国家的响应后。1939 年 10 月 9 日，希特勒再次下达训令，训令指出：

一、如果近期事态表明，英国和法国无意结束战争，那我将很快采取积极的进攻行动。

二、长期等待造成的结果，并非取消比利时或荷兰的中立，而是眼看着敌人的实力越来越强，各中立国将对德国最终获胜丧失信心，这也不利于吸引意大利作为我们一方的盟友。因此，为了继续实施军事行动，我命令：（1）在西线北翼做好准备，准备穿越卢森堡、比利时和荷兰的领土，要集中兵力，尽快实施这次进攻；（2）此次战役的目的是尽可能消灭法军及其盟军中较大的兵团，同时尽可能多地占领荷兰、比利时和法国北部的领土，以便日后在与英国展开空战和海战时建立基地。

之后，陆军总司令不顾自己的顾虑责成总参谋部拟定了《关于战略展开的“黄色计划”训令》，并于 10 月 29 日签署了这一训令。

虽然陆军总司令按照希特勒的吩咐执行了，但他仍未放弃阻挠这一命令的初衷，他找到了完备的观点，并得到了众多身居高位的陆军将领的支持。他们都认为，现有德军的兵力无论是数量还是质量，都不能获得决定性的胜利。而当敌人阻止我们的进攻后，可能会遭遇灾难性的阵地战。

当然，希特勒不会听取军人们的主张，但他希望的进攻也没能在秋季展开。11 月 7 日，在听取天气情况和运输情况的报告后，他下令将开始进攻的日期推迟了三天。1939 年 11 月 9 日至 1940 年 1 月 20 日，他又连续将战役开始的日期推迟了十二次。后来，1939 年的寒冬来临，希特勒不得不将进攻的日期推迟到了 1940 年的春天。

不断推迟进攻的日期就如同神经战一般，摧残着军队和陆军总司令部。最受影响的是战斗训练，根本不可能制定长期的训练大纲，因为每天都在等着战争打响。即使是调兵去射击训练营地，也要考虑到能否及时在出发阵地地域内集合。很长时间里，司令部和军队的神经都绷得紧紧的。不过，那个冬季，德军为训练和组建兵团所下的功夫还是要远远多于法军。

希特勒知道，人们对他的企图有着强烈的抵触情绪，而且并非只有陆军首脑是这样想的。这一点，从10月9日训令中传达的政治性就可见一斑。对于一个军事命令而言，这种政治性论据是很奇怪的。1939年10月23日，他向陆军和空军的著名将领，还有海军将领进行了长篇讲话。面对这些军事专家，他当然不能有任何非议。他甚至还说了一些恭维话，说“现在的统帅部比1914年的好得多”。最后，他援引了一些古代的战例，希望从思想上拉拢他们。希特勒想让大家明白，如果德国想夺回生存空间，那么就势必要与西方发生冲突。在他看来，任何其他的道路都将把国家引向灭亡。如果放弃对外部世界使用武力，那就要限制生育率，而这是最懦弱的做法。他之所以建立武装力量，绝不是为了养兵不用。正如他所说，“我永远都有决心投入到战斗中”。

在他看来，国际局势也迫使他们行动起来。谁也不知道，掩护德国的德苏条约还能持续多久。虽然在加强敌方阵营的行动中，美国目前还未发挥重要作用，但时间对敌方有利，如果力量对比中德国处于劣势的话，敌人永远也不会缔结和约。毫无疑问的是，如果英法两国做好了充分准备，他们必然会进攻，并向比利时和荷兰施压，让他们倒向英法一方。那时，鲁尔州作为德国的重要地区，就会面临最大的危险。

据他说，突击西线并不意味着一次单独的作战行动，而意味着整个战争的结束。他对德国武装的战斗力很有信心。当听人说德军不中用时，他感觉受到了奇耻大辱。“我不能容忍任何人说德国武装力量存在任何瑕疵”。任何情况下，统帅部都应该是态度坚定的榜样。

在这次演说中，希特勒还将自己放在首要地位：“作为决定性因素，我可以毫不夸张地说，我是不可取代的。对于我的才智和决断力，我深信不疑。战争永远应该以消灭敌人作为终结。如果有任何其他想法，都是不可饶恕的。”他以肆无忌惮的态度主宰着德国人民的命运。“在我的领导下，德国人民的地位得到空前提高，虽然现在全世界都仇视我们。但我要用这一成就作为赌注，在胜利与灭亡之间进行选择。我选择了胜利，我的决心永不变更，我将在最有利的时机尽快进攻法国和英国。”

希特勒从未说得如此直白。每个听他讲话的人都已了然于心，现在由疯子领导的德国人民只能等待着胜利或者失败。

与此同时，战场的局势仍很平静，肩负着捕捉俘虏任务的侦察兵仍在继续搜索，统帅部则忙于搜集关于敌军编制、配置和法军士气的情报。10月中旬前，英国的4个师在莫尔德和巴约尔之间的比法边界处占领了阵地，这里离战线很远，有一条绵延不断的防坦克壕，间隔1000米的永备发射点以侧射的火力掩护着它。该阵地于1939年冬季建成，作为马其诺防线的延续部分，用于防止德军经过比利时进行突袭。11月起，每三个星期就有一个团抵达达萨尔河的战线，5月初，大批兵力在此完成集结。

12月，之前抵达的部队在法国被整编为5个师，1940年初，英国又来了5个师，这样看来，英国远征军已经有10个师。在后方，英军还修建了50个水泥跑道的机场。如果说英国和德国都为这场冬季即将开始的行动做了充足的准备，那么，法军则完全没有任何行动。法军统帅部计划，要在1941年秋才开始进攻。他们并不怎么相信敌人会进攻，所以军队也没有作任何战争的准备。当时法国人用“奇怪的战争”来描述这一事态，足见法国人对于祖国和战争的态度。在战争爆发后，丘吉尔即以海军大臣的身份成为英国战时内阁的一员，并从一开始就争取尽可能积极地开展军事行动，同时他也意识到，法国自1918年后发生了很大变化，并对此忧心忡忡。9月18日，他写信给张伯伦首相：“我之所以迫切希望我国按照50至55个师的规模来组建军队，是因为我不相信法国人会同意分工合作的方案，他们不会愿意由我国承担海空作战，而由他们承担陆地作战所造成的流血和牺牲……我认为，我们最好将我们的意图告诉法国人。但要达到这一目的，不知究竟需要24个月或30个月甚至40个月，所以应当保留其伸缩性。”

当然，法军和英军总参谋部都在绞尽脑汁地考虑，怎样应对德军可能发起的进攻。显而易见的是，只有利用比利时和荷兰的领土，德军的进攻才能成功。但德国与比利时的军事谈判遇到了阻碍，虽然比利时在第一次世界大战后曾在军事上依附于西方列强，但1936年后，它又开始重新奉行传统的中立政策。更何况，早在1936年6月23日，比利时政府就发表声明，不愿意通过总参谋部与西方国家进行任何谈判。虽然比利时建立防御的首要目的是守卫德比边界，但他们坚决反对在德国有任何实际破坏中立的行为之前放任西方国家的军队进入自己的国家。和荷兰人一样，他们希望战争还未开始就结束。为此，1939年11月7日，两国政府向各交战国建议调停。西方国家在复照中强调，其目的是重建波兰和捷克斯洛伐克，德国也以会“仔细研究”照会作为回应。

那么，一旦德国经比利时和荷兰发起进攻，英法应采取何种行动呢？在这一问题上，两国长期存在着分歧。最开始，英国人认为，将盟军左翼推进到日韦、那慕尔、安特卫普一线很不慎重，因为在德军进攻开始前，比利时人不允许占领该地区的话，就会让战局困难重重。因此，他们认为更好的办法是依托法比边界上早已构筑的阵地来阻截德军。但是，法国人对这一方案并不满意。1939年11月17日，在巴黎召开会议的同盟军最高军事会议作了以下决定：“必须在尽可能往东的地区阻截德国的武装力量，所以当德军进攻比利时时，要努力扼守马斯河、安特卫普一线。”这一决定的实质就是包括法国第9、第1集团军、英国远征军和法国第7集团军在内的左翼4个集团军在德军进攻比利时时，应该立即推进至比利时和荷兰。这一计划首先获得了法国武装力量总司令加默兰将军的支持。

1940年1月10日，德国空军的一位军官作为信使，携带着重要文件，乘坐飞机由慕尼黑前往科隆。飞机在途中迷失了方向，最后在比利时境内降落。乘员组来不及销毁文件，就被比利时人俘虏了。之后，这份文件被送到同盟军手里，其内容更加坚定了法国的决心。1940 年 4 月，在确定德军在准备进攻之后，法国战时内阁再次作出决定，准备进攻比利时。法国人坚持以下观点：没有比利时的 20 个师是行不通的。在他们看来，占领比利时足以让德军失去优势，并促成阵地战——当时的法国人视阵地战为法国的救星。同盟军最高军事会议决定持续向比利时政府施压，以迫使它及时要求同盟军进驻比利时。与此同时，法国还在法比边界上集结重兵。

而在此之前，德国已经开始对英国发动海战。

五、1939—1940 年冬季对英国的海战和空战

希特勒原本不希望和英国交战，现在只能接受这一现实。诚然，在不远的将来，一个岛国不可能成为大陆的威胁。就连对波兰的承诺，英国都难以履行。更何况，英国空军还不够强大，不足以马上构成威胁。当然，英国可以马上进行海上封锁，从而制造比较大的麻烦，但毫无疑问的是，它无法像第一次世界大战时那样孤立德国。

苏联不仅是中立国，它同时还承担着用粮食换取工业品的义务。意大利宣称，自己为非交战国，这是一个比“中立”的含义更为丰富的词汇。东南欧没有参战，而是为德国提供了大量农产品和原料。这样一来，欧洲市场的很大一部分都是开放的，只有油料的情况从一开始就让人忧虑。德国的陆军和空军早已开始实行摩托化，海军也已经使用液体燃料了，如同

国家的整个经济一样，德国的武装需要数以百万吨的油料。德国本土石油开采量较低，只能寄希望于罗马尼亚的石油和爱沙尼亚不大的油母页岩储量，但这些并不能满足德国军队的需求。唯有经过海路，才能到达世界大石油产区，而制海权又掌握在英国海军手中。总而言之，在宣战初期，英国并未构成致命的威胁。但这并非高枕无忧的理由。这从希特勒给海军下达的对英作战的训令中可见一斑，该训令只有一句简短的话："海军应与敌商船队，尤其是英国商船队战斗。"——德国 57 艘潜艇中有半数吨位都太小，不能在大西洋上作战。定期轮换参与作战的潜艇，其中一部分要为新艇训练艇员，另一部分则需要维护。这样看来，战争初期德国虽然投入使用了大量潜艇，但最初几个月的时间里，每个月仅有 6—7 艘潜艇能参战。有时，还会出动袖珍战列舰去进攻敌人的商船队。然而，德国海军暂时还没有能力采取更大规模的行动。

在与英国商船队战斗时，空军提供了不小的支援，这是第一次世界大战时从未发生过的。飞机可攻打敌商船，时机成熟时，还可以攻打军舰。因此，谈及德国空军时，1 号训令指出："空军的首要任务是制止英法的航空兵对德国陆军及其生存空间采取行动。对英作战时，空军的主要任务是破坏英国的海上供应链，摧毁其军事工业目标，并尽可能消灭开往法国的运兵船只。并抓住时机，有效袭击集结的英国舰艇，尤其是战列舰和航空母舰。在准备空袭英国时，任何情况下都要杜绝使用有限兵力而取得不完全胜利的情况发生。"

当然，这些任务只能完成一部分，更何况，德国大量航空兵一开始就忙于在波兰作战。

而随着战争的进展，希特勒希望能离间英法联盟，于是，限制了海军在法国港口外击沉英舰的行动，并完全停止了对法国的空袭。

虽然在潜水战方面作了一些限制，而且潜艇也有一些潜在的劣势，但德国海军仍然斗志昂扬地开始了对英作战。初期连连获胜，令人信心倍增。

1939 年 9 月 23 日前，被击沉的英国船只总吨位数达到了 232000 登记吨，这是因为开始作战时，第一波中次潜艇很多，它们遭遇了战争开始后返回英国和法国的大批船只，而敌人的这些商船既没有武装，防卫组织也不够好。

不久，英国人开始采取对策。德国海军在 10 月份的一份报告中表示，虽然就军事角度而言，潜艇和水面艇只与敌人的商船队进行战斗的结果是令人满意的，但这些成绩还远远不足以决定战争的结局。

接着，报告还指出："我们确信，现在敌人的商船队依然能够运送物资前往英国，并且能避免被拦截和击沉的船只数量众多，已完全能满足英国军事经济的需求。"这是十分清晰的评价，从中我们不难看出为何德国难以有效地消灭英国的商船——德国的袭击舰太少，而且，因国际协定的限制，潜艇并未被充分使用。只有少量航空兵被用于摧毁敌人的商船、破坏输入港口。同时，英国还采取了有组织的防护措施，利用巡洋舰、驱逐舰和飞机保护运输船，并时常变更护航运输队的航线，偏离通常的海上交通；此外，英国还武装了大部分商船，德国潜艇不得不用鱼雷去对付他们。英国还对全部近海水域进行了空中观察，出动飞机与潜艇作战，有时还有驱逐舰和拖网渔船配合。在大西洋北部和南部的广袤天地里，许多巡洋舰与德国的袭击舰战斗着。

德军司令部对海上战争作出如下总结："只有实现建造潜艇的庞大计划，将整个军事工业的力量都集中于此，并扩大对英作战所必需的空军力量，才能对英国采取持续有效的行动。"但就目前的情况而言，德国空军根本无力采取任何决定性行动——预计要到 1940 年春季，德国空军才能完成建造必要数量的 Ju—88 型远程轰炸机的工作（只有这种飞机能在大不列颠岛西部以及大西洋上空自由行动）。然而，领导海上战争的司令部却认为在 1940 年秋季前，不可能完成这些轰炸机的建造任务。

为了将现有兵力的实力最大限度地发挥，在指出英国已破坏 1930 年签订的有关战时商船行动的伦敦协定后，德国坚持主张加强潜水战，为的是取消某些限制，尤其是对没有警告就击沉敌人和中立国商船的相关限制。然而，海军总司令不想马上宣布进行被禁止的“无限制潜水战”，而是采取逐渐减少限制的策略，这样更适用于实际需求。除此之外，德国还采取了一系列措施，迫使中立国船只不能再前往英国港口。

除了这些长时间才能见效的措施，负责海上战争的司令部还希望能利用磁性水雷这种新式武器来打击敌人。10月初，司令部正式下达了使用这种水雷的命令。飞机和军舰负责布设这种磁性水雷。在舰体磁场的作用下，军舰甚至不需直接接触水雷，只要靠近它的上方就会引爆它。1939年冬，在英国东海岸附近，德军驱逐舰、辅助船只和飞机布设了许多水雷。起初，这些突然出现的水雷给英国带来巨大威胁。大量水雷布设在港口处，造成了大量船舶的损坏，这让人们忧心忡忡。

对于英国人而言，潜水战兵器磁性化并不新奇。可是使用磁性化的重型沉底水雷则出乎他们的意料。在掌握水雷的结构前，英国人难以采取相应的对策。然而，这种水雷有一个明显的缺点，就是只能在浅水处发挥作用。所以，没过多久，两枚德军的磁性水雷就落入了英国人手中。他们很快就了解了这种水雷的构造，并找到了可靠的预防措施。当然，这需要投入一定的人力和物力。每当英国人意识到自己处于致命的危险中时，他们总能发挥自己特有的顽强精神，经过艰苦的努力，最终发明并改进排除新式水雷的方法。

德军还以水面舰艇支援潜艇，袭击英国的商船队。这些袭击舰不仅在北海攻击连接英国和挪威的英国海上交通线，还向远洋进发。8月底，两艘装甲舰德意志号和海军上将施佩伯爵号驶入大西洋。国外将这两艘军舰称之为袖珍战列舰，尤其适合作为袭击舰，它们给防卫措施并不到位的护航运输队以及单独航行的船只带来了巨大威胁。为了对付这些袖珍战列舰，英国人只好组建了几个搜索突击群，并为此动用了全部航空母舰、几艘战列舰、战列巡洋舰和重巡洋舰。这才阻挡和消灭了这两艘德国袖珍战列舰。

相比于英国海军小心翼翼地防御，德国海军的任务就轻松多了——尽一切可能破坏正常航行，消灭敌商船。简而言之，就是要千方百计地摧毁敌人的信心，并让其担忧自己的护航运输队。为此，德国军舰经常改变作战位置，有时还会选择相对遥远的区域，以使英军找不到德军的作战规律。

德意志号就是这样一艘战列舰。它主要在大西洋北部海域巡航，它的主要任务是骚扰敌人并牵制其兵力。在仅仅击沉两艘商船后，该舰于1939年11月初返回德国。在其返回后，希特勒下令让其更名为“吕佐夫”号，因为他担心万一德意志号被击沉，会给德国人民造成心理阴影。

而袖珍战列舰海军上将施佩伯爵号的航行则是另一番景象。9月30日，该舰在巴西东端的累西腓港附近击沉了一艘英国轮船，这让英国海军部十分惶恐。10月中旬，英国组建了许多搜索突击群，将其部署在大西洋南部，以阻挠德国军舰的行动。但是，海军上将施佩伯爵不辱使命，十分巧妙地摆脱了英国海军的搜索。11月15日，它在印度洋上的马达加斯加岛附近击沉了一艘英国油船。之后，舰长认为应该根本性地调整作战区域，于是该舰绕过好望角，再次驶入南大西洋。而此时的英国海军已经在海上搜索数月，却依然不知道在与谁交手。

海军上将施佩伯爵号抵达大西洋南部后，在拉普拉塔河至里约热内卢海域遭遇了一个英国的搜索突击群，该突击群（由2艘重巡洋舰和2艘轻巡洋舰组成）当时正处于警戒状态。12月13日清晨，搜索突击群中的重巡洋舰埃克赛特号及轻巡洋舰埃阿斯号在拉普拉塔河口附近发现了海军上将施佩伯爵号，当时，埃克赛特号所装备的是210毫米的火炮，2艘轻巡洋舰所装备的是150毫米火炮，而海军上将施佩伯爵号所装备的是280毫米的火炮。

按英国舰艇编队指挥官的计划，英国军舰开始迅速接近德舰。最开始，德舰认为敌军只有1艘轻巡洋舰和2艘驱逐舰，于是正面迎敌。这一错误的判断对这艘德国军舰造成了致命的打击——德舰很快进入了埃克赛特号火炮的射程内，接着又进入了两艘轻巡洋舰的火炮射程内。在短暂的战斗过后，埃克赛特号遭到了海军上将施佩伯爵的重创，暂时失去机动能力。与此同时，海军上将施佩伯爵号也遭到重创，舰长决定进港修理，这样军舰才能继续完成任务。因此，军舰驶入了拉普拉塔河口，计划在乌拉圭的港口蒙得维的亚完成修缮，然后再次出海。此时，两艘英国巡洋舰停泊在港口外，等着德舰出来。而巡洋舰埃克赛特号已经“瘫痪”，性能相同的“坎伯兰”号军舰接替了它，以最高航速从福克兰群岛出发，驶向蒙得维的亚，12 月 13 日夜间抵达拉普拉塔河。在英国政府的施压下，乌拉圭政府拒绝为海军上将施佩伯爵号修缮，这意味着它已经无法驶离蒙得维的亚，如果它被扣留在亲英的乌拉圭，就可能落入英国人手中。舰长联系了柏林，最后决定在拉普拉塔河港湾外将军舰炸沉，而他自己则自杀。他以此表明，比起挽留自己的生命，他更期望避免全体舰员的无谓牺牲。在三个月的航行中，这艘装甲舰共击沉了 9 艘舰船，总吨位达 5 万等级吨。

而在海军上将施佩伯爵号被击沉前的几个星期，德国“U—47”号潜艇艇长普里恩上尉的一番惊人之举也让英国人十分震惊。在普里恩上尉的指挥下，该艇于 10 月 14 日夜间成功潜入了斯卡帕湾的内停泊场，击沉了停在那里的战列舰“皇家橡树”号（该舰排水量为 3 万吨），这第一次世界大战绩堪称辉煌。之后的几天里，德军的飞机又空袭了该海军基地，他们并未发现舰队，只轰炸了一艘已经完全毁坏的废船。两次袭击接踵而来，让英国人意识到，他们将宝贵的舰艇停泊在了多么脆弱不堪的基地内。因此，英国开始加固斯卡帕湾的工事，以防止海上和空中攻击，舰队则被暂时疏散到了其他港湾中。

除了“皇家橡树”号这一重大损失外，9 月 17 日，德国潜艇又在布里斯托尔湾击沉了航空母舰勇敢号。

然而，德国舰艇也好，空袭或水雷也好，都未能重创英国的大型舰。

德国的袭击舰虽然频频出没于大西洋，也无法彻底摧毁英国的贸易和各中立国于英国进行的商业往来。换而言之，英国海上强国的地位并未动摇。

六、苏联在波罗的海沿岸的行动

苏德边界和友好条约于 1939 年 9 月 28 日签订，墨迹尚未干，苏联人就在同一天与爱沙尼亚签订了《互助条约》，该条约规定，当两国遭到第三国进犯时，互相提供援助。10 月 5 日和 11 日，苏联又分别与拉脱维亚和立陶宛签订了类似的条约。这些条约有一些异曲同工的地方，那就是双方都承诺，将不会签订任何反对友好邻邦的条约。

除此之外，苏联还承诺向波罗的海沿岸国家提供武器弹药。作为回报，爱沙尼亚允许苏联在厄塞尔岛（萨列马岛）、达格岛（希乌马岛）以及波罗的港（帕尔季斯基港）驻军并建立海军基地，此外，还允许苏联航空兵使用当地的若干个机场。拉脱维亚则允许苏联在利耶帕亚港和温道（文茨皮尔斯）港建立空军和海军基地，还有海岸炮兵连，以对里加湾进行防守。立陶宛则允许红军在其领土上驻军，并修建苏联机场。

苏联早在 1920 年就攫取了波兰东部地区，并于 1939 年 9 月正式吞并了它，现在，波罗的沿海的几个国家又重新处于苏联人的控制之中。同时，苏联人还消除了芬兰湾南部对喀琅施塔得海军基地构成的威胁。现在，苏联准备如法炮制，像对待波罗的海沿岸三国一般对待芬兰。

10 月 5 日，苏联政府建议芬兰人派代表前往莫斯科谈判。无须多言，看看前不久波罗的海沿岸三国的遭遇，谈判的目的就昭然若揭了。谈判中，苏联人要求租借芬兰湾西北部的汉科港，还有散布在芬兰南部沿海的一些岛屿，还提出把卡累利阿地峡紧邻着列宁格勒的芬兰边界向北以东，以及将北冰洋沿岸的雷巴奇半岛西部割让给苏联。此外，他们还提出将苏芬边界东边一大块没有什么价值的领土作为抵偿。面对如此无礼的要求，芬兰人当然不能答应，但迫于苏联的强势，芬兰人决定做出一些让步，但苏联人并不满意。11 月 13 日，谈判结束，没有任何进展。对于这一结果，苏联十分不满。芬兰也开始进行动员，并加强了卡累利阿地峡的兵力。

11月26日发生了一个事件，那就是据说芬兰人向苏联境内展开了炮击。针对这一事件，芬兰人提议联合调查，但苏联拒绝了。一天后，苏联宣布废除苏芬互不侵犯条约。11 月 29 日，苏联人再次提出指控，即“芬兰军队侵犯其领土”，并与其断绝了外交关系。30 日，苏联发动了蓄谋已久的战争，芬兰的首都赫尔辛基和机场，以及汉科、拉赫蒂都遭到空袭。除了对芬兰进行空袭，苏联军舰也对芬兰南部的多处海岸进行了射击。至此，一个新的战争策源地在欧洲北部产生。

此时的苏联拥有 1.8 亿人口，而芬兰只有 350 万人口，现在，这两个国家以武力相对峙。除了芬兰人以外，大多数西方国家都认为，苏联会在三个月内达成其既定目标。

尽管俄方的后备力量巨大，但战争刚开始的时候，苏军统帅部只是用较小兵力，从四个方向发起了进攻。

第 7 集团军的实力最强，拥有 6—8 个步兵师，还有一些大坦克兵团和重炮，他们开始向卡累利阿地峡的曼纳林防线进攻，该防线拥有纵深梯次配置、工程构筑十分坚固的野战永备防御工事体系。

第 8 集团军兵力较小，在拉多加湖以北作战，以便为第 7 集团军的进攻提供支援，并向曼纳林防线的侧翼后方发起进攻。

第 14 集团军集结在北极地区，主要负责攻占雷巴奇半岛西部和佩琴加（佩特萨莫），并向西南方向进军。

和平时期，芬兰军队总计 30 万人，现代化装备为 150 架飞机，还有若干辆坦克和高射炮兵连。曼纳林元帅是芬兰武装力量的首脑，曾服役于沙皇军队，1918 年领导了反对布尔什维克的解放战争，被芬兰人民视为摆脱苏联压迫的解放者。对于上述这些边界上的敏感地带，芬兰人有准确的预估，并分别在当地安排了较小的兵力。除此之外，芬兰人还将武装主力安置在距离边界 30 公里的曼纳森防线前。这些兵力，再加上调到拉多加湖以北地区负责保障侧翼的兵力，都由埃克维斯特将军统帅。此外，还有另一支小得多的兵力被安排在苏联第 9 集团军对面的库赫莫和萨拉两地，以及佩特萨莫附近的北部地区。

严寒之中，芬军的武器装备和战术十分适用于在星罗棋布的湖泊和大片森林地区作战。芬兰人的防御能力很强，善于巧妙地利用某些难以逾越的天然障碍。最初两个月，尽管敌军在数量上占优，但芬军仍能出奇制胜，这是主要原因。

最初，在卡累利阿地峡，苏联人以小兵力展开正面进攻，但在曼纳林防线前，这些进攻被顽强防守的芬兰人巧妙地阻止了。12 月过去了，虽然苏联人不断进攻，但战果并不显著。在芬军的工事面前，他们寸步难移。

1940 年 1 月，苏联加强了兵力，但还没来得及影响战斗进程，就遭到了意外打击。战争第一个月旗开得胜，这大大鼓舞了芬兰人，证明了其战术上的正确性。他们越战越勇，英勇防御，给苏联人造成了惨重伤亡。与此同时，在曼纳林防线展开的斗争已成为明显的阵地战。1 月初时，有两个苏军师企图向苏奥穆萨尔米推进，都被芬兰人消灭。在寒冬中，苏联人组成两路总队，穿过有着厚厚积雪的森林。最初，芬兰人任由他们稍微深入，然后派出滑雪部队从两翼迂回，切断其退路，然后再全歼这些被分隔为几部分又没有供应的苏军。如此一来，芬兰人收获了两个师的武器装备。

除此之外，芬军还在拉多加湖以北的地区主动发起进攻，将敌人向国界逐回了 40 公里，消除了他们从北面威胁曼纳林防线的可能。虽然芬兰人丢了北极地区的佩琴加，但在这里仍能顽强抵抗。1 月份，苏军发动了几次猛烈的空袭，尤其是针对赫尔辛基，以便摧残芬兰人的意志，但并没有达到目的。

对于芬兰人而言，战争第二个月的战果值得他们欣慰。但是，苏军的预备队用之不竭，他们早晚会将优势兵力投入到战斗中去。反观芬兰，他们的人力资源有限，军队也逐渐衰弱——连续作战让他们极度疲惫。芬兰人开始向外寻求援助，却毫无结果——虽然英法两国对这个勇猛的弱小民族心怀同情，但他们暂时不愿出面干涉，因为担心这样一来会让苏德两国更加亲密。在佩特萨莫附近战斗的两个营的瑞典志愿军，已经是芬兰从外国借来的全部兵力了，相比之下，来自国外的军事技术援助倒是不少——战时，英国、法国和瑞典为芬兰提供了 500 架飞机、100 门高射炮、75 门反坦克炮，以及大量弹药和其他军用物资。尽管这些装备很重要，但人员后备日益减少，这是无法用技术装备弥补的。

2 月初，苏联人的优势已经越来越明显。他们想从正面突破曼纳林防线，于是，将第 7 集团军的人数增加了两倍。2 月 1 日，苏联人利用大量坦克进行冲锋，企图突破芬军的防线。但是，芬兰人阻止了一切冲击。到了 2 月 5 日和 7 日，苏联人终于在一些地点取得突破。2 月 11 日，他们发起全线进攻，取得了新的战果，摧毁了芬军的防御力量。2 月 13 日，芬兰人为了防止被突破，将曼纳林防线的右翼军队撤离到维堡以东的地区。这样一来，虽然芬军防御的右翼依托着坚固阵地的比约尔克半岛，但其南面的稳定性却受到了破坏。

之后，苏联人企图在拉多加湖以北突破左翼防御，却未能如愿。2 月 20 至 23 日，苏军的一个师在此进攻，也遭遇了被全歼的命运。之后，一个坦克旅被派来支援苏军，3 月 1 日，也遭遇了同样的命运。虽然芬兰人这一仗打得很漂亮，但并不能对战局产生决定性的影响。苏联人的兵力拥有绝对优势，而且持续发起进攻。他们巧妙利用维堡以南冰封的大海，迂回地合围了该城市，并沿着海岸线向西进军。战争已发展成危险的运动战，苏联人企图攻占芬兰的首都，而芬兰人的预备队已消耗完，对芬兰人而言，战争已毫无指望。

3月7日，在芬兰军事会议上，曼纳森发表讲话，同意与苏联进行正式谈判。也许是英法援助芬兰人的种种迹象促使苏联改变了自己的立场，苏联同意进行谈判。3月8日，芬兰代表团抵达莫斯科，3月11日，苏联人攻克维堡后，所有军事行动停止。

虽然根据当天的和约，苏联得到了包括维堡市在内的卡累利阿地峡和整个雷巴奇半岛。芬兰国界在拉多加湖以北有一条向东弯曲的弧度，在弦部被生生切断。因为国界向西移动，芬兰原本就很狭窄的中央地区变得更加狭窄。尽管芬兰作出了巨大牺牲，但它最终得以作为主权国家保全下来。

尽管苏联取得了谈判的胜利，但在军事方面，苏联人已威信扫地——虽然人们一开始就知道芬兰肯定会失败。但人们免不了会问，为何苏联要持续血战三个月才取胜？当然，最初进攻时苏联只投入了很小的兵力。但是，在整个战争期间，苏联人笨拙的战术和糟糕的指挥都暴露无遗，这让全世界都开始怀疑红军的战斗力。毫无疑问，这对后来希特勒的决定也产生了巨大影响。

12月3日，芬兰向当时仍存在的国联请求保护，国联向莫斯科发出呼吁，希望其停止军事行动，并接受调停。莫斯科拒绝了，声称苏联未参与任何与芬兰的战争——苏联已经于1939年12月5日与芬兰民主共和国签订了互助友好条约，而芬兰民主共和国成立于泰里约基，它于12月1日向苏联请求援助，其目的是“消除芬兰前统治者在芬兰建立的危险战争策源地”，这样一来，前统治者已无权与国联打交道。

对于这种诡辩，国联并没有听信，经过几次长会后，国联于12月15

日通过决议：苏联的种种行为已将自身排除在了该国际组织之外，今后，它不再是国联的成员国，国联同时呼吁各成员国为芬兰提供人员和技术方面的援助。根据国联宪章的规定，此种情况下本应采取必要的武装援助，但现在却只是向各成员国发出呼吁，这让国联显得软弱无力。但英法等大国根本不理会那些义愤填膺的小国，拒绝对苏联采取联合行动，因为这会损害他们的政治利益。直到人们意外地意识到，芬兰战争可能是一场持久战，英法两国才转变态度，但已为时过晚。

七、侵占挪威和丹麦

二战爆发伊始，英国和德国就开始尝试解决斯堪的纳维亚问题，但这与苏芬间的冲突关系不大。两个大国都很清楚，要想切断对方的海上交通线，挪威的国土起着决定性作用。

1939 年 9 月，丘吉尔表示，要解除斯堪的纳维亚半岛受德国入侵的威胁，这样一来，即使挪威没有积极参战，也将自然而然地纳入到英国的作战系统当中。他认为，保持挪威的中立地位不符合英国的利益——在他看来，虽然英国海军占优势，但德国的商船仍可以利用中立海区从纳尔维克畅通无阻地运输矿石。丘吉尔和英国海军都坚持在挪威的领海布雷。1939 年 12 月 16 日，丘吉尔在报告中对这些观点进行了进一步的发挥，除了布雷之外，还提出了占领纳尔维克和卑尔根。报告指出："在形式上违反国际法，只要不同时引起任何不人道的行为，是绝不会使中立国丧失对我们的好感的……以国联的名义，我们有权利也有义务暂时让那些法律失效，尽管对于法律，我们赋予特别的意义并愿意保证遵守。当我们为了小国的权利和自由而战时，它不应该桎梏我们施展拳脚。”当然，在此之前英国也曾以人类之名公然违反那些妨碍它进行战争的国际法。

因为苏联人的进攻，丘吉尔决定在北斯堪的纳维亚采取行动。用他的话来说，他欢迎当时刮起的这股新风，在其帮助下，英国可以让德国失去输入瑞典矿石的机会。就英国内阁而言，他们尚未接受这位咄咄逼人的海军大臣。不过他们还是下达指令，让陆、海、空军总司令制订援助芬兰的计划，并针对德国人入侵挪威南部的可能性，研究对付入侵的策略。

与此同时，英法两国决定以苏芬冲突为借口，在挪威北部登陆。1940年1月15日，法军总司令加默兰将军向法国总理提出，必须在斯堪的纳维亚建立新战区。他建议盟军在佩琴加登陆，夺取挪威西海岸的港口和机场。为了争夺耶利瓦勒的瑞典矿场，必要时可以开展大规模的军事行动。1月27日，在巴黎召开的同盟国最高军事会议通过决议，为援助芬兰成立2个英军师和1个法军分遣队，出于政治上的考虑，它们统称为志愿军。英国首相不认为在佩特萨莫登陆是上策，却觉得在纳尔维克登陆是一个好办法，因为在此登陆可以对耶利瓦勒矿场构成威胁。

可是，正当计划敲定，一切准备就绪，即将付诸行动时，芬兰战争却结束了。在之前的2月中旬，英国人一直在寻找合适的借口来打破挪威的中立，最终，他们制造了德轮阿尔特马克号事件。阿尔特马克号多次在大西洋南部为德国的施佩伯爵号提供燃料，船上还载着约300名被俘虏或船只被击沉的英国海员。2月初，在冰岛至法罗群岛之间的海域上，该船突破了英国的封锁，在返回德国途中，经过挪威领海。英国人认为，如果英国海员就这样被带回了德国，挪威就无法保持中立了。因此，英国人派出驱逐舰队想要捕获阿尔特马克号。为了避难，阿尔特马克号逃到了斯塔万格和克里斯蒂安桑之间的一个挪威小峡湾。英国两艘驱逐舰紧随其后，不顾两艘挪威炮艇的阻拦，直接闯入了峡湾。接着，他们与德国船只开始了接舷战，最终，成功解放了俘虏，并抓捕了一些德国船员。

对于是谁破坏了中立这一点，人们看法不一。毫无疑问，交战双方都会为了各自的利益对该事件进行解释，英国多次表示，与希特勒交战时，任何中立都失去了继续存在的权利。

对于自己的目标，丘吉尔孜孜以求，最终得到了张伯伦和法国新总理雷诺的支持。3 月 28 日，同盟国最高军事会议在伦敦召开，决定于 4 月 5 日在挪威领海布雷，一旦德国有所反应，英军的一个旅和一些法军就立刻登上军舰，攻占纳尔维克，并沿着铁路向瑞典的边界进军。另一部分兵力则在斯塔万格、卑尔根和特隆赫姆登陆，以阻止敌人利用这些据点。后来因为英国人与法国人就挪威事件存在一些分歧，英国内阁将布雷的行动推迟到了 4 月 8 日。

当天 4 时 30 分至 5 时之间，盟军在三个地点布了雷，但直到 5 时 30 分才将此事通知挪威政府。英法政府指责德国政府展开海战和空战的行为破坏了中立国家的法律，在这样的情况下，即使不合法的手段也会变成合法的。他们无法再继续容忍德国获得任何继续维持战争的资源，同时，它与挪威有贸易往来并从中获益，却损害了同盟国的利益。

在此之后，德军最高统帅部开始实施代号为“威悉河演习”的战役，以进攻挪威和丹麦。这第一次世界大战役之前已经经过周密的研究，考虑了所有赞成和反对的意见，并做了详细的部署。

1939 年 10 月 10 日，海军总司令雷德尔海军上将首次向希特勒提出，挪威在对英海战中具有重要意义。他说，如果英国占领了挪威基地，将严重威胁德国。这意味着波罗的海的入口被控制，北海的德国海军及空袭英国的德国空军的行动也将受到威胁。但是，如果德国占领这些基地，就能打开通往北大西洋的大门，英国也不能再布置水雷。

雷德尔回忆，希特勒立刻明白了挪威的重要意义，但他并没有放在心上，那时他心中最关心的依然是西线战事——当时的希特勒已下定决心，要尽快在西线展开进攻，但由于种种原因，进攻的行动推迟了。之后，吉斯林访问德国，挪威问题才重新浮出水面。早在战前，吉斯林就和罗森贝格接触过，12 月，他来到柏林，劝罗森贝格“采取某种行动，将挪威和大德意志的命运联系在一起”。他愿意提供资金援助，以展开地下活动，并借此推翻挪威政府。他坦言，自己与某些有影响力的挪威军官关系密切，一旦他领导政府，将请求德国保护挪威，并联手打败英国人。雷德尔也会见过吉斯林，并认为他带来的某些消息很有价值，于是劝说希特勒接见吉斯林。12 月 14 日，吉斯林与希特勒会谈，期间，希特勒强调，就政治层面而言，他最希望挪威和整个斯堪的纳维亚半岛保持完全的中立地位。他不打算扩大战区，让别国卷入战争。如果敌人准备扩大战争，企图孤立德国，并对其构成威胁，那么他当然要采取措施。于是，在 12 月 14 日，也就是与吉斯林会谈当日，希特勒下达了准备这第一次世界大战役的命令。一个月后，受希特勒之托，凯特尔又下达了一道命令，主要内容如下：“元首和武装力量最高统帅希望，能亲自直接监督‘N’计划，并密切联系战争总计划，对其加以制订。鉴于此，我受元首委托，领导今后的准备工作。为此，将在最高统帅部设立一个工作参谋部，同时，它也是未来参谋部的核心，负责指挥这第一次世界大战役。以后所有的制订工作，都在‘威悉河演习’的代号下进行。”

第二年的2月5日，新的工作参谋部成立，到了3月1日，它已准备就绪，可以颁发专门的训令了。之后发生的阿尔特马克号轮船事件，让希特勒更加怀疑，英国可能再次破坏挪威的中立。训令的第 1 项高度概括了德国的战略观点：“根据斯堪的纳维亚事态的发展，我们要做好准备，以用部分武力占领挪威和丹麦。这样一来，就能阻止英国人在斯堪的纳维亚半岛和波罗的海站稳脚跟，保护我们在瑞典的矿石基地的安全，并扩大对英作战时海军和航空兵的出发阵地。”

训令对有关预定展开的行动作了以下规定："进入丹麦和登陆挪威应同时展开。应尽快以尽可能大的兵力进行战役筹备。一旦敌人在挪威掌握了主动权，就应采取对策。我们的措施要在北欧国家和西方敌人的预料之外，此点至关重要。采取一切准备措施，尤其是为输送军队准备船只、训练和装载时，要考虑到这一点。如果不能保守装载准备的秘密，就给指挥官和军队指出一些假的目的地，在舰艇出海以后，再向军队说明真正的目的地。"

训令关于战役实施的问题说道："在丹麦，至关重要的是迅速攻克陆地部分和西兰岛，还有波罗的海接近地。在挪威，应该以海军和空军发动突袭，夺取海岸的重要地段。"

这方面的准备已经持续了数月，所以必要的号令在很短时间内就拟制完成。3月7日，希特勒批准了战役的最后计划。并任命法尔肯霍斯特陆兵上将指挥这第一次世界大战役，法尔肯霍斯特上将是"第21集群"的司令官，作战上直接隶属于希特勒。

4月9日，"威悉河演习"战役开始。按之前草拟的运行图，4月9日前的几天，装载着火炮和其他重型装备的运输船就伪装成商船，离开了港口，取道纳尔维克。随后，战役开始前的一两天，每当夜幕降临后，大批运输船就开始出动，根据各船到卸载港的距离来决定其时间间隔。载有登陆军队的海军舰艇也按这种方法行动，以保障并支援登陆兵行动。

在此之前，英国已进行了周密的观察，一艘英国潜艇在4月7日晚就报告，在斯卡格拉克海峡发现了一支德国分舰队，其中包括一艘重巡洋舰，该分舰队正向挪威南部海岸的林纳斯内斯角航行。这是第一批出海并驶向纳尔维克的军舰。英国海军所有的舰艇立即发出了战斗警报。20时30分，一支包括3艘旧战列舰、2艘巡洋舰和10艘驱逐舰在内的英国舰队驶离斯卡帕湾；不久后，第2巡洋舰分舰队驶离罗塞特港。到达指定地点后，第1巡洋舰分舰队奉命，让船上所有的军人下船——根据英国人估计，德国人会采取一些突然措施，来应对尚未开始的布雷行动，而他们也有可能与德军的一些战列舰交锋。因此，已经上船的军队又下船了。

4月8日，又有消息传来，前一夜，在挪威海岸附近，有一艘运兵船沉没，船上的许多人爬上了岸。他们身着军装，说是将前往挪威，帮助挪威人捍卫家园，以免受英法入侵。即使是这样的消息，伦敦也没有采取任何新的对策，而挪威却因此开始动员。伦敦方面，人们想先等待海上冲突的局势明朗。4月8日，云很多，不适宜调用航空母舰。于是，一天内收到的情报少得可怜。一艘英国驱逐舰迷航了，脱离了自己正在布雷的编队。8时，它发出报告，在特隆赫姆以北的海域上，碰到了敌人的一艘驱逐舰，接着又遭遇了敌军的优势兵力。9时45分，与它的联络中断。后来得到消息，当时的能见度很差，它忽然看见德国重巡洋舰“海军上将希珀尔”号出现在眼前，它没有其他退路，只能与敌舰相撞，最后沉没。其他向登陆地点推进的德国军舰和运输船，并没有在其他地方遭遇英国军舰。最危险的两天就这样度过了。

4月9日清晨，德国驻奥斯陆和哥本哈根的大使分别向挪威和丹麦政府递交了照会，内容相同，将德国出兵的原因表示为对两个中立国家的保护，让他们免遭英法在近期内将展开的进攻。照会指出，德国政府的目的是和平占领两国，但是，将毫不留情地镇压所有抵抗，这只会导致无谓的流血与牺牲。对于德国的指控，英法立即予以驳斥。但已无济于事。

之后，几乎没有进行任何抵抗，丹麦就屈从于德国了。之后，1个后备师和1个警察师越过了丹麦的边界，迅速抵达腓特烈西亚、埃斯比约、米德尔法特和菲英岛上的尼堡一线。奥尔堡机场对德国航空兵之后在挪威的行动意义重大，空降兵占领了那里。海上调遣来的兵力占领了西兰岛西岸的科瑟，于是，德国人控制了波罗的海最重要的入口——小贝尔特海峡和大贝尔特海峡。一列装甲列车用火车渡船，从瓦尔纳明德运往盖瑟，并立即开往沃尔丁堡。其他兵力经海陆运输，攻占了哥本哈根。有三艘小型运兵船由几架飞机负责警戒，抵达哥本哈根后，停泊在堤岸旁。有两营德军乘这些船抵达，迅速解除了丹麦首都卫戍部队的武装。丹麦被占领后，驻挪威德军的交通线危险也解除了。

至于丹麦政府，最初也反抗过，但它并不完全反对德国人占领他的国家。然而，希特勒占领奥斯陆后，坚持任命吉斯林为首相，此人在挪威很不得人心，于是最初进展顺利的谈判宣告失败。挪威有 6 个师，人数不多，且分散于全国各地，不大可能击退德军登陆兵的突袭。但是，他们寄希望于能坚持到掌握制海权的西方国家充分展现优势的时候。

4 月 9 日，英国海军一边查明情况，一边与德军交战。在北极地区，德国人再次幸运地遇上了好天气。狂风掀起巨浪，暴风雨限制了能见度，而激烈的颠簸也减缓了航行速度。清晨，英国的战列舰声威号发现了德国的战列舰沙恩霍斯特号和格奈泽瑙号，然而，这两艘军舰很快就隐没于大雾之中。

英国人甚至对能否攻克卑尔根附近的德国海军都信心不足，因为寻找海湾很危险，军舰很可能触雷或遭到敌航空兵攻击。德军航空兵确实攻击了公海上的英国军舰，炸沉了一艘驱逐舰，炸伤了战列舰罗德尼号和两艘巡洋舰。在克里斯蒂安桑附近，一艘英国潜艇击沉了德军轻巡洋舰卡尔斯鲁厄号。此外，在卑尔根，轻巡洋舰柯尼斯堡号也被英国飞机炸沉。

这样一来，英国人在任何地方都没能阻止德国人行动。

在奥斯陆地区，德军遭遇了最强烈的抵抗。清晨，巡洋舰布吕歇尔号沿着长达 110 公里的峡湾航行，被挪威海岸炮兵连击沉。布吕歇尔号舰长和搭乘该舰的一个师长一直在舰上，直到最后一刻才和大部分舰员以及布吕歇尔号装载的士兵一起游到岸边。航空兵和空降兵进入战斗后，争夺岸上工事的战斗进入白热化，直到日终，这些工事才被攻占。同时，部分空降兵在福内布机场降落，并大胆突击，最终攻克了奥斯陆。为了夺取克里斯蒂安桑的工事，实施了一个营兵力的机降。

总而言之，对于德军而言，4月9日这一天战果辉煌。在航空兵强大的兵力及位于奥斯陆、克里斯蒂安桑、斯塔万格、卑尔根、特隆赫姆和纳尔维克等地的7艘巡洋舰、14艘驱逐舰和其他各种船只的掩护和支援下，共有1万士兵登陆，编成了由3个师组成的第一梯队。位于西海岸斯塔万格附近的索拉机场也被德国人攻占，与英国人交战时，该机场有着重要作用。

此番战役规模之大、行动之大胆，完全超出英国人的预期。如果英国人能迅速利用德军占领挪威计划中的弱点，并坚决实施行动，也许就能扭转局势。但是，因为行动迟缓、犹豫不决，西方国家错过了最后的机会。

最初，对于挪威的战事，法国人根本没有感到不安。他们希望北面能出现一个较大的战区，这第一次世界大战区的出现会要求双方投入越来越多的兵力，从而减缓法德战场的作战行动。他们用这种渺茫的希望安慰自己。因此，德国人从法德战场上调走多少兵力将决定法国人对新战区作战的投入程度。

和4月9日向英国三军参谋长所下达的命令一样，这种观点与德国进行军事行动的神速性是相矛盾的。该命令提出，英国立即准备登陆战役，以便从德国人手中夺取卑尔根和特隆赫姆，然而，英国在查明情况后才发起战役。为了这第一次世界大战役，英国人打算投入11个营，其中2个在4月9日晚出发，其余的则要3至4天后甚至更晚再出发。法国人允诺派遣1个山地步兵师，需要2至3天才能做好登船的准备。

在英国人看来，最适宜突袭的地点是纳尔维克。在这里，德军孤军奋战，如果英法采取坚决行动，就能速战速决。如果能一路攻打到瑞典边界，就可以抛开瑞典的中立态度，深入到耶利瓦勒铁路区。对于这一想法，丘吉尔很执着。但是，目前情况还不明朗：究竟有多少德国军舰隐藏在纳尔维克以西延绵而多岔口的峡湾里？有多少兵力已经登陆？英国人并不了解情况。据挪威引水员说，一共有6艘军舰，比4月10日驶入峡湾的5艘英国驱逐舰的吨位要大。但这一情报的准确性有待确认。然而，丘吉尔不愿罢手，他派出新锐兵力逼向挪威海岸。4 月 12 日，不顾天气恶劣，英国的俯冲轰炸机从狂暴号航空母舰上起飞，实施行动，但却没有任何成效。翌日，已经完成现代化改造的战列舰沃斯特派号装备着 380 毫米的火炮，在飞机的掩护下，和 9 艘驱逐舰一起驶入了峡湾。这些军舰攻击了幸存的德国驱逐舰，并击沉了它们。原本计划进行登陆，又担心德军优势兵力和航空兵会发起突袭，所以尽管沃斯特派号的官兵没有登陆。其实，德军的处境很艰难，迪特尔将军只带着一个团就登陆了，该团乘坐驱逐舰来，并未装备重武器，也没有炮兵。还没有到达目的地，英国人就击沉了运载着这些技术装备的运输船。为了加强这些军队，德国只空运了一个山炮连，而被击沉的各驱逐舰的舰员只能作为步兵的补充兵力。在英国人计划突袭纳尔维克时，希特勒大本营已经收到情报，得知英军的重兵团要推进到纳尔维克附近的哈尔斯塔。除此之外，英军的一个旅已在前往挪威的途中。希特勒慌了，他相信战役的败局已定，打算下令让迪特尔将军向南撤退。约德尔费了好一番力气，才说服他放弃了这种草率的想法。

然而，英国人同时也心生疑虑。连续好几天里，他们都不能作出决定。伦敦警告英军，不要仓促行动，并要求集中在纳尔维克附近的一切兵力周密地准备登陆战役。不久后，在哈尔斯塔，英军的那个旅卸载。纳尔维克地区海军司令科克海军上将试图说服陆军司令官进行登陆，并承诺海军将提供可靠的支援，却被拒绝了。陆军将军认为，敌人手中的机枪数量众多，并指出，虽然敌人暂时未采取任何行动，英军有离舰登陆的可能，但不能在德军的眼皮子底下草率行事。4 月 17 日，伦敦对这两位司令官施压，陆军将军仍坚持己见，并声称要等泥泞的季节过去，才考虑登陆事宜。

这一天，希特勒再次失去理智，他打算下令让驻守在纳尔维克的兵团向南撤退，或者乘飞机撤走。约德尔说服他，向南撤退不可取，空运则只能一小批一小批地进行，飞机会遭受巨大损失，也会让迪特尔将军遭受很大的精神打击。另一方面，伦敦因为某些更严重的原因失去了耐心。4月20日，科克勋爵受命指挥包括陆军在内的所有英军，在纳尔维克地区上空侦察飞行过后，他心生疑惑。那里积雪达到1.5米，完全没有道路，作战的难度比他想象中大得多。此外，来到挪威作战的兵团的装备不符合在深积雪地形上作战的要求，更别提战斗技能的不足了。英国人动摇了，这对德国人有利，他们抓住时机，进行了防御准备。

英国人预计在4月9日攻占特隆赫姆，和北方一样，此处的准备工作也进展缓慢。过去了近一个星期，还未明确如何行动。最初，丘吉尔有关在特隆赫姆登陆的建议通过了，但是，在认真分析后，陆海军代表对在敌人拥有空中优势的前提下，能成功通过长达40公里的狭窄峡湾的可能性表示怀疑。于是，这一计划在4月18日被取消。英国人的最终决定是进行路上进攻，通过南北两面突击来包围特隆赫姆。4月13日和4月14日，负责此任务的兵力分别在特隆赫姆以北160公里的纳姆索斯和该港口以南250公里的翁达尔斯内斯地区登陆。4月17日，英国军舰萨福克号企图摧毁斯塔万格附近的索拉机场，该机场对英军阻碍很大，但未能成功。该舰退回时，德军飞机对其进行了长达7小时的攻击，萨福克号的船尾受损，艰难地回到了斯卡帕湾。

到这时，英国人才开始明白，在航空兵时代，如果不能掌握制空权，制海权的意义十分渺小。港口卸载只能在夜间进行。一整天里，作战舰艇和特地开来并装备有高射炮的辅助船只都企图击退对港口发起的空袭，却收效甚微。英国的舰载飞机比德国少得多，而后者还威胁着航空母舰。而德军还掌握了唯一一个可以使用的机场。原本试图在翁达尔斯内斯以南封冻的海上修建歼击机的降落场，也最终宣告破产，因为停在上面的飞机都被立刻摧毁了。

不久后，英国空军的弱点也影响了陆军的行动。

就战术而言，让纳姆索斯的登陆军向南推进似乎更简单。虽然海岸陡峭且难以通行，他们必须绕行，但德军无法威胁其侧翼。相比之下，翁达尔斯内斯地区的军队，处境更令人堪忧，他们经过杜姆奥斯向特隆赫姆进攻时，后方和侧翼都受到德军的威胁。问题在于，德军第196师得到了摩托化侦察分队和坦克部队的支援，攻克了挪威的首都，并解除了奥斯陆地区挪威各师的武装后，立即沿着公路和铁路向特隆赫姆推进，企图建立陆地和港口间的联系。接着，德军还得到了山地步兵的支援，他们企图粉碎挪威人的抵抗，在狭窄的谷地间开辟一条道路。在许多地方，敌人都设置了巨大的树干障碍，并破坏了桥梁，但他们仍快速前进，企图从侧翼向从杜姆奥斯向特隆赫姆进攻的英军发起突袭。至于后者，只能赶去支援撤出杜姆奥斯的挪威人，再无其他事情可做。步兵第148旅比其他英军部队更早登陆，被派遣到利勒哈默尔，在那里，他们既没有炮兵，也没有重武器。4月23日，该旅与德军交锋，德军在技术兵器和战术上都占有明显优势，英军落败，和挪威人一起向西北撤退。于是，英军司令只能派出步兵第15旅，赶去支援被击垮的军队，以推迟德军的进攻。

然而，此番情况下，希特勒差一点儿成了英国人的盟友。他担心从奥斯陆出发的兵力不能及时赶到特隆赫姆，逐渐丧失了耐心，觉得被破坏桥梁的修复进度太慢，尽管在敌人看来，德军的进攻十分勇猛，并展现了罕见的勇气和机智。他下令，在这一地区，以后一个摩托化兵团都不能再投入战斗。直到4月23日，他们从被俘的英军步兵第148旅旅长身上获得了重要文件，其意义远远超越了局部战斗的范围，之后德军统帅部大本营的气氛才再度“乐观”起来。

直到4月22日，同盟国最高军事会议召开时，还讨论过一些不切实际的计划，与会者认为，13000人在纳姆索斯和翁达尔斯内斯成功登陆是一件令人欣慰的事情，并计划再输送法军数个师和1个坦克旅，以及英国国民自卫军1个师登陆，决定再次夺取特隆赫姆和纳尔维克。但是，随着此后战事的发展，这些过迟拟定的计划都不得不取消。

诚然，英国人从纳姆索斯向特隆赫姆推进了80公里，但是，在特隆赫姆附近建立了大登陆场的德军很快就从侧翼包围了他们，他们不得不掉头撤退。他们沮丧地返回了纳姆索斯，饥寒交加、疲惫不堪。当时，法军的一个山地步兵团已经在此处登陆，但这点援兵势单力薄，无法扭转局势。德军的航空兵占有空中优势，因此，同盟军不可能在纳姆索斯长时间逗留，也不存在任何希望打破这种优势。4月28日，盟军司令部下达命令，撤出纳姆索斯，5月2日傍晚，同盟军放弃了这一港口。德军航空兵击沉了保障装载的英法驱逐舰各1艘。

翁达尔斯内斯地区的英军处境也令人堪忧，他们被迫撤出，因为在技术装备方面远远落后于敌人，而且缺少在难以通行的山地间作战的经验，加之没有航空兵的支援。此外，特隆赫姆的德军开始出击，其退路有被切断的危险。4月30日夜，包括第148旅残部在内的英军在翁达尔斯内斯登船，这时，挪军在特隆赫姆最后的抵抗也被粉碎了。

这样，西方国家的企图被粉碎，他们无法迅速援助挪威人并在挪威中部站稳脚跟。之后，英国人凭借其倔强的特性，准备攻占纳尔维克。4月20日丘吉尔指出："如果我们不能攻占纳尔维克，这将成为一个重大的不幸，因为这样一来，德军将控制铁矿区。"在纳尔维克获胜的希望似乎很大。英国海军掌握了制海权，并能调遣充足数量的陆军。空中的情况对英国人有利。至于德军，只能依靠纳尔维克现有的那些兵力，援兵只能靠空运，而且数量很少，空中的补给也很有限。有时甚至还要调动航空兵代替所缺的炮兵。同盟军撤离纳姆索斯后，德军1个山地步兵师和步兵师组成的军队就从特隆赫姆向北方推进，但是，因为受到挪威人的抵抗，这个军的推进迟滞了。好几个星期过去了，它才沿着泥泞坎坷的道路推进了650公里。尽管它竭尽全力希望能帮助身陷困境的战友，但仍显得无能为力。

到5月12日前，在纳尔维克附近，西方国家的兵力已明显增加，陆地进军的条件也得到改善——令人烦恼的春季泥泞期即将过去。因此，同盟军决定对德军进行毁灭性突袭，在其管辖之下，有英军1个旅，法军3个山地步兵营，还有外籍军团2个营，波军4个营和挪军3500人。陆军和登陆兵分别从北面和南面同时突击，攻占了位于纳尔维克北侧峡湾的比约尔维克。在罗姆巴克峡湾北端附近，德军向东撤退，同时粉碎了敌军在纳尔维克地区登陆的企图。之后的几天时间里，同盟军加强了在罗姆巴克峡湾以北的攻势，英国军舰驶到峡湾的东边，射击洪纳伦。

这时，西方国家在比利时和法国北部早已存在的隐患爆发，严重影响了纳尔维克的战事。致命的危险正威胁着英国驻法国的远征军，根本不可能在分出兵力在支援挪威这一遥远的战区，也无法调动庞大的海军去实施支援和物质技术保障。因此，5月24日，同盟国最高军事会议决定放弃在纳尔维克的作战。之后，同盟军陆续放弃了他们已经攻克的地区。面对敌军的优势兵力，德军已经到了崩溃的边缘，他们完全没有料到情况会发生逆转。

为了改善自己军队所面临的处境，德军统帅部决定派战列舰沙恩霍斯特号和格奈泽瑙号前往纳尔维克。6月4日，两艘军舰刚离开基尔，就遭遇了同盟军的运输船。经过一番战斗，他们取得了辉煌的战果：击沉了一艘19840登记吨的辅助巡洋舰，还有一艘容量为5666登记吨的大油船。之后，他们又遭遇了排水量为22500吨的航空母舰光荣号，以及为其护航的2艘驱逐舰。在此战过程中，英国鱼雷轰炸机试图从航空母舰的甲板上起飞，但却失败了，因为飞机还没来得及起飞，德国军舰就冲着他们开火了。火苗立即吞噬了航空母舰的舰首。在烟幕的掩护下，两艘驱逐舰试图援助受伤的航空母舰，也未成功。不到两个小时后，受伤的光荣号沉没，两艘驱逐舰的命运也一样。虽然此番征程的开端如此顺利，但两艘德国战列舰还是被迫停止了，之后，他们驶入了特隆赫姆港。

同日，从纳尔维克地区撤退的工作结束，24000名英国人、法国人和波兰人登船，分为4个护航运输队，返回英国和法国。在特罗姆瑟，挪威国王及其政府成员也登上了英国的巡洋舰，一同前往英国。

现在，德国人控制了整个挪威。至于事态为何会演变到这个地步，丘吉尔曾坦言：“在计划、指挥和坚决等方面，德国人都占有优势。他们毫不动摇地执行自己的作战计划，并充分了解如何在各个方面大规模地利用空军。他们还在个别方面，比如组织小队方面，有着显著优势。在纳尔维克，一个临时组建的仅有 6000 人的德国部队，竟然能抵抗 20000 人的盟军 6 个星期……此次挪威战役，希特勒的精壮、勇敢而训练有素的年轻士兵，挫败了我们的最精锐军队。”德军能在挪威取胜，制空权具有决定性影响，而英国人直到作战时才感受到了它的意义。先是英国人，后来是美国人，都是经历了一系列的惨痛教训后，才理解了这一点。

第三章

德军在西线的胜利

一、法国内部动荡加剧

自战争爆发以来，法国内部始终被一种不满的情绪笼罩着。虽然苏芬战争暂时将公众的注意力从如何对德作战的问题上引开，但对于战场上令人堪忧的“势均力敌”状态，人们都心怀不满，这种不满最终使当时的总理达拉第遭到罢免，取而代之的是雷诺，他作为继任的总理，承诺要果断治理国家，并努力提高军火的产量，竭力投入战争。

尽管如此，在法国，仍然有许多人暗中对“积极”进行战争持反对态度，他们认为那样将导致国家灭亡。他们认为，英国人并未做好充足的战争准备。所以，法国应该同墨索里尼达成协议，这样一来，等波兰彻底完蛋后，西线的军事行动就会沉寂下去，那时，和平就指日可待了。

虽然法军总参谋部也认为德军随时都可以能发起进攻，但他们搜集到的许多情报都自相矛盾，这让他们颇为疑惑。德军的集结是严重的军事行为，而非简单的政治施压手段，但是，德国几乎不可能在西线实施决定性进攻，因为在法国人看来，德国人未必敢采取如此吉凶未卜的行动。

法国是一个消息传播很快的国家，领导层内部的疑惑自然瞒不过舆论界敏锐的嗅觉，这种情况并不利于培养法国人的斗志。与此同时，其他国家也在密切关注着法国的动态，再加上德军已在波兰和挪威获胜，这将更加有利于德国迅速粉碎荷兰和比利时的抵抗。

二、双方的计划和兵力

西方国家并没有发现德军在战略部署上的变化，这既是因为德军统帅部采取了严格的保密措施，并通过各种途径向敌军散布消息，表示德军的优势兵力将留在北边，同时也是因为同盟军根本没有想到，德军会进行他们早就猜测到的那种荒谬战役。

所以，同盟军继续按照先前的战略展开，将兵力沿着国界均匀分布，摩托化兵团多安置在西翼。同时，英法两国不愿再任由荷兰和比利时听天由命，他们担心敌人会占领这两个国家，以便进一步进攻法国。5 月 10 日，法军在东北战场的兵力如下：

步兵师 31 个，其中摩托化师 7 个；

一级后备师 20 个；

二级后备师 16 个；

骑兵师 5 个，独立骑兵旅 4 个；

坦克师 3 个；

轻机械化师 3 个；

各筑垒地域守备部队共 13 个师；

波军师 1 个。

在法国的英军共有 12 个师，其中有 9 个沿着比利时的边界布防，1 个在萨尔战场，2 个留在法国的训练营地（因为还没有充足的装备和训练，战斗力很弱）。

法英联军被编为两个集团军群，第 2 集团军群的司令是普雷特拉将军，他的主要任务是扼守马其诺防线。该集团军群下辖由 3 个基干步兵师和 4 个后备师组成的第 8 集团军，由 5 个基干步兵师、3 个一级后备师和 1 个二级后备师组成的第 5 集团军，以及由 2 个基干步兵师、1 个一级后备师、1 个二级后备师和 2 个半骑兵旅组成的第 3 集团军。

除了第 2 集团军群外，第 1 集团军群的兵力主要负责进攻——按照英法的设想，一旦开战，德军必然会经过比利时和荷兰发起进攻，这时候，第 1 集团军群应该向东北推进，攻克马斯河、代勒河一线。

第 1 集团军群主要由第 2 集团军、第 9 集团军、第 1 集团军、第 7 集团军和英国远征军构成。第 2 集团军包括 2 个基干步兵师、1 个一级后备师、2 个二级后备师、2 个半骑兵师，主要负责防守隆居永、色当两市之间的马其诺防线的延长部分，等到战争爆发，再派出大量骑兵经过比利时南部，进攻卢森堡。紧挨着它的是第 9 集团军，包括 1 个基干步兵师、2 个一级后备师、2 个二级后备师，还有 2 个半骑兵师，他们的任务是骑马经过马斯河，发动进攻，并向该河推进，在色当和那慕尔筑垒之间的地区对该河进行防御。左面的第 1 集团军包括 3 个基干师、1 个一级后备师、2 个轻机械化师，主要负责向桑布尔河以北的地区推进，防守那慕尔和利斯河畔的瓦夫勒地区。与该集团军毗连的是英国远征军，共 9 个师，由戈特勋爵指挥，当战争爆发时，在瓦夫勒和卢万之间推进到代勒河一线。第 7 集团军位于最西边，包括 1 个基干步兵师、2 个摩托化步兵师、2 个一级后备师、1 个轻机械化师、1 个二级后备师，它的任务是在安特卫普附近强渡斯海尔德河，派快速步兵团攻占蒂尔堡、布雷达一线，保障主力与荷兰军队会合。

同盟军统帅部希望，第 1 集团军群左翼的先遣部队第一日就抵达马斯河、安特卫普一线，三天之内，主力也抵达该线；在此之前，比利时军队要将德军阻拦在尽可能往东的地区。为了将比利时和荷兰军队纳入总的防御体系中，英法两国决定以左翼实施大迂回，并进入比利时。这两支军队，尤其是比军的人数众多，但其本身仍有难以弥补的缺陷。

比军有 18 个步兵师、2 个骑兵师和 2 个骑自行车的阿登山猎兵师。法国人认为，其中 12 个步兵师装备精良，另外 6 个步兵师装备较差，只能算二级后备师。陆军并没有做好进行机动作战的准备，没有坦克，只有一些装甲汽车。

按照比利时统帅部的计划，阿登山猎兵师和骑兵师负责防守马斯河以南至列日一线。列日、安特卫普之间的依托阿尔贝特运河处，布置了12个师。这条运河河床深、河堤陡、河道直，是一个防御坦克的绝佳屏障。有 2 个师被调往东面和东北面，守卫荷兰边界附近的前地。其余的 4 个师已经占领了卢万至安特卫普之间沿着代勒河为比军修筑的防御阵地。按照计划，没有必要坚守列日和阿尔贝特运河一线。人们估计，在这里可以阻止德军的进攻 2 至 4 天，能确保法国人和英国人有足够的时间占领马斯河和代勒河一线。

除了比利时，荷兰也很清楚，以它的兵力不可能防守自己的边界，也不能指望着同盟军会及时提供足够的援助。此时荷兰拥有的 8 个师、1 个轻装师、3 个混成旅和数个边防营的装备都欠佳，很难守住由马斯特里赫特延伸至北海的 400 公里的边界。因此，荷军只在边界上部署了少量兵力（甚至没有炮兵）。在马斯特里赫特和奈梅亨之间的南端，荷兰将马斯河、尤利安运河和瓦尔河上对敌人至关重要的铁路和公路桥都炸毁了。

荷军之所以这样做，就是想守住被称之为“荷兰要塞”的区域，该区域以东有北临艾瑟尔运河的格雷伯筑垒线作为掩护，以南有从瓦尔河到鹿特丹的防御工事作屏障。荷兰人还在格雷伯筑垒线前设立了一道艾瑟尔阵地，由少量兵力占领着。马斯河以南的区域，预计能暂时将敌人阻拦在佩尔防线外。

荷兰武装力量统帅部希望长期扼守“荷兰要塞”，为了加强防御，还准备放水淹掉一些地段，陆军的主要兵力也用于防守这一“要塞”。两个军占领并构筑了格雷伯筑垒线的工事，另一个军则暂时被安排在马斯河以南的斯海尔托亨博斯附近。然而，如果敌人的优势兵力从东边进攻，该军将不再用于扼守佩尔防线，而是和驻艾恩德霍芬（埃因霍温）地区的轻装师一样，进军至瓦尔河的对岸，在南边扼守“要塞”。

而德国方面，除了占领波兰、丹麦的兵团，以及驻挪威的 5 个师之外，德军统帅部投入战争的兵力共有 136 个师：

基干步兵师 43 个（内摩托化师 5 个）；

坦克师 10 个；

骑兵师 1 个；

1939年9月1日后观，陆军和党卫军组成了82个兵团，其人数相当于师。

其中，17 个师负责防守齐格菲防线，47 个师被陆军总司令部留作预备军，这样，最初参与进攻的师为 72 个。

和波兰战局以及挪威战役一样，德军统帅部的计划经过深思熟虑和周密部署，远远超出了“与敌军主力首次交锋”的范畴，并对战事的进程进行了预见。它的制定是以非常大胆的行动作为基础的，而这种行动能否成功，很大程度上取决于运气。无论如何，德军的状态和士气是成功的保证。1939 年秋季起，德军人数大增，技术装备的程度也大幅提高。所有兵团，尤其是战争开始时或开始后组建的兵团，在战斗训练和武器装备上都得到了很大提升。

尽管 1939 年冬天时，德军最高当局与希特勒有诸多分歧，但他们仍然贡献了自己所有的知识和经验，这是作为军人的义务。无论是对作战计划的周密部署，还是对军队的战斗训练，都竭尽全力，以为胜利制造一切条件。和法军总参谋部一样，德国人也认为这是一个很冒险的计划。但考虑到德国军队高涨的士气，他们也紧张地期待着战争的开始。

三、战略突然性的成功

4 月底，希特勒已经按捺不住，想要发动进攻，却又担心发生意外，甚至怀疑有人会变节，向敌人透露绝密情报。希特勒明白，如果不能实现战术的突然性，那么，该计划中的那些特别行动将受到威胁。换句话说，也就是无法攻破该计划中的各个目标，因为这些行动很大程度上都需依靠突然性来实现。

4 月 27 日，希特勒决定在 5 月 1 日至 7 日间展开进攻，至于具体是哪一天将由进攻当日和之后几日的天气是否有利于飞行来决定。后来，希特勒将进攻日期定在了 5 月 8 日，但 5 月 7 日突然得知，接下来的天气将变化无常。于是，进攻日期只好推迟。但等到 5 月 8 日时，却传来消息说，荷兰停止休假、疏散人口，还采取了动员措施，西部边界还发现了奸细。希特勒为自己听信空军的建议推迟进攻日期的行为后悔不已。5 月 9 日，他终于下定决心于 5 月 10 日 5 时 35 分发动进攻。

直到德军越过边界，比利时和荷兰这两个中立国才在既成事实面前受到了内容相同的照会。照会指出，自开战以来，两国就越来越放肆地违反中立法，德国迫不得已，不得不加修工事，并部署武装力量。照会还表示，比利时和荷兰的总参谋部与西方国家勾结，荷兰几乎每天都允许那些飞往德国的英国飞机从自己的领空飞越。照会还指出，英法军队正在比利时和荷兰进行经两国领土进攻的大规模准备。为此，在荷比两国，西方国家的军官正开展着猖獗的情报活动。而德国政府不愿眼睁睁看着英法进攻，也不能允许他们经比利时和荷兰的领土，向德国国土采取行动。于是，德国政府命令德军保障两国的中立。最后，照会提醒两国注意，德军并非作为敌人进入该国，不应抵抗，否则，流血事件将不可避免。

果不其然，对于这些强加的莫须有罪名，两国政府都表示了拒绝，并向西方国家求助。6时45分，法军第1集团军群和英国远征军开始执行“D”计划，这意味着盟军的左翼向比利时推进，法军2个快速兵团则向蒂尔堡和布雷达地区推进，以便与荷兰建立联系。

因为挪威失利，英国首相张伯伦倒台，丘吉尔成为了他的继任者，开始领导英国人民起来反抗。现在，丘吉尔和希特勒这对意志坚定的宿敌终于对峙了：一个是渴望权力、热爱杀戮的恶魔；另一个是穷兵黩武的典型代表。虽然丘吉尔坚定而执着，但是在面对着法国正在进行的军事行动时，也显得束手无策。德军如潮水一般涌向同盟军，然而，无论在战术上，还是在精神上，后者都没有做好作战的准备。

5月10日5时30分，德军各集团军奉命在北海至马其诺防线全线发动进攻。

在荷兰，第18集团军攻克了防御很差的东北各省，抵达了艾瑟尔阵地以北的艾瑟尔运河东岸。德军的进攻很迅猛，他们甚至完好无损地夺下了奈梅亨及其南部地区一些早已做好爆破准备的桥梁。进攻第一日，艾瑟尔阵地和佩尔防线就相继沦陷。荷军第2军和轻装师被迫退回到瓦尔河的对岸。

但是，格雷伯筑垒线的防御组织得较好，直到5月12日才有几处被突破。次日，在俯冲轰炸机的支援下，德军终于夺取了这一防线。荷军的两个军撤退到了新形成的水淹区之后。

对荷军而言，在“荷兰要塞”内进行的激战才是最致命的。虽然德军步兵第22师编成的空降兵在鹿特丹和莱顿之间成功机降，但并非所到之处都取得了胜利，在一些地方，他们甚至完全失利，损失惨重。但无论如何，还是成功牵制住了荷军第1军的兵力。

如此一来，荷军立刻陷入混乱，因为害怕德军再次空降，于是调来格雷伯防线的守备部队参与防御。但这依然不能阻止德军向多尔德雷赫特以南推进，在推进过程中，他们还联系上了在穆尔代克大桥附近作战的空降兵，后者对之后的战局意义重大。在那里，受空降伞兵的阻止，荷军未能成功炸毁大桥，于是，德军坦克第9师迅速向前推进，5月12日晚，坦克第9师各先遣分队抵达穆尔代克，次日，该师从桥上渡河，击溃了荷军的轻装师，荷军这个师几乎全部成为俘虏。于是，“荷兰要塞”被成功攻克。

5月11日，法军第7集团军抵达布雷达，但他们拒绝了荷兰人的请求，不愿进攻已经占领了穆尔代克大桥的德军，而是一心等着援兵。这时，德军坦克第9师抵达穆尔代克，防止伞兵受布雷达方面敌人的进攻。5月14日，考虑到继续顽抗毫无意义，而且德军航空兵可能会空袭鹿特丹和乌得勒支，于是，荷军统帅部决定进行投降谈判，同一天21时30分，双方停火。虽然荷军投降了，但因为通信联络不畅，德国空军对鹿特丹的空袭并未停止。结果，该市损失惨重，许多居民丧生。

短短五天内，第一个敌人就退出了战争，于是，德军有一整个集团军的力量空闲下来，可以投入到其他地方的战斗中。

按原定计划，第6集团军应该在第18集团军以南迅猛推进，制造出这是德军主要进攻方向的假象以误导敌人。该集团军圆满地完成了这一任务，并轻松完成了第一次突破，渡过了马斯河，到达该河以西的阿尔贝特运河的南段。虽然马斯特里赫特地区的一座重要桥梁被荷兰人炸毁，但德国伞兵发动突袭，夺取了阿尔贝特运河好几座同样重要的桥梁。

5时32分，经过周密的部署，78个经过严格训练的士兵被挑选出来，他们乘坐着滑翔机悄悄在要塞着陆，这让守军大为震惊（仅仅几挺机枪来得及开火），观察所、暗炮台的出口，以及钢帽堡里的火炮都被炸毁。守军的斗志被彻底瓦解。于是，这个建立于1935年的坚固要塞再也无法支援阿尔贝特运河的守军。次日下午，要塞的守军停止抵抗，而勇敢的德国空降兵只有5人战死。

进攻第一日的傍晚，第6集团军从正面强渡了马斯河和阿尔贝特运河。同日晚，除了向卢万派出一个师外，比利时人将列日前占领着阵地的军队都撤往马斯河的对岸。次日下午，这些军队又退回到代勒河，配置在列日和哈瑟尔特之间。

赫普纳的坦克军绕过列日，进入那慕尔以北的地区，5 月 13 日，在让布卢附近遭遇了法军的两个轻机械化师。这两个法国师经过一番抵抗后，于 5 月 14 日退到代勒河防御阵地。同时，德军第 6 集团军渡过了马斯河，左翼向梅赫伦，中央向布鲁塞尔，右翼向尼韦尔分头推进。5 月 14 日，第 6 集团军的各先遣部队陆续抵达代勒河，遇上了推进的英法各集团军所属部队。由此可见，同盟军的左翼部队已经完成了迂回。

而自从荷兰人投降后，德国第 18 集团军已腾出手来，于是该集团军开始向第 6 集团军的右翼靠拢。有了第 18 集团军的增援，德军决定撤走第 6 集团军地带内的坦克军，将其调往对战争有决定性意义的“A”集团军群地带。

第 6 集团军坦克军的加入，对于“A”集团军群来说无异于如虎添翼，此后，“A”集团军群果然不负众望，首先，第 4 集团军和霍特的坦克军攻克了比利时骑兵和阿登山猎兵在边境的阵地，随后，又攻克了乌尔特河的阵地。5月13日晨，各坦克兵团派出的先遣部队已在迪南以北抵达马斯河。如此一来，比利时人只能退到了马斯河对岸的那慕尔、列日之间。同日晨，德军各坦克师在马斯河的对岸建立起了登陆场，击败了敌人一次次的进攻。次日，在左岸的许多地方，坦克向前推进了 15 公里。现在，德军已完全控制了马斯河。

第 12 集团军的进攻也很顺利，古德里安坦克军担任前卫，摧毁了卢森堡在边界构筑的障碍物，进攻第一日晚，他们就攻克了比利时军队的边界防御。到 5 月 11 日，德军又攻占了利布拉蒙和纳夫沙托之间的另一个防御地区。这时，为了进攻蒙特梅，古德里安坦克军迅速进军，虽然先后采取了各种措施，但在狭窄的山路上，拥堵情况还是很严重。许多地方的山路已经被敌人破坏并设置了各种障碍。但最终他们还是克服了困难，渡过了湍急的塞穆瓦河。5 月 12 日晚，三个坦克师的先遣部队抵达马斯河，攻占了该河东岸的色当。然而，因为没有预先进行周密的侦察，而且兵力也没有聚拢，也没有强大的炮兵作支援，所以德军很难下决心强渡马斯河。然而，也不能浪费时间。万幸的是，几百架飞机可以暂时弥补炮兵的不足。16 时整，进攻开始。第一批飞行大队进行了空袭，与此同时，突击群乘坐着橡皮舟和摩托艇，开始渡河。傍晚，德军攻破了马其诺防线的岸上工事，并在色当的两侧建立了两个小登陆场。夜间。兵力不断增强，登陆场也扩大了。面对英法航空兵的不断进攻，高射炮兵出色地进行了抵抗，并重创了敌人。在高射炮兵的掩护下，德军于次日搭建起了一座舟桥，傍晚时分，三个坦克师抵达马斯河西岸，并立即向西、南两个方向进军。

5 月 13 日，莱因哈特将军指挥的坦克军在蒙特梅附近强渡了马斯河，5 月 14 日，7 个坦克师渡过了该河。此外，5 个摩托化师正在向迪南、蒙特梅和色当附近推进，还有 2 个坦克师从第 6 集团军调来，几天后可抵达靠近第 4 集团军的地区。突然性的时机已经到来，地形和技术上的一切困难都顺利克服了。

色当和那慕尔之间 100 公里的正面方向，同盟军只配置了一些法军的一级和二级后备师，这些师几乎没有反坦克武器，因此，他们不可能抵挡得住德军的猛攻。5 月 15 日，驻色当和那慕尔的法军第 9 集团军彻底崩溃，向西撤退。第 2 集团军各兵团配置在色当以南，试图反击，以阻止德军的突袭。5 月 15 日，法军最高统帅部意识到，德军已攻克马斯河的防御，所以当地驻军和在比利时作战的集团军都面临着巨大威胁。于是，他寄希望于第 9 集团军的北翼能坚持住，这样也许还能在马斯河和瓦兹河附近的一些区域阻止敌人，让他们无法向色当两侧推进。但是，这一企图最终还是以失败告终，因为德军进展太迅速了。

博蒙地区位于法比边界，法军坦克企图切断霍特坦克军所属的各坦克师的通行道路，但以失败告终。法军第 1 集团军位于突破地段以北，奉命将所属全部摩托化兵团投入桑布尔河以南，突击德军的北翼。然而，这道命令未能执行，因为这些兵团中有的已经崩溃，有的还在与德军第 6 集团军交战。法军第 2 集团军企图从南面向色当附近的登陆场发起突击，但古德里安安排了坦克第 10 师保护自己的南翼，并阻止了这次突击。

紧急关头，法军总司令加默兰将军突然想起了 1914 年 9 月，霞飞元帅在马恩河会战前夕所下达的命令。当时，加默兰还只是总参谋部的一个年轻军官。现在轮到加默兰对士兵进行一番类似的慷慨陈词了：

“法国处于危难中！不能前进的军队，即使战死沙场，也不能放弃任何一寸托付给我们保卫的法国土地。同祖国一切的历史性时刻一样，我们此刻的口号是，不胜利，毋宁死。我们必胜！”然而，这一命令未能达成目的。于是，加默兰失去了法国政府的信任，于 5 月 18 日被撤职，魏刚将军成了他的继任者。在整个法国，这个名字再次激起了希望的火花。在第一次世界大战时，魏刚是福煦的得力助手，他曾于 1920 年凭借自身的天赋挽救华沙于危难之中。现在，国难当头，他再次将命悬一线的法国置于自己的庇护之下。

5 月 19 日，魏刚从遥远的叙利亚返回法国，此时，德军正大刀阔斧地扩大突破口。德军快速兵团正以每昼夜 50 度公里的速度迅速西进着。

5 月 20 日，加默兰将指挥权移交给了继任者魏刚。前一天，他还下达了一道命令，这是他最后一次努力防止比利时境内各集团军被包围。因为缺口如此宽大，已经不可能通过正面反突击进行封闭。于是，他下令从南北两面进攻，以便恢复被突破的正面。魏刚将军接受了这一计划，并在丘吉尔参加的巴黎会议上，报告了该计划。魏刚要求英国空军予以广泛支援，这将决定这一计划能否成功。丘吉尔原则上对魏刚的意见表示同意，但也提醒他，配置在英国机场的英军歼击机在作战区域上空的飞行时间不得超过 20 分钟。

然而，法国人的作战计划只是纸上谈兵。计划用于作战的军队，有一部分要从北非调来，还有一部分要从马其诺防线抽调。5月17日起，德国空军就已经开始对法国铁路狂轰滥炸，糟糕的交通状况使很多师迟到了很长一段时间。如此一来，在法军新编集团军集结之前，德军就建立起了正面向南的防线，甚至还在索姆河攻克了几处登陆场，这直接影响了之后的“法国会战”。

尽管如此，法军总司令还是坚持用部分兵力发起了进攻，但这些军队并未尽力行动，就更别提组织大规模的进攻了。戴高乐将军的部队在里昂地区展开积极行动，这是唯一一次向南迎战德军的行动。这样一来，加默兰和魏刚的计划还没来得及认真执行，就化为了泡影。

5月17日起，对于法国战况的发展，英军总司令感到越来越焦虑。就在这一天，他第一次向英国政府暗示了经海路从法国撤军的可能性，第二天，他明确提出了这一想法。当时，英国政府仍坚持让他向南推进。然而，英国政府当时也估计到英国远征军至少有一些部队可能被逼到海边，因此下令国内进行必要的准备，以防不测。同时，法军统帅部也清醒地认识到，盟军的作战计划再无实现的可能。因此，盟军最高司令部下令第1集团军群在敦刻尔克和加来等地尽可能地守卫登陆场。

在阿拉斯附近短促的交战中，德军各兵团几乎没有受损，他们继续向西和西北突袭，最终于5月20日抵达亚眠和阿布维尔，第二天，便攻克了圣波勒和蒙特勒伊。在阿布维尔西北，德军坦克第2师的一个营推进到海边，正如他们所预料的，法军正在索姆河以南集结。于是，德军各坦克兵团向北和东北调转，企图沿着拉芒什海峡进军，并从西南方向攻破敌人修建的桥头堡。5月23日，布洛涅（布伦）和加来被围攻，次日，古德里安和莱因哈特所属的各坦克师抵达了圣澳美尔和格拉夫林两市之间的阿河一线。先头坦克部队向贝蒂讷和朗斯派出了侦察人员，远离海岸的英军和法军第1集团也正向这里推进，以与正在进攻的德军第4集团军交锋。

英法两国竭尽所能，想在拉巴塞运河和阿河对岸建立一道防线，5月

24 日，沿着拉芒什海峡进攻的德军各坦克师却收到了希特勒发来的一道莫名其妙的命令：让他们就地停止前进，并撤回前进到阿兹布鲁克的部队，只有负责侦查和警戒的部队能继续前进。这个命令拯救了英国远征军的主力，还有一起被围困的法军，从那时起，它就成了被热烈讨论的话题。毫无疑问，这道命令最先是由希特勒提出的，凯特尔和约德尔也表示支持。但陆军总司令曾强烈反对这道命令，却失败了。希特勒说，坦克部队在河渠纵横交错的地形上作战会受损，早在第一次世界大战时，他就很熟悉当地的地形；而且因为战争第二阶段马上就要展开，这一阶段还需要坦克部队来消灭法军，所以此时的坦克部队需要休息和调整。这些所谓的理由让“A”集团军群的长官们印象深刻。在发出这道命令前，希特勒来视察过该集团军群，该集团军群的长官并没提出任何反对意见。还有一种可能的情况是，戈林希望让他的空军负责消灭英国人，并向希特勒保证一定能成功。总而言之，德国坦克师只能在原地停留了三天，眼睁睁地看着英法两军建立起了防线和装船。5 月 26 日，虽然各坦克师被允许再次投入战斗中，但接着又有一道命令传来，那就是用新到的摩托化师替换坦克师，而坦克师则被派去执行其他任务。这样一来，就错过了最有利的时机

5 月 25 日后，被包围的同盟军只有一个任务，那就是保障并进行撤退。虽然德军坦克兵团停止了进攻，但同盟军的处境仍很艰难，因为经过一番苦战后，德军“B”集团军群的两个集团军已经于 5 月 25 日前强渡了斯海尔德河，现在正进攻利斯河；第 6 集团军在斯海尔德河进攻，其坦克军在贝蒂讷至海岸之间进攻；第 4 集团军则介于二者之间，与隶属于赫普纳和霍特的两个坦克军联手，对被击溃的法军第 9 集团军残部和调来支援他的各兵团进行攻击，最终，他们在莫伯日西南地区歼灭了法军的一个强大集团，并从后方攻占了莫伯日要塞，之后，他们还夹击了在里尔以东和以南进行远距离推进的敌军。

5 月 25 日，在梅嫩附近，德军向利斯河进攻，比利时军队和英军之间

被打开了一个很大的缺口。同日，法国人撤走了留在比利时的军队，派去援助在南部作战的部队。之后的两天，比利时人在德军一系列的包围突击之下，不得不向海岸撤退。5 月 27 日，溃退兵团陷入绝望的境地，被压缩到了宽为 50 公里、纵深为 30 公里的滨海地区。在其政府已迁往伦敦的情况下，比利时国王仍与自己的军队同在，他知道，这支军队已经难逃厄运，作为国王，他不愿意效仿政府遗弃军队。因此，他最终决定和军队一起投降。5 月 27 日 17 时，他派出代表越过战线，于 23 时正式签署投降书，次日晨 4 时停火。

比利时虽然退出了战争，但这对英法军队的影响并没有最初设想的那么严重，因为在比利时投降前，英法军队就采取了保护东线的措施——占领了伊珀尔、迪克斯莫亿德和纽波特一线。随着比军投降，被围困的英法军队还占领了一个狭窄的濒海地域，宽为 50 公里，延伸约 80 公里。法国人一心想向南突围，因此，很长时间都在这里逗留，这让他们和英国人都面临着很大危险。5 月 27 日，英军 5 个师率先放弃了该区域，纷纷涌向了狭窄的滩头地段。次日晨，德军从东北和西南进攻，切断了法军两个主力军的退路。5 月 31 日，这些被包围的法军投降。

在敦刻尔克，英国人以实际行动证明，生死攸关之时他们有多能干。5 月 20 日，英国政府已经开始筹集必需的船只。5 月 26 日下达命令，实施"发电机"战役，也就是撤走远征军。当时，英国人希望能在两天内救出 45000 人，所以政府不再试图掩饰盟军在弗兰德所面临的困境，并向居民求助，以为撤军提供更多船只。这一呼吁得到了热烈响应，一支奇怪的船队组建起来，该船队由汽艇、舢板、帆船、救生船、泰晤士河客轮、驳船和游艇组成，如同一群密密麻麻的黄蜂，驶向了弗兰德的海岸。

这是一种应急的跨海岸输送措施，使约 10 万英国人免于成为俘虏。有 861 艘各类船只参与了这次救援行动，而在此之前的 5 月 27 日，英国的驱逐舰和商船已经从敦刻尔克港运送走了约 24 万人。

在此期间，空战在作战区的上空愈演愈烈。由此可见，英国人拒绝用歼击机兵团支援法军的选择是正确的，因为这根本无法改变法军的命运。危急关头，英国歼击机的飞行员展现了高超的技能，努力抗住了德军空军的攻击。所以，尽管德军空军投入了现有的全部兵力，也只是稍微拖延了一下英军的撤退时间。

6 月 3 日夜间，英国最后一批后卫部队离开了欧洲大陆，他们撤退的时候虽然狼狈，但这位盟军保存了训练有素的基干军队。

这一结局之所以如此不可思议，不仅是因为德国空军的行动欠佳，并且不能使用坦克师，也与英国人自身脱不开干系。英军采取了一系列准备措施，保持了严明的纪律。即使在遭受猛烈空袭的情况下，各种救生船的船员依然能有条不紊地进行撤军工作。海滩沙地很松软，明显降低了德军炸弹的杀伤力。而且，英国空军竭尽全力的作战，努力牵制了德国空军。除此之外，大海也帮了英国人大忙，海面一直风平浪静，即使不适合在海上航行的小船也发挥了很大作用。

总而言之，英国人完全有理由为此而感到自豪。

四、法国会战

在比利时和法国北部，德军实行了毁灭性袭击，比利时军队全军覆没，法军的 30 个师和英军的 9 个师也被歼灭。法国人损失了一大半的基干师和大部分快速兵团。一部分师在隆居永和索姆河河口防御，也损失惨重。

经此惨败，法军只剩下61个师，此后，法国政府从北非调回了几个师(此举削弱了阿尔卑斯防线的兵力），组建成新部队，如此一来，法军的兵力扩充到了66个师。他们要防守从马其诺防线到海岸长达360公里的战线，为此，法军在马其诺防线配置了17个师，以要塞师为主；22个师用于组建各集团军预备队和统帅部预备队。这样一来，共有27个师可以直接参战，每个师的防御正面为12至14公里。其中，第2集团军负责防守马其诺防线，另外两个集团军群在战线其他部分防守。第2集团军和新到的第4集团军编为第4集团军群；第6、第7和第10集团军编为第3集团军群，配置在第4集团军群的左侧。还留在法国的英军最后几个兵团，以及法军的一个步兵师和唯一一个新编的坦克师主力被安排在第10集团军的左翼。

只有第2集团军的当面没有任何德军部队，但最危险的是，德军在佩罗讷、亚眠、阿布维尔等地的索姆河岸修建了一些登陆场，并且无法清除。

除此之外，法军还加固了防御阵地。防御是纵深梯次配置，能阻止敌军坦克的进攻，或者至少能切断坦克与尾随其后的步兵间的联系。人们推测，如果能守住以居民区和森林为主的后方阵地，就能将突入的坦克兵团分割为几部分，从而使其丧失突击能力。为了克服坦克恐惧症，提高军队士气，法国政府还印发了大量守则和须知。

但是，一场殊死之战即将打响，魏刚将军作为法军总司令，早就想到了他无法回避的结局。5月25日，他在一次内阁会议上第一次声称，目前法军所进行的抵抗只有一个目的，那就是挽救军队的声誉，并争取体面的投降条件。5月29日，在致政府的信中，他明确表达了自己的看法：随着军事行动的发展，军队随时可能被迫放下武器。

反观德军，此时却拥有绝对的压倒性优势，在此前的战斗中，德军在人力和技术装备上的损失甚至微不足道。而且此时，德军各坦克兵团也能得到人员和物资的补充。胜利让德国士兵精神大振，士气高昂，德国空军几乎完全保留了作战实力，而法国人只拥有400架歼击机和70架轰炸机，而且性能比德国飞机低。

因此，德军统帅部的目标是尽快展开一次新的战斗，这样一来，法国人就来不及构筑坚固的防御工事。敦刻尔克大部分的德军兵团也要参与新一轮的进攻，于是，必须将这些正面向北、向西和向南的师，还有后勤机关都迅速调往预定进行突击的地区。但早在 5 月 20 日，这些准备工作就已经开始了。

这一天，德国陆军总司令部接受了为战役做好准备的任务。战役第一阶段将在阿芒什海峡与瓦兹河之间的塞纳河下游以北进行突破；几天后开始战役的第二阶段，向兰斯两侧，接着向东面雷泰勒进攻。这两个突击顺利实施后，才实施战役的第三阶段和最后一个阶段，也就是突破马其诺防线，并强渡莱茵河。

根据这个计划，德军右翼快速变更了部署，由第 4 和第 6 集团军编成“B”集团军群，在海岸和瓦兹河间发动进攻。三个分别分布在阿布维尔、亚眠和佩罗讷附近的登陆场，各有一个坦克军占领了出发阵地。

“A”集团军群辖 4 个集团军，第 2、第 9 就团军在上次作战中负责从南面保障进攻军队的翼侧，这次被配置在埃纳河一线。第 12、第 16 集团军与这两个集团军相毗连，雷泰勒以北的第 12 集团军后方，建立了由古德里安将军指挥的坦克集群，管辖 4 个坦克师、2 个摩托化步兵师。

6 月 5 日，也就是敦刻尔克的枪炮声平息后的第二天，“B”集团军群发动全线进攻。突击了海岸和瓦兹河之间的法军阵地，但只在其中一处取得圆满成功。霍特坦克军在阿布维尔地区的登陆场发起进攻，深深楔入了敌军的战斗队形中，从正面对法军第 10 集团军构成了威胁。坦克军在亚眠、佩罗讷两地发起进攻，遭遇了顽强的抵抗。现在，开战以来法军统帅部第一次有机会依托预有准备的阵地展开防御作战，并可以暂时显示一下他过往有过的才华。长官的一切命令军队都顽强地执行着，因此，这次德军坦克无法楔入法军的阵地。与此同时，法国空军空袭了集结在佩罗讷登陆场的德国坦克军，有力支援了法军。但因为兵力不足，无法反复展开这种空袭。6月6日，霍特坦克军继续向前推进，第4集团军迅速扩大了缺口，在其他地段，德军更深地楔入了敌军阵地。为了保持各集团军之间的联系，法军统帅部决定放弃索姆河一线的防御地区。当时，法军还坚守着不少地段，但在统帅部看来，他缺乏必要的预备队，无法实施反冲击，也无法取得决定性的战果。他决定在索姆河与埃纳河之间展开阻击战，拖延德军的攻势，随后，在后方防御地区阻止这一进攻。塞纳河下游，以及掩护巴黎的阵地都适宜展开这种阻击战。该阵地起于巴黎以北的塞纳河岸，沿着瓦兹河岸延伸，向东南折回马恩河，形成了一个巨大的弧形。

之后两天，德军两个集团军的攻势加强，法军第10集团军防御地带内的形势严重威胁着法军统帅部计划的实现。6月8日，在鲁昂地区，霍特坦克军逼近了塞纳河，法军1个军和英军2个师在阿布维尔地区防守，被逼向了海岸。英军一部撤退到勒阿弗尔，在那里登船。在圣瓦莱里的濒海地区。德军第4集团军持续向法军第10集团军东翼施压，后者被迫向东南撤退，但没能退到塞纳河，于是只能被迫向法军第7集团军靠拢。当时，第7集团军正深陷鏖战，在克莱斯特上将的指挥下，德军的两个坦克军向南进军。德军第6集团军沿着瓦兹河两岸，向贡比涅进攻，其左翼从苏瓦松地区推进到了埃纳河。法军损失惨重。

这时，“A”集团军群进行主要攻击的机会降临了。根据既定计划，该集团军群要利用古德里安强大的坦克集群，首先突破隆居永地区的法军防线，还要向南进攻，瓦解法军的整个防御体系。

6月9日，第12集团军各兵团发起进攻，进攻的第一天就在雷泰勒以西的地区建起了登陆场。次日晨，古德里安集群的两个坦克师从登陆场出发，发起进攻。包括新建坦克师在内的法军预备队对进攻军队的侧翼发起了几次反攻，使得德军的进攻暂时受阻。第2、第9集团军在第12集团军以西进攻，不顾敌人的激烈反抗，攻破了法军在埃纳河的防御。

6 月 11 日，克莱斯特坦克集群各先遣队在蒂耶里堡抵达马恩河，攻占了该地以东的兰斯。古德里安将军的坦克集群朝着马恩河畔的沙隆（夏龙）进军。同一天，在敌人的猛攻下，法军第 7 集团军撤退到了掩护巴黎的防御阵地。为了防止在巴黎正面及周边交战，德军统帅部有针对性地在第 4、第 6 集团军之间使用了第 18 集团军。此前，在鲁昂东南的塞纳河对岸，德军第 4 集团军已建立了两个登陆场。

如此一来，魏刚将军一直担心的情况出现了。如果不能在阻止德军从西面强渡塞纳河的同时，挡住东面沿着兰斯两侧快速进军的坦克集团，法军守住一个掩护巴黎的阵地根本没有意义。但近几日，法军统帅部已经将所有的预备队都投入到战斗中，已经两手空空。6 月 11 日，英国首相丘吉尔访问了刚刚从巴黎迁往奥尔良附近的法国政府，魏刚把这一切都告诉了他。丘吉尔试图唤起人们关于 1918 年往事的回忆，当时，德军同样攻破了英法联军的战线，但军政领导人采取了坚决行动，在最后关头阻止了德军的进攻。但贝当元帅冷冷地反驳了他，说：当初，他曾先派出 20 个师，接着增加到 40 个师，心急火燎地去救助英国人，而如今，英国人所派出的兵力不过这些的十分之一。更何况，当时没有坦克师，而现在坦克师主要用于突破，一个昼夜就能前进 40 至 50 公里。

对此，丘吉尔认为，遣散法军展开游击战，这样可以赢得几个月的时间。他承诺，下半年会派大量英军进行救援，还建议尽量守住布列塔尼半岛的一个大登陆场。然而，无论是他的想法，还是他的承诺，都太不现实了，法军深陷绝境，完全无法激发他们的斗志。法国领导人对本国人民最了解，他知道，这个狂热的英国人根本不能激起法国人民的抵抗决心。下列事实真实地反映了公众的情绪：6 月 11 日，英国轰炸机准备从法国南部的一个机场起飞，去袭击意大利机场，居民们却在跑道上修筑了障碍。因为 6 月 10 日意大利已经向法国宣战，法国人不希望再有空袭发生，因为这可能招致报复行动。

第二日早晨，丘吉尔飞回了英国，他意识到，已经不能强迫法国继续作战了。现如今，他只能尽力避免让法国海军落入德国人手中。此外，他想在雷诺总理身边物色一个人，能站在英国这边。当时的戴高乐将军是新任国防部副部长，给他留下了极好的印象。

丘吉尔一走，魏刚就做出了决定，他之前没有和丘吉尔协商，就宣布巴黎为不设防国家，旧堡垒线和市区都不设防，一切桥梁都必须保持完好无损，法军必须撤离首都。但他也考虑到了另一种情况，那就是随着德军的步步紧逼，法军根本无法井然有序地从一个地区向另一个地区撤退。于是，他下令三个集团军群尽量不要分散兵力，而是应该沿着指定的方向向里昂、图尔、中卢瓦尔和第戎一线撤退。第 2 集团军群在右翼防守，也做好了及时撤退的准备，这就意味着将放弃马其诺防线和莱茵河防线的一切准备。

果不其然，法军的防线濒临崩溃。6 月 14 日晨，德军进入巴黎。此前，在巴黎西侧，德军各集团军渡过了塞纳河。法国首都以东，从马恩河上游到沙隆一段，前几天也落入了德军手中。在兰斯以西，克莱斯特坦克集群长驱直入，从特鲁瓦西北抵达塞纳河；各坦克兵团在古德里安的率领下来到大致相同的维度，也就是沙隆东南60公里处的维特里—里弗朗索瓦附近。坦克集群的左翼沿着阿贡讷丘陵的西侧前进，不断抵抗法军侧翼发起的反冲击。

在追击中，德军各集团军要执行的任务十分广泛。“B”集团军群负责追击沿着巴黎两侧撤退的敌人，越过卢瓦河向南推进，并分出一部分兵力向科唐坦半岛和布列塔尼半岛进攻，抵达布雷斯特。克莱斯特坦克集群在中央向里昂发起进攻。接着，各快速兵团沿着罗讷河河谷向南推进，抵达伊泽尔河与日内瓦湖间的地区，接着向东，以便缓解意大利经阿尔卑斯山进攻的困难。在古德里安的配合下，第 12、第 16 集团军向东迂回机动，从后方消灭驻莱茵河畔马其诺防线的法军各集团军。

6 月 17 日，德军各集团军抵达卢瓦尔河，接着，在奥尔良附近渡河。坦克进军到了第戎城下和蓬塔尔利埃、贝尔福地域的瑞士边界附近。德军原计划向左展开广泛迂回，从翼侧和后方对配置在瑞士边界至凡尔登以东的法军构成威胁。当时，在圣阿沃尔德和萨尔布吕肯之间，德军第 1 集团军楔入马其诺防线，第 7 集团军则在上游强渡莱茵河，开始向科尔马推进。在这样的情况下，法国政府于 6 月 17 日决定以西班牙为媒介，向德国求和。

这一决定经过了很长时间的激烈斗争。6 月初，雷诺总理就确信早晚要作出这一决定才能结束战争。因为他亲眼目睹了人民的苦难：不仅战场上惨败，几十万老百姓也跟着遭殃，他们有的步行，有的乘坐各种交通工具，逃离作战区域，逃往法国南部各地，这给溃退的法军后方造成了更大的混乱。但军事顾问和部分内阁成员给他施加了巨大压力，而且丘吉尔每天都会发来大批电报，每时每刻，他的内心都处于矛盾和痛苦之中。他面临着两难的政治问题，那就是法国是否应该中断与英国的联系？在道义上，他是否有这么做的权力？他曾给美国总统致电，向他求援，同时积极寻找反对停战的根据。虽然丘吉尔也参与了这一政治性会谈，并向美国表明了援助法国的必要性，但罗斯福并未作出任何承诺。国会约束了他的行动，因为此时的国会对于武装干涉表示强烈反对。

6 月 15 日晚，魏刚将军要求停战。第二天，毫无意义的辩论又持续了一整天。丘吉尔试图说服身处困境的法国总理坚持作战，他建议将英法两国合并为一个统一的国家，也就是建立统一的政府、国家和国会。英国将承担法国继续作战所需要的一切物资。如果法国不接受这一建议，希望法国能把自己的舰队交给英国。

雷诺认为合并国家这一解救办法可行，并向自己的内阁作了报告。然而，他的建议被一致否决了。法国部长们既不愿合并，也不愿交出舰队。他们都觉得被英国人出卖了。这个打破国家界限的建议突如其来，究竟暗示着什么呢？英国是否想借此插足法国的殖民地？如果战败，法国是否会成为牺牲品？经过激烈的争论，人们达成一致："与其成为大不列颠帝国的自治领地，不如成为纳粹德国的一个省，因为你至少可以预期是什么在等着你。"而且，法国人也拒绝将舰队交给英国人。由此可见，英国在法国人心中的威望有多低。

雷诺彻底失败，但他不愿停战，于是请求辞职。6月16日夜，贝当元帅组成了新政府，第一个决定就是缔结停战协议。只有戴高乐将军立刻与新政府断绝了关系。6月14至16日，受雷诺政府之托，他在伦敦筹备了军舰，将大批兵力从法国运往北非，以便继续战斗。这次访问期间，他频繁与丘吉尔接触，并且对于两国合并的建议展现了极大兴趣。6月17日，他在波尔多了解到，这里的求和情绪高昂，他无力抗拒，甚至很可能被逮捕。于是，他乘坐英国飞机悄悄离开了自己的祖国。当晚，戴高乐向法国人民发表了自己的第一份告同胞书，号召人们参与法英同盟，继续作战。

早在5月20日时，希特勒就曾放话说，法国只有将400年前从德国夺走的领土和其他财富归还，才能签订和约。但是等到6月18日接到停战请求时，希特勒意识到必须迁就法国人。于是，他开始谨慎行事。首先，他在慕尼黑与墨索里尼会晤，要求他谨慎行动。墨索里尼提出让法国交出舰队，被他拒绝了，因为这可能会让舰队落到英国人手中。对于意大利人希望参与谈判的愿望，希特勒完全不予理会，因为意大利在最后关头才参战。这些措施都是为了防止意大利人可能的干扰。

除此之外，希特勒还规定法国停战委员会必须于6月20日17时抵达达图尔，在这里，已经划定了20公里宽的临时停火线。然后再随机被送往巴黎。谈判地点在贡比涅。有两个因素对这次谈判有决定性影响：一则，德国人想一雪1918年11月谈判的耻辱，但希望能采取克制而恰当的方式；二则，德国人以继续对英作战为出发点，向法国提出条件。停战条款的序言里也体现了这两个因素。在希特勒和德国军政领导人都在场的情况下，凯特尔上将宣读了这一序言，序言表示：之所以指定贡比涅森林作为这些条款的接受地点，是为了通过这一举动彰显正义，让人们对法国历史上并不光彩的一页永不忘却，而那些往事也被德国人民视为有史以来最大的耻辱。在许许多多的流血战斗中，法国经过英勇抵抗，最终战败，因此，德国并不打算用这些停战条款或停战谈判来侮辱如此勇敢的敌人。德国提出要求的目的有三个：第一，杜绝再次发生军事行动；第二，确保德国的安全（因为它将被迫与英国继续作战）；第三，创造建立新的和平的前提（这种和平主要是纠正在反德意志帝国势力的帮助下所制造的不公正行为）。

之后的条款中，德国要求法国在本土、殖民地和海外领地上停止一切军事行动。为保障德国的利益，德国将在法国三分之二的领土上建立了占领区，只把东南部留给法国人。允许法国本土保留一支小型陆军，与当年《凡尔赛和约》允许德国保留的那支军队类似。任何超出该范围的武器装备和军用物资都要移交给德国。鉴于此，法国政府不再需要海军来捍卫在殖民地的利益，所以全部海军都接收拘留。德国政府发表了庄严声明，在战争中，德国无意为了达到自己的目的而使用被拘的舰队，在签订和约时，也不会针对舰队提出任何要求。法国政府应承担义务，不使用任何仍在其管辖下的武装力量对付德国，军人禁止出国，军用物资也禁止输出国外。应立即释放所有德国战俘，所有出生于德国，而居住在法国及其领地的人员，一经传唤即可引渡。为了监督停战条款的执行情况，应成立专门的委员会，法国人可在委员会内自由表达愿望。在法国与意大利签署相应的协定后，该协定生效。

法国人几乎没有对这些条款提出任何原则性的反对意见，只是强烈反对其中几点。他们认为，无法接受移交飞机，因为这有损于飞行员的名誉。法国人提出，对飞机实行拘留，德国人同意了。失去首都对法国人而言是一个沉重的打击，但他们被告知，将来法国政府也许能返回巴黎。法国人认为，引渡德国侨民的要求破坏了政治流亡者传统的国际避难权，不能容忍，但希特勒在这一点上坚决不让步。但在波尔多的贝当元帅认为，这样的停战条款不会玷污法国武装力量的荣誉，于是批准了。

谈判期间，德军各集团并未停止作战。他们向西南和南方突击，攻占了从瑟堡一直延伸至波尔多的整个大西洋沿岸，还占领了里昂。接着，德军继续朝南面和东南面进军，前去支援意大利人。

守卫马其诺防线的军队的命运很悲惨，要塞工事还未受到猛烈攻击，他们就只能从里面撤出来。6 月 12 日下达的撤退命令，造成了一片混乱。军官们强烈抗议，但命令并未撤销。6 月 14 日，防守马其诺防线的法国各集团军主力开始撤退，只在防御工事留下了守备部队，目的是为了尽量拖延敌人。

然而，撤退的决定下得太晚了，辖第 2、第 3、第 5、第 8 集团军的第 2 集团军群已难以避免被歼的命运。最初，这些集团军试图击退西部的猛攻，以便有组织地将所属兵团撤走，再向西南撤退。在萨尔河以东，法军守备部队守卫着筑垒线，却最终被德军突破，而德军第 7 集团军在孚日山脉发动猛攻，牵制了法军各撤退集团军的北翼和东翼。各兵团十分混乱，补给已停止，本来应以突围告终的向南反突击未曾实施。贝尔福以北，古德里安率领的各坦克师继续推进，封锁了孚日山脉西斜面直到斯特拉斯堡以西地区的山垭口，并从埃皮纳勒经摩泽尔河两侧，继续进攻。法国政府求和的消息传来，法军丧失了继续抵抗的斗志。8 个军的残部混乱不堪，共 50 万人在数处陷入围攻，于 6 月 22 日在南锡、贝尔福、多农三角地带投降。另有 12000 名法国人和 16000 名波兰人被围困在贝尔福以东，然后被拘留。

其他地段，从 6 月 18 日起，没有再进行激烈的战斗。双方士兵都认为，继续流血是徒劳的。如果法国人自动放下武器，就俘虏他们；如果还不愿投降，双方就像演习一般撤退若干距离，然后寄希望于毫无悬念的未来。

6 月 23 日，法国停战委员会从巴黎飞抵罗马。意大利未提出任何不能接受的条件，意军在国境线上已攻克的地区停留，不再前进。在毗邻意大利边界的法国境内和利比亚、突尼斯边界附近建立了非军事区。法国港口土伦、科西嘉岛的阿雅克肖、突尼斯的比塞大、阿尔及利亚的奥兰，在对英作战期间都是非军事化的。然而，意大利停战委员会认为，应该在法属北非和叙利亚保留一定兵力，以维持秩序。之后的几次谈判中，法国人为北非保住了庞大的武装力量。意大利的停战协定方案在其他方面几乎对德国方案的条款进行了完全的重复。

6 月 24 日，签订停战条款，6 月 25 日 0 时 35 分，停战协定在各条战线上生效。对于这一史无前例的战局，德国武装力量应该为之自豪。由于战果辉煌，德国人的损失并不惨重，甚至是完全可以接受的——共 27074 人死亡，18384 人失踪，其中只有一部分战死，111043 人受伤。

从最初几天起，统帅部和军队就尽可能减轻占领给法国居民带来的负担。百万计的法国人躲避着给他们带来灾难的德国人，但他们惊讶地发现，德国士兵在异国他乡是如此纪律严明，又是如此彬彬有礼。德国迅速取胜，战争也很快结束，这使法国免遭第一次世界大战时所经历的那种惨重的损失和牺牲，这让大部分法国人都身心愉快。典型的例子是，过去的侮辱性称呼“德国佬”已不再适用，在许多场合被“德国兵先生”所替代。为了让德国居民顺利地重返家园，德军还成立了由许多传送站和加油站组成的机构，短短几个星期就解决了混乱的现象。但也有一些出人意料的事情发生，比如，希特勒下令，在索姆河以北建立法国难民不得入内的区域。至于命令的目的则暂时严格保密。在这方面，希特勒有着秘而不宣的企图，那就是他想建立一直延伸至索姆河的“大弗兰德”。于是，整个法国北部和比利时被合并为“比利时和法国北部军管区”。当然，他还计划在未来建立一个“大勃艮第”，其中包括南锡和贝尔福，并由德国控制布里采矿场。这一切对于希特勒鼓吹并为之奋斗的目标——建立自由而统一的欧洲而言，是不祥之兆。

第四章

德国进攻苏联

一、军事和政治准备

1940 年夏季，希特勒已经将消灭苏联的计划提上议程。应该说，在将其付诸行动前很久，这一想法就已经成为希特勒战略的决定因素。他推迟对英国的进攻，而要先消除后方所有的潜在威胁，这背后的动机是多种多样的。

世界观的对立让这两国存在天壤之别，这种对立并没有因为他们于 1939 年所签订的条约而缓和。希特勒认为，苏联是德国意识形态上的敌人。所以，他早就将苏联视为迟早会奉行讹诈政策的潜在敌人。在希特勒看来，这种情况早在 1940 年就开始了。战争拖延越久，德国就越依赖原料，而其中大部分原料要依靠苏联供应，而直到目前为止，苏联也的确依据所签订的条约进行了供应。但如果对英战争永无宁日，而美国的军事实力又像希特勒预计的那样，于 1943 年开始崛起，那么，德国最终只能选择彻底依赖苏联。希特勒无法忍受这一前景。他认为，英国所期盼的就是撑下去，直到美国参战、苏联与德国对峙。希特勒不能容忍这种潜在危险发生。他于 1941 年 1 月对雷德尔说，如果德国能消除东方的威胁，那继续对英作战的条件将会比较有利，而一旦战胜英国，就能改善日本的处境，并让美国意识到，对德作战十分危险。

希特勒为该计划的实施规定了明确期限：1941 年，苏联这个强国应不复存在。按希特勒的计划，届时，他背后不再有敌人，也无须再依赖苏联就能获得充足的原料和农产品，比如，从乌克兰获取小麦，从顿巴斯获取煤炭和矿石，从科拉半岛获取镍，从高加索获取石油，从白俄罗斯获取木材。希特勒坚信，只需要一场战争就能打败苏联，以至于在对苏开战前，他就规定了 1941 年秋季实现“巴巴罗萨”计划后各次战役的实施日期。

其实，早在 1940 年夏，战争准备就已经开始了。7 月底，在下达空袭英国的命令之前，约德尔曾向他的亲信透露，希特勒已决定对苏作战。在任何情况下，这场战争都势必会发动。但是，在已经进行的战争背景下继续推进则更好。无论如何，必须做好对苏作战的准备。最后，希特勒甚至和他讨论过有无在当年秋季发动新战争的可能性。

7 月，博克元帅的集团军群被调往波兹南，该集团军群包括第 4、第 12、第 18 集团军司令部和大约 30 个师。当然，集中在法国的兵力也因此被疏散了一部分。但是，这是战争总进程中对苏联实行战略展开的第一个步骤，而在之后很长一段时间里，这种战略展开都在隐蔽地进行。

7 月底，德军高层开始拟定具体的作战计划。当时，马克斯中将是第 18 集团军的参谋长，哈尔德上将命令他负责拟制对苏作战的预案。随后几个月里，马克斯中将又根据这一预案，拟定了作战计划的草案，11 月，由陆军总参谋部举行的军事演习中对这一草案进行了检验。12 月 5 日，哈尔德向希特勒报告了计划拟定的结果，在报告中，他指出普里皮亚季沼泽地会把未来作战的地区一分为二，应该对这片沼泽地的北部格外重视，因为北部华沙至莫斯科之间的地区有较发达的道路网，可以展开大规模战役。而且，根据迄今为止所掌握的敌军部署情况可知，苏联人不会想从聂伯河、西德维纳河及其更远的地方撤退，因为这样一来，他们就无法保卫自己的工业区。因此，应该由坦克进行楔形突击，阻止苏联人在以上河流以西的地区建立绵亘的防线。

希特勒对这些看法表示了赞同，并将其写入了 1940 年 12 月 18 日的第 21 号训令中，该训令是进行战略展开和进行初期战役的基础。根据该训令，德国武装力量应做好充分的准备，在对英战争结束前，就通过“巴巴罗萨”计划迅速打败苏联。为此，陆军要调动一切可调动的兵团，但必须要预留一部分兵力，以确保欧洲占领区的安全。德国空军应该抽调充足的兵力在东线为陆军提供支持，以便地面战斗迅速结束，并尽量减少敌航空兵对德国东部地区的破坏。训令接着指出，空军主力必须在东线集中，但还要保护所有德国控制的军事工业区免遭敌人空袭，也不能削弱对英国的攻势，尤其是对英国补给线的攻势。除此之外，东征期间，德国海军主力应该主要用于进攻英国。

根据对陆海空三军布置的任务不难发现，因为要考虑其他战区的需要，参与东线作战的兵力在数量上大大受限。在东征期间，海军仍以主力进攻英国；至于陆军的几个师则要留在挪威，根据战事的进一步发展，还有 40 个师留在了西线、北非和巴尔干，陆军的战斗力被大大削弱。但 1940 年冬，德国又新成立了 40 个步兵师，其中的许多步兵师被整编为摩托化师，坦克师的数量也增加了一倍，这样一来，陆军作战的灵活性就大大增强了。

训令还规定，在向苏联发起进攻前的八个星期，要实行战略展开。虽然准备工作需要很长时间才能完成，但也必须在周密的战役伪装下展开，且必须在 1941 年 5 月 15 日前完成。这样，最早的战役开始日期就是春季泥泞季节结束的时间。这些准备工作的目的就是当战争开始时，通过坦克突击集团进行深远推进，消灭苏联西部的基本兵力，并阻止有作战能力的部队向辽阔的苏联领土撤退。然后，德军迅速追击，推进到伏尔加河、阿尔汉格尔斯克一线，在此过程中，还要充分利用德国空军，使苏联残留在乌拉尔的工业区瘫痪。

该训令的下一部分还涉及了作战的具体问题。根据训令，普里皮亚季沼泽以北是主要的突击方向，因此，必须有两个集团军群在该地区展开。在这两个集团军群中，一个集团军群配置在全线中央的南面，应出动坦克兵团和摩托化兵团，从华沙及其北面进行突击，粉碎白俄罗斯的敌军。这一突击能协助快速军团的兵力北进，消灭波罗的海沿岸的敌军，成功夺取列宁格勒和喀琅施塔得。在此基础上，再进攻作为交通和国防工业中心的莫斯科。而在普里皮亚季沼泽以南进攻的集团军群，应该从卢布林地区出发，向基辅总方向实施总攻，坦克兵力则迅速楔入苏军翼侧和后方，然后沿着第聂伯河向南进攻，包围苏军。

南翼的德军和罗马尼亚军队集团只能发挥辅助作用，负责守卫罗马尼亚的领土，在本集团军群北翼军队进攻过程中牵制当面敌军，等待有利时机发起追击，在空军的协同下，阻止敌人进行有组织地撤退。

显而易见，训令认为普里皮亚季沼泽南北的进攻都会成功，所以指出“追击范围内”应该涉及这些目标：

在南部攻占军事和经济上都占有重要地位的顿巴斯；

在中央迅速占领莫斯科，攻下这座城市，就意味着在政治和经济上取得决定性胜利，更别提苏联人将因此失去最重要的铁路枢纽。

训令还指出，空军应尽量让敌人瘫痪，在决定性方向上协同陆军作战。训令进一步指出，为了达成这一目标，作战时不必空袭军事工业目标，待机动作战完成后，再对乌拉尔区实施袭击。相比之下，海军的任务较轻松，那就是阻止敌海军进入波罗的海。而德军一旦夺下列宁格勒，苏联的波罗海舰队就会失去最后的基地，从而陷入绝境。

总而言之，从内容上可以看出，这份训令十分乐观，希特勒甚至还沾沾自喜地表示，德国的闪电战会再次取胜，而苏联将表现出与波兰和法国如出一辙的消极性。

随后的准备工作正常进行。1 月 21 日，根据第 21 号训令，陆军总司令颁布了《关于战略展开》的训令，进一步明确了各集团军群和集团军的任务。

然而，南斯拉夫的战局迫使德国最终改变了作战日期。希特勒在下令进攻南斯拉夫并实施战略展开的同时，还下令至少把“巴巴罗萨”战役的开始日期推迟四个星期。于是，对苏战争失去了最初的宝贵的五个星期，这将直接影响战争的结局。

集结军队也十分谨慎，直到临近5月，也只有一些步兵师加强了波罗的海沿岸地区的军队，大部分坦克师和摩托化师还停留在德国和西线，这样一来，即使德军在东线集中，敌人也不会怀疑他们即将发动进攻。西线留下了大批基干步兵师，以给人们造成即将在英国登陆的假象。出于同样的目的，德军也在挪威采取了相应的措施。在战略集中的最后阶段，要在最短时间内集结大部分快速兵团，这一点难以掩饰。5月22日，战略集中开始，花了整整四个星期。此前，东线有70个步兵师、1个骑兵师和3个坦克师。预计参战的兵团有一部分还在巴尔干作战。为了迷惑敌侦察机构，德国还散布了各种消息，其中有消息称，东线进行的战略展开是“为隐蔽在英国的登陆行动而采取的重大措施”。

6月22日前，即正式进攻前，已经有81个步兵师、1个骑兵师、17个坦克师、15个摩托化师、9个警察师和警卫师在各战略展开地区集中。在附近区域，还有22个步兵师、2个坦克师、2个摩托化师和1个警察师充当统帅部的预备队。这样，不包括警卫师和警察师在内，陆军总攻拥有了140个战斗力很强的兵团。

有三个航空队与三个集团军群协同作战，共有轰炸机1300架。根据各集团军群的任务，配合“中央集团”军群作战的凯瑟琳元帅的第2航空队最强大，几乎掌握了航空兵总兵力的一半。由勒尔上将指挥的第4航空队在南部作战，比支援北方集团军群的凯勒尔上将指挥的第1航空队略强。

希特勒坚信能击溃苏联，但必须积极寻找盟友。他首先寄希望于罗马尼亚和芬兰，在不久前，这两个国家都遭受了苏联的入侵，当时没有任何国家支援他们。他们认为，西欧即使没背叛它们，也已经抛弃了他们。所以他们也希望德国能够遏制苏联的军事实力，让两国摆脱正面临的威胁。

芬兰人于1939年冬季进行的战争取得了惊人的战果，这让德国人印象深刻，对此，德国也十分重视。不过，两国间的接触进展缓慢。希特勒深信，芬兰不会对德苏冲突持消极观望的态度，但是，他暂时不打算向任何人披露自己的计划。于是，直到1941年5月底，芬兰总参谋长海因里赫斯访问德国时，双方才举行了相互试探的会谈。会谈主要讨论了经芬兰对驻挪威德军山地步兵进行补给的问题，以及如果德俄发生冲突如何进行协同的问题。芬兰将军明确表示，只要他的国家未受侵犯，就不参战。这给德国一个还算友好的信号。而芬兰也从这次会议中出了结论：德国和苏联之间的战争一触即发。

6月17日，芬兰开始进行秘密动员，并允许德军潜艇和布雷舰驶入自己的南部港口。6月13日，作为德国武装力量驻芬军最高统帅部代表，埃尔富特将军抵达芬兰，为战争爆发后对芬兰的战略展开提出了符合德国人作战计划的建议，得到芬兰的同意后，他开始在芬兰领导北方联络司令部，负责解决补给问题。此后，尽管德国多次提议，但芬兰一直拒绝与德国政治结盟。于它而言，德国人只是它反对共同敌人时的“战友”。

相比之下，罗马尼亚则十分愿意与德国建立密切的政治联系。罗马尼亚的军队人数庞大，但训练和装备都欠佳，罗马尼亚希望通过德国的军事援助，将其变为一支有战斗力的军队。1940年12月，罗马尼亚政府首脑安东内斯库访问柏林时，希特勒就表明了自己的援助和结盟企图，安东内斯库完全同意了他的计划。等到1941年初，罗军的10个师已经做好了作战准备。1941年5月，就共同对苏作战问题，两国再次举行谈判。最终，罗马尼亚同意德军战略展开时使用其领土的条款。

波兰战败后，在喀尔巴阡山附近，匈牙利与苏联接壤，但苏联人暂时未去涉足。然而，布达佩斯的人们对第一次世界大战后的贝洛·库恩恐怖仍难以忘却。在意识形态上，两国存在着矛盾，而苏联正拼命扩张，潜在威胁着匈牙利。对于这个多瑙河流域的小国，希特勒并无好感，在他看来，匈牙利在政治上的要求过高，但社会结构腐朽陈旧，帮不上多大忙。然而，他并不打算拒绝在军事上援助匈牙利。他没有将政治计划透露给匈牙利，只是单纯表明支持匈牙利扩充军队，并使之摩托化。但相较于德国武装力量迅速摆脱《凡尔赛和约》的桎梏，匈牙利的军队摆脱特里亚农和约（即第一次世界大战后战胜国与匈牙利所签订的和约，1920 年 6 月 4 日，匈牙利代表团在巴黎签字。条约规定，匈牙利军队人数最多可达 35000 人，只准许匈牙利拥有一支雇佣军，不得含有空军、坦克和重炮。禁止它进口任何武器装备和军事物资。原奥匈帝国的全部海军都被移交给战胜国，或者被解散。还建立了联合委员会，以监督特里亚农和约军事条款的执行情况）的桎梏要慢得多。直到 1941 年 4 月，希特勒才把自己的政治企图告诉了匈牙利，后者同意派出 15 个师，但其中只有少数具有战斗力。

意大利方面，在墨索里尼的建议下，意大利于 1941 年夏季派出一支由 3 个师组成的远征军，前去支援德国。但随后墨索里尼又后悔了，因为他得知，在参与对苏作战方面，作为大国的意大利派出的军队数量竟然让小小的匈牙利超越了。于是在 1942 年夏，迫于墨索里尼的压力，这支远征军被扩编为 1 个集团军。

克罗地亚和斯洛伐克也参战了，他们派出了少量人员，但是，在持久力方面这些人员不比苏联人差。

从某种程度上看，此时的西班牙政府希望报答其内战时德国提供的援助，于是派出了“蓝色师团”（1941 年秋，该师前往沃尔霍夫战线战斗）。

对苏战争爆发后，希特勒力图让它染上整个欧洲十字军远征的性质，而他们所讨伐的对象，正是威胁着西方生存的布尔什维克主义。现在，他还想向北欧和西欧各国寻求军事援助（此前，其他国家从政治层面出发，曾给他提供过这种援助），但没有成功，因为现在西方各国已于苏联结盟，他们怎么会帮希特勒对付本联盟中的一个伙伴呢？要知道，这一联盟一旦获胜，他们将摆脱德国的统治或操纵。所以，只有少数穿德军制服的法国人，还有一部分内心信仰纳粹主义世界观并加入党卫队的支援人员加入了他的阵营。

对苏战争一触即发，德日关系也变得微妙起来。在形式上，日本是三国公约成员国，在自己的伙伴德国即将遭到侵犯时，有义务向其提供援助。但希特勒并不打算以此为由，让日本参与进来。因此，1941年3月底，日本外务相松冈洋右抵达柏林时，希特勒并没有与其讨论这一问题。于他而言，更重要的事是让日本进攻新加坡，从而牵制住英国人在远东的兵力。希特勒估计，越早进攻新加坡，就越能推迟美国人加入这场战争。

关于苏德关系，希特勒模棱两可地暗示了他的日本客人。他认为，德国人并不怀疑苏联爱好和平的态度，但如果苏联的立场危及德国，将被立即击溃。带着没有任何明确含义的信息以及不要同苏联人举行认真谈判的建议，4月初，松冈洋右前往莫斯科。然而，在那里，他与苏联签订了中立条约，这让德国人跌破了眼镜。条约规定，在一方同第三国交战期间，两国有义务保持中立。一直到1945年，双方都一直遵守着该条约。

二、红军

对于德国而言，苏联的军事实力很难估计，它的许多资料都被封锁，在正常情况下，如果掌握了那些资料，就可以拼凑出一幅有关武装力量动员能力及其经济来源的复杂图景。但二十年来，苏联始终与外部世界隔着一层铁幕，保持着神秘感。它所发布的关于本国的消息都以保障自身利益为前提，也就是说，这些消息通常都是经过粉饰的。如此一来，人们对苏联交通运输和军事工业这些重要部门的实力的预估存在严重不足。同样的，对于军队的技术装备，苏联也严格保密，而不像其他西欧国家，国会辩论和报刊报道会透露一部分预算草案。

即使在和平时期，苏军的保密制度也十分严格，军队中的各团都不编番号。领导人完全与外界隔绝，而且斯拉夫人天生对外国人持怀疑态度，所以，这个国家对外国人实行最严格的监督，公务旅游或娱乐旅行都很难展开。因此，德国或其他国家总参谋部的相关人员，都很难判断苏联武装力量的真实情况。根据冲破层层封锁得来的关于苏联的情报，德国对苏联的作战能力只有一个模糊的概念。苏芬战争为此提供了一些新的基准数据，据此，德国人推测出了苏军的数量（根据后来得到的关于苏联的资料可知，这些推测与实际情况多有不符），它有 150 个步兵师、36 个摩托化机械化旅和 32 个骑兵师。第二次世界大战爆发后，其中的 25 个步兵师、7 个骑兵师和若干摩托机械化旅已经赶赴其他边界，尤其是东亚地区。所以，德军统帅部希望，在苏德战争伊始时，只让约 125 个步兵师、25 个骑兵师和包括 5 个坦克师在内的 30 个摩托化机械旅参战。当然，德国人也清楚地知道，对于苏联来说，现有这些兵力远远不会让这个大国的人力后备枯竭，尽管它每年的征兵量只有 150 万，但其实还有 1200 万的青年适于服兵役。因此，对苏作战的重中之重是消灭苏联的军事工业，以便于让苏联的军事工业不足以装备如此多的军队。

当时已得知，苏联步兵师的装备与德军步兵师不同，他们编有坦克营。由此可知，苏联人有很多坦克，甚至是德国的 4 倍。但用于完成战役任务的快速大兵团方面，苏联人却远远落后于德国人。

德国人认为，己方指挥人员的素质比苏联人高得多，1937 年大规模的政治清洗中，苏联最优秀的指挥干部已被杀害殆尽。苏芬战争将苏联中下级指挥官战术训练方面的劣势暴露无遗。据了解，根据这次战争的经验，苏联国防部长铁木辛哥决定改进单兵训练，以便提升指挥官的独立性，并加强诸兵种之间的协同。其实，早在第一次世界大战时，这些缺点就已暴露出来，但一直没有被克服。所以，德国人认为，苏联士兵的耐力和刻苦虽然惊人，但面对一支装备着现代技术兵器而指挥官素质超群的军队时，苏联人不可能击退他们的突袭。

德国政界人士希望，在遭遇重大的军事挫折后，苏联就会土崩瓦解。

就当时的情况来看，苏联正埋头改进陈旧的坦克和飞机，并将大量军事工业迁往乌拉尔，根本不可能进攻德国。更何况，1941 年时，苏联人还觉得他们比德国弱小。当然，苏联人也敏锐地察觉到，德国军事实力的重心正逐渐东移。苏军统帅部也采取了一些对策。4 月 10 日，以铁木辛哥为主席的最高军事委员会决定，西部所有的部队进入备战状态。5 月 1 日，苏军进一步展开紧急战备，并采取了相应的措施保卫苏联西部边界。5 月 6 日，斯大林接替了莫洛托夫，出任苏联人民委员会主席，正式成为政府首脑（此前，斯大林所担任的一直是共产党总书记）。这些都说明，苏联正在提高政府威望，并增强实力。但苏联人对德国的政策并未因此改变。相反的，苏联仍竭力履行贸易协定所规定的相关义务。

总而言之，苏联虽然并不想和德国发生冲突，但依旧为武装冲突做好了准备。如此一来，德军唯一能做的，就是对进攻日期保密，以便利用战术的突然性减少入侵敌国时的困难。

三、战争爆发

在苏德战争爆发之前，在一份很长的告德国人民书中，希特勒竭力向德国人民和全世界解释发动这第一次世界大战争的必要性。他滔滔不绝地描绘了自签订《凡尔赛和约》以来各次战争发生的必要性，然后谈到了苏联前一年的政策。按他的说法，苏联之所以这样做，是为了与英国秘密勾结，在东方牵制德国。而且，苏联对芬兰、保加利亚和达达尼尔海峡提出的要求毫无节制，对此，德国曾于1940年11月邀请莫洛托夫来柏林，最后一次尝试与苏联达成协议，但最终失败。之后，希特勒指出，苏联不断加强在德国东部边界的军队，和英国一起鼓动南斯拉夫敌视德国，近几个星期，苏军开始公然侵犯德国边界。因此，他决定再次将德意志帝国及其人民的命运交给军队。

于是，6月22日3时30分，在东线，德国从黑海至波罗的海的整个正面发起了决定性的进攻。德军兵分三路，分别从北方、中央、南方三个方向突入苏联。

苏联在战前虽然从多个渠道获得过战争可能爆发的情报，但很多情报之间是互相矛盾的，具体入侵时间的情报相差很大，这使苏联政府不能确定德国入侵的具体时间。仅仅在开战前一天，斯大林才知道了德军的具体进攻时间，但已为时过晚。

接下来的10天，德军突进苏联600公里。第一天的战斗，红军就损失了1200架飞机（其中800架还未起飞就被炸毁）。希特勒狂言三个月时间就能灭亡苏联。

北方战线由德军威廉·里特尔·冯·勒布元帅指挥的北方集团军群负责进攻。该集团军群在两个星期内就使苏联红军败退了450多公里，并迫使他们放弃了整个波罗的海沿岸地区，在此过程中，苏联红军总共有24

个师被击溃，另有 20 个师损失了超过 60% 的人员和装备。之后，德军北方集团军群顺利推进到列宁格勒城下。波罗的海三国的百姓因不满苏联的统治而在德军入侵之时发起了针对苏联政权的暴动行为，这也加速了苏联红军的败退。

中央战线是德军突击的重点地区，费多尔・冯・博克元帅指挥的中央集团军群从格罗德诺和布列斯特要塞方向进攻，通过一个双钳攻势完成了对苏联西部军区（即西方面军）的合围，白俄罗斯首府明斯克就此沦陷，苏联红军败退 350 公里，30 个师被歼灭，70 个师损失了 50% 以上的人员。随后，该集团军群又在斯摩棱斯克地区展开了第二个钳形攻势，但因为红军有效地组织了防御，德军的进展很慢。历经了两个月的激战后，德军最终完成了合围，歼灭了 30 万红军。

南方战线上，由伦德施泰特指挥的南方集团军群的主要目的是占领苏联在乌克兰的农业和工业基地，并占领黑海港口作为补给站。他们面对的是苏联基辅特别军区（即苏联西南方面军）和敖德萨军区（即苏联南方面军），西南方面军是苏联实力最强的军区，所以在战争初期，由于苏联红军在兵力和装备上的明显优势，德军在这个方向的进展最为缓慢。但由于德军的素质远在苏联红军之上，因而德军依然长驱直入，推进到了第聂伯河。之后，一直到 1941 年 9 月 15 日，德军中央、南方两个集团军群才合力将苏联西南方面军的主力包围。苏联军队 70 个师血战 10 天，除少数突围外，66 万人被歼灭，其中有 6 万名军官，包括西南方面军司令基尔波诺斯上将、参谋长图皮科夫中将在内的多位高级将领在突围战中阵亡。

之后，德军又费了很大力气才完成了对列宁格勒的包围，但没过多久，他们却发现自己完全无力占领列宁格勒。因此，德军对列宁格勒采取了封锁战术。之后，由于苏联红军迅速在与德军的对峙中拥有了兵力上的巨大优势，德军不得不在北方战线采取了守势。同时，芬兰在攻占了被苏联割去的卡累利阿地峡之后，就停滞不前，并没有对列宁格勒发起进攻。

为了避免德军得到占领区的物资，斯大林采用了当年国内战争时的方法，下令实行焦土抗战，用大炮、火箭炮和轰炸机摧毁了前沿阵地道路两旁 40 到 60 公里纵深地区的居民点，并组织小分队，放火烧毁沿线的村庄、城市，此举一定程度上达到了斯大林的军事目的，但这些地方的人民却因此流离失所，死伤数十万人。

1941 年 9 月 30 日，德军集结了 74 个师，约 100 万人，在 1700 辆坦克、11000 门火炮的支援下，发起意在夺取莫斯科的攻势，莫斯科会战由此爆发。战役的第一阶段以德军在维亚济马地区歼灭红军 60 余万人的全面胜利而结束。随后德军迅速占领了莫斯科外围，并摧毁了数道苏联防线。危急关头，苏联进行了历史上最大规模的工业转移计划，转移的设备、物资超过 100 万节车皮。与此同时，斯大林从西伯利亚、中亚、远东地区紧急调来 25 万的精锐预备队，并以朱可夫大将为核心重组了西方面军的部队和防线。另外，苏联政府还组织了大量妇女修筑防御工事，并派出大量携带炸药和地雷的工兵分队破坏德军后勤补给线。此时苏联严酷的冬季已经降临，德军作战部队和后勤补给因此受到极大的限制——由于德国军队没有做好过冬准备，导致大量的士兵冻死冻伤，许多武器也无法使用。

尽管德军攻势迅猛，但苏联红军依然凭借着狂热的政治信仰对德军进行了殊死抵抗。1941 年 11 月 7 日，在德国迫近莫斯科时，苏联政府依然按时组织了红场阅兵，这是人类历史上最著名的阅兵之一，受阅部队在阅兵结束后直接开赴前线，对德军发起反攻，最终突破了德军的防御，并迫使德军后退了 200 ～ 300 公里，在此过程中，德军损失了 50 多万人和大量的技术装备（这也是不可一世的纳粹德国在第二次世界大战中第一次受到重大损失），希特勒“三个月灭亡苏联”的狂言彻底破灭。莫斯科局势得以稳定。

之后，1941 年冬天到来了，苏联红军在各条战线上发起了冬季攻势。在南部，红军越过刻赤海峡，在克里米亚半岛登陆；在北部，苏联红军试图解救被围困于列宁格勒的红军，歼灭包围列宁格勒的德军，并收复迭米扬斯克。但是由于军队素质的低劣和军官的指挥失当，红军在这两个方向的攻势均以失败告终，并因此受到巨大损失。

成功击退红军的冬季攻势后，希特勒认为占领莫斯科十分困难，因此转变进攻重点，改为向苏联的高加索地区展开攻势。进攻初期，德军先在哈尔科夫歼灭了红军20余万人，并迅速南下，席卷整个高加索地区。但是，由于苏联红军在前一年的大溃败中吸取了足够多的教训，德军没能在高加索地区完成既定的歼敌数量。反观苏联红军，虽然无法抵挡德军装甲部队的进攻，但是勉强保全了有生力量。

随后，为掩护南下高加索的德军（也为了获取巴库油田的石油），希特勒又意图占领伏尔加河畔的斯大林格勒。

第五章

斯大林格勒大会战

一、1942 年夏季苏军的扰乱性行动

1942 年秋季，在列宁格勒到沃罗涅日巨大的正面战场上，苏联人都采取了行动，这表明苏联的兵力并未被完全拖在斯大林格勒防御战和高加索，更没有枯竭。春季时，希特勒不同意为了节省兵力而缩短战线，这样一来，比起“在任何情况下都要扼守”的地区，德军实际要扼守的地区要多得多。这为苏联人提供了许多便于发起进攻的阵地，并牵制了大批德军。

靠着 4 月份打开的一个缺口，苏军的杰米扬斯克基地才与主力建立了很不稳固的联系，对它仍以空中补给为主。为了有效防御，这个基地需要的兵力比撤退至洛瓦季河需要的兵力还要多 6 个师。因为苏军进行了多次冬季战争并取胜，才缓解了勒热夫附近的态势。加里宁方面军的几个集团军还一直包围着德军，苏联人还时不时地进攻奥廖尔以北的突出部。

所以，德军的战线决定了苏联人的出发阵地，他们分布在列宁格勒地区、沃尔霍夫附近、伊尔门湖东南、勒热夫地区，还有奥廖尔以北。此外，为了改善南部军队的处境，苏联人还时常对沃罗涅日及其以北地区的德军阵地施压。

1942 年夏季和秋季，上述地区战况激烈，迫于战况，德军各师不得不紧张作战，而无法调遣军队去支援那些正在进攻的集团军。仓促之间，德军指挥机构甚至还从斯大林格勒附近调了一个师去支援沃罗涅日地区。

在列宁格勒以南，苏联人派出列宁格勒方面军和沃尔霍夫方面军，分别从西面和东面突击，暂时将德军赶出了施吕瑟尔堡，并与城市的守卫者建立了联系。但是，10月初，德军就恢复了原来的态势。

夏季的战斗旷日持久，德军对沃尔霍夫以西的苏军构成的包围圈逐渐缩小。不久之后，德军俘虏了苏军将军弗拉索夫，后来，在他的领导下，苏联战俘组成了庞大的志愿部队。最初，组建这些部队是为了将“志愿人员”编入后勤部门，以腾出德国士兵派往前线。后来在师、军和集团军也逐渐组建了一支分队，兵力达一个营。1943年前，这一组织的规模已十分庞大。这些“志愿”分队不用奔赴前线，但在游击区却发挥了巨大作用。他们的士气和可靠性都随着前线局势的变化而变化着。如果德国人比苏联人强大时，他们还是值得依靠的。然而，1943年，德军多次失利，并开始大撤退，这时，就不能再在东线使用这些“志愿人员”了。直到这时，迫于军事形势的变化和人力资源的不足，德国宣传机构才开始谈论如何把苏联人争取到自己这一边来。但是，要鼓励和动员这些苏联人为德国而战又谈何容易。虽然弗拉索夫军队人数庞大，却已胎死腹中。这些在东线组建起来的“志愿”部队后来被整合成一些师，并与其他战区的游击队交战。然而，当德国人试图让他们加入西线战场时，他们立即拒绝了。因为他们与德国之间并无任何内在联系。

在伊尔门湖东南的杰米扬斯克基地，战火依旧纷飞。8月，苏联人试图收复这一基地，战争进入了白热化阶段，然而德军各师久经沙场，一次次击退了苏联人的冲击，最终获胜。

延伸至勒热夫的突出部仍由德军第9集团军占领着，苏军的几个集团军一直在德军后方，兵力包括10个师和4个骑兵师，补给经过别雷地区的走廊进行。为了封锁这一走廊，然后逐渐合围并消灭后方的敌人，第9集团军从前线将重兵撤出，最终实现了这一计划。7月底，敌第39集团军和骑兵第11军，还有来不及从别雷撤退的第22、第41集团军的一些部队都被歼灭。为了改善在第 9 集团军后方作战的各兵团的处境，苏联人对勒热夫地区的第 9 集团军不间断地发起正面进攻。8 月初，情况一度很严峻，因为苏联人差一点突破了正面。但是当时已经要调往南线的 3 个坦克师和数个步兵师留了下来，制止了苏军的进攻，然后逐渐反击，才阻止了这次突破。德军取得了战术上的胜利。但是，苏联人牵制住了德军为数众多的兵力，这有利于苏军在主战线上的作战。此后，他们反复进攻奥廖尔以北地区战线的突出部，此举不仅让第9集团军不得安宁，还牵制了大量的德军。

在德军各集团军后方，苏军有计划地开展着游击战。游击运动的基地分布在斯摩棱斯克东南和维亚济马两侧。仅在叶利尼亚地区，苏联将军别洛夫就聚集了 20000 人，这些人主要来自于维亚济马交战中被击溃的部队，还有当地居民和飞越战线的空降旅。他们的活动使德国第 4 集团军的交通线不断受到威胁。这让希特勒尤其不安，为了对付他们，5 月份，希特勒专门从前线撤回了由几个步兵师和一个坦克师合编成的两个军。在这两个军的攻击之下，别洛夫手下的大部分兵力被歼灭，别洛夫也逃往南面。虽然德军经过之后的几次作战逐渐缩小了战线后的游击区，但还是需要不断从前线调来兵力来与游击队作战。针对德军的这种行为，1942 年秋，苏联人改变了策略，将游击斗争转移到了更深远的大后方。如此一来，德军终于可以对浅近后方安心了，但深入后方的游击运动更难缠。德军在占领区执行轻率的政策，使得该运动轻而易举地蔓延到了整个波罗的海沿岸、白俄罗斯和波兰，最后还席卷了乌克兰，尽管乌克兰居民最初对德国人很有好感。

二、德军进攻斯大林格勒

1942 年 7 月，德军第 6 集团军主力抵达顿河大弯曲部的卡拉奇和克列茨卡亚之间的地区。因为盟军的集团军尚未赶来，它将几个师留在顿河附近，掩护左翼。坦克第 4 集团军各快速兵团则挥师南下。

现在，第 6 集团军与坦克第 4 集团军留下的那些师协同，在狭窄的正面向已停止撤退的苏联人的阵地逼近。继续进攻很困难，按最初的计划，应经沃罗涅日推进到萨拉托夫的左翼的军队在顿河受阻。在顿河，第 6 集团军左翼寸步难行。不过，即使不能向北，也可以向南扩大。7 月 23 日，在齐姆良斯卡亚地区，向高加索进攻的德军左翼抵达顿河。这些兵团渡过顿河后，就可以挥师东进，突破苏联人在顿河与伏尔加河间的防御。

毫无疑问，从南面突击是可能在 8 月初攻下斯大林格勒的，但是，可以发起攻击的那些师要继续进攻高加索，而转向科杰利尼科沃的兵力又太弱小了。

这样一来，要对付在顿河不断加强的防御，第 6 集团军和被削弱的坦克第 4 集团军就要发起正面进攻。8 月 21 日，在卡拉奇东北地区，德军攻取了一个登陆场，犹如一把尖刀，从登陆场插入了斯大林格勒，8 月 25 日，抵达该市西郊。

原来保障顿河一翼的第 6 集团军的其他师终于可以松一口气了。8 月，意大利第 8 集团军抵达顿河，接替了配置在第 6 集团军西翼与新卡利特瓦之间的德军，该集团军辖有 6 个步兵师和 1 个骑兵师。意军与匈牙利第 2 集团军毗连，后者沿着顿河配置在德军第 2 集团军以南。不久后，苏联人开始向意军和匈军施压。某些地方，他们甚至深深楔入了罗匈军的防御。虽然在德军预备队的支援下，大部分的突入行动都被击退，但这表明，盟军扼守的正面很不稳固！

实施正面进攻的情况并不利，但第 6 集团军凭借着顽强的精神，在空军强有力的支援下，从西面和北面包围了斯大林格勒。此前，在艰苦的战局中，第 6 集团军向北扩大，到了 8 月底，已顺利在顿河对岸形成了楔形攻势，腾出了左翼军队。在杜博卡夫地区与伏尔加河相邻，而在卡恰林斯卡亚地区与顿河衔接的阵地，使苏联人不能从北面支援斯大林格勒，但苏联人不间断地发起冲击，并消灭了敌方大量兵力。坦克第 4 集团军与罗军部队一起从西南面向斯大林格勒推进，在南面，也逼近了这座沿着伏尔加河右岸延伸 40 公里的城市。

接着，到 10 月初，斯大林格勒会战打响，会战持续了两个月。斯大林格勒在烽火中逐渐成了一片瓦砾场，这片废墟之中，在坦克、自行火炮、喷火器、炮兵和俯冲轰炸机的支援下，德军步兵和工兵用手榴弹和刺刀从一栋房屋到另一栋房屋，从一个地下室到另一个地下室，从一片瓦砾场到另一片瓦砾场，开辟着自己的前进道路。一些大的兵工厂成了要塞。然而，废墟越多，越有利于防御者寻找掩蔽工事。每当德军俯冲轰炸机或炮兵将伏尔加河上一两座舟桥炸毁时，生性倔强的苏联人就会像辛勤的蚂蚁一般，很快将它们修复。在东岸，苏联配置了强大的炮兵，改善了这座城市的守卫者们的处境。斯大林和铁木辛哥的命令一道道传来，敦促防御者殊死抵抗。

这次会战是两个敌对国家间展开的搏斗。德军集中了自己最后的力量，在他们看来，为了取得决定性胜利，他们不惜付出任何代价。希特勒如此狂热，无论如何都要从莫斯科仇敌手中夺下这座以其领导人命名的城市，至于从军事或政治的角度而言是否值得攻克这座城市，已经不在他的考虑范围之内了。当然，希特勒对于自己的战略计划也持怀疑态度。因此，他不仅要说服他人，还要说服自己，使所有德国人相信两年以来开展的各次战役都是成功的，是按计划进行的，不远的将来，胜利在等着他们。9 月 30 日，他在体育馆为冬季运动会开幕发表演说，流露出了很危险的态度，这也预示着，德国人民将面临悲惨的命运。

在希特勒看来，行动计划十分简单，那就是在任何情况下扼守应该扼守的阵地，在任何情况下进攻必须进攻的目标。德军已攻克了敌人剩下的最后几个产粮区，还有最后一批炼焦煤，并正向它的产油区逼近，目前看来，已经切断了这些产油区和苏联其他部分间的联系。希特勒断言，只有攻下斯大林格勒，才能切断敌人最后的也是最大的交通命脉——伏尔加河。这种断言难以让人信服，因为德军已经进抵伏尔加河。他信口开河，表示任何人都无法将德国人从这个地方驱逐，这不过是这个狂热的煽动家用来束缚国务活动家和军队统帅的法宝而已。然而，局势一旦逆转，必然导致最艰苦的武装冲突。果然，如痴如醉之间，希特勒做出了最后的抉择，然而，这是一条走向灭亡的死路，那就是不惜一切代价坚守已经夺取的阵地。

10 月中旬，为了夺取该城，德军发动了大规模进攻。希特勒认为，只要一个强大的突击集群就可以达成目的，所以只空运了 5 个工兵营去加强进攻的武装力量。10 月 17 日，城市攻坚战开始，德军一度取得辉煌战果。在北部，进攻者抵达伏尔加河。发动进攻的第二天，莫斯科就宣布斯大林格勒的局势完全恶化。德军甚至发起了猛烈的空袭，随着德军抵达伏尔加河后，河上交通几乎瘫痪，猛攻持续了两个月，并消灭了敌人投入战斗的新锐兵力。苏联人只是控制着这座城市的一小部分了。可是，德军也受到了削弱，一些部队和分队的人数减少到编制人数的四分之一。补充兵员人数不够，也不符合严峻的战斗要求。可以说，就总的形势而言，攻克这座城市已失去了意义，而扼守它又很危险。

无论是哈尔德领导的德国陆军总参谋部，还是负责该地段战况的“B”集团军群长官，都对这种情况惴惴不安。这次大战的进展并不顺利，而且也不可能将敌人肃清，认清这一事实后，他们的不安情绪就更加严重。如果攻克了高加索全部的石油区，还有苏联人最重要的交通线伏尔加河，但却无法扼守住，那攻克就只是徒劳，更何况，当时苏联人已在伏尔加河以东开辟了其他交通线，而德军对此并不知情。对于敌军的能力，陆军总参谋部进行了细致而准确的判断，这些判断引起了严重的忧虑和不安。在报告中，哈尔德上将把这些看法和观察结果作为依据提出。因为他经常提出质疑和警告，所以让希特勒无法再忍受。9 月 24 日，希特勒撤销了他总参谋长的职务。

年轻的蔡茨勒将军是他的继任者，此人以坚强的意志著称。哈尔德年龄大、服役时间长，是最老的高级将领，比各集团军群的司令享有更高的威望，而蔡茨勒并没有这些有利条件。但他以自身行动来树立威信，很快就成功了。可以说，希特勒并不喜欢总参谋部有个个性强硬的领导人存在，他希望有一个他信任并且永远会同意他看法的人处于这个职位上。然而，蔡茨勒并不愿意降格为一个普通的执行者，而希望保留他的主见，因此，他与希特勒之间很快就发生了矛盾。基于军人的天性，蔡茨勒将军习惯冷静地判断局势，继而提出建议和警告，而希特勒不容许他的将军们对他一贯引以为傲的天赋有丝毫的怀疑。但这些将军们身居高位，当他们在战役和战略问题上与希特勒发生分歧，并认为自己的反对意见能预防大灾难的发生，总是习惯性地表白自己对历史和德国民众所肩负的责任，但希特勒对这种表白并不领情，他认为自己才是肩负着所有责任的那个人。如果蔡茨勒不想毁于无休止的抗争，也不想受良心的折磨，他就应该主动辞职。但他直到 1944 年夏季才下定这个决心。

三、斯大林格勒战役的结束

斯大林默默关注着德军对斯大林格勒和高加索的进攻，他很爱惜自己的预备队，只有当防御军队处于极度困境时，才动用他们。新组建的及正在休整和补充中的师一般是不会参战的，他们仿佛是复仇女神手中用来惩罚敌人的剑，用来劈开德军各集团军及其盟军拉得过长的战线。在斯大林的努力下，新编集团军的装备比以前好多了。乌拉尔地区新建或迁入了许多军事工业，现在已全力投入生产，并能为军队提供充足的火炮、坦克和弹药。按照“现金购货，运输自理”的原则，美国向苏联提供的援助大大增强。1942 年 10 月前，美国运去了 85000 辆载重汽车，因此，预定用来进攻的兵团的机动性明显增强。飞机和坦克的供应不断增大，大量的鞋子和军服也帮助苏联人克服了严重困难。

苏联人有理由相信，西方国家军队已拖住了德军的重兵，他们还坚信，就像去年一样，苏军在冬季会占据一定的优势。因此，他们拖延进攻，等待着英军第 8 集团军在埃及和北非获胜，然后再展开进攻。

战线的轮廓决定了苏联人的进攻方向，德军集团左翼从斯大林格勒向新卡利特瓦地区顿河弯曲部延伸了近 300 公里，而右翼配置的兵力很弱，距离也较短（从斯大林格勒延伸至卡尔梅茨草原）。进攻第一阶段，苏军只投入了部分兵力，其目的是首先解救斯大林格勒并合围第 6 集团军。之后各阶段的目标则远大得多。

三个盟国的集团军（罗马尼亚、意大利和匈牙利）坚守着顿河战线，这条战线从伏尔加河与顿河之间的第 6 集团军阵地延伸至沃罗涅日以南。罗马尼亚第 3 集团军部署在右面，意大利第 8 集团军部署在韦申斯卡亚以西，与罗军毗连，它辖 6 个步兵师、1 个摩托化师和 3 个山地步兵师。该集团军的山地步兵军部署在新卡利特瓦地区的顿河弯曲地带。匈牙利第 2

集团军右翼由 10 个师编成，在罗索什东北与前者毗连。

“B”集团军群长官指挥这些集团军，他坚信，在苏军只发起零星的进攻时，德国的盟军尚且能扼守 400 公里的战线，然而当苏军大举进攻时，他们是抵挡不住的，他不止一次提起这一顾虑。

为了包围第 6 集团军，华西列夫斯基将军从西面和南面向心突击，11 月 19 日，苏军在罗科索夫斯基的指挥下，突然从克烈缅斯卡亚地区发起进攻，并立即在 30 公里的正面突破了罗军的防御。一个坦克军在罗马尼亚第 3 集团军后面占领着出发阵地，迎战了突入的苏军，但该军实力很弱，无法扭转局势。

之后，苏军 2 个坦克军和 9 个步兵师在叶廖缅科将军的指挥下，与经顿河进攻的苏军协同，开始进攻，在斯大林格勒以南突破了罗马尼亚第 4 集团军的防御。与此同时，在斯大林格勒以北伏尔加河与顿河之间，苏联人集结了 20 个步兵师、6 个坦克旅和 2 个摩托化旅的兵力进行进攻，第 6 集团军受到包围的威胁，立即调出全部预备队去对付突破了友军正面的苏军内翼，然而，一切都于事无补。11 月 22 日，包围圈的铁钳合上了，第 6 集团军被完全包围。

11 月 20 日，该集团军收到命令，继续坚守斯大林格勒并等待外援，但集团军长官保卢斯和他的军长们都不相信救援会及时赶来，经过商议，他们打算在 11 月 25 日变更部署后突围。11 月 23 日夜，保卢斯给希特勒发了一封急电，表示第 6 集团军兵力很弱，无力继续扼守遭到合围的正面，而且最近两天损失惨重，因此请求批准发起突围。

最初，希特勒拿不定主意，他令手下的参谋汇报了对该集团军进行空中补给时的需求量。据统计，该集团军每天都需要 750 吨物资，而空中专家们断言，如果战线紧邻斯大林格勒，空军只能运去 375 吨的物资。11 月 24 日，戈林在会议上答应每日运去 500 吨物资，然而，这种承诺是如此轻率。但希特勒相信了他的承诺，认为该问题已迎刃而解。他命令第 6 集团军坚守阵地，并保证“将尽力以恰当的方式保障其补给，并及时为其解围”。

如果说在当前形势下能在一定时间内集结足够的兵力，发起反攻，以解救第6集团军，那么这个命令还说得过去。然而，如果不能及时解围，每拖延一天，乃至一个小时，都意味着不可弥补的损失。作为集团军最高统帅，尽管军长们强烈要求突围，但保卢斯还是服从了希特勒的命令。

苏联人得知第6集团军不准备撤离斯大林格勒后，就加快速度，扩大斯大林格勒西南及其以南的缺口，以防德军在被围集团军附近建立新的战线。与此同时，德军也终于调集了一些兵力弱小的预备队，再加上后勤人员，组成了一些分散部队，由经验丰富的军官指挥。德军借助这一系列的措施，在奇尔河口至韦申斯卡亚地区的顿河弯曲部，也就是沿着奇尔河建立了一道并不坚固的防线，这样一来，德军也可以拖延长驱直入的敌军。在奇尔河口以北，德军还在顿河东岸扼守着一个并不大的登陆场。德军利用奇尔河，在斯大林格勒附近阻挡苏联人，而苏联人已经在顿河以东向南进军了100余公里。然而，想要解救被困军队，德军只能在顿河以东向南面突击，因为如果不这样，就只能强渡顿河，然而，该任务是无法完成的。11月27日，曼施泰因元帅奉命执行上述进攻，以完成解救第6集团军的目的。

在科杰利尼科沃地区，曼施泰因把从高加索、沃罗涅日和奥廖尔调来的兵力编成了突击集团，由霍特将军指挥。该集团辖有4个坦克师、1个步兵师和3个野战航空兵师，12月10日，该突击集团向萨利斯克—斯大林格勒铁路两侧发起进攻。然而，德国空军几乎无法满足对被围军队的补给，也就是之前承诺的每天500吨。因为Ju-52型飞机数量不够，德军只好派出He-111轰炸机，然而后者的负载量只有1.2吨，而且只有在作战的闲暇时间才能使用。每天，空军运去的补给物资不超过100吨，只达到第6集团军所需量的五分之一。虽然每天发放的口粮减少了200克，但被围军队自己还有一些给养储备，更重要的是他们对救援满怀希望，因此，也能忍受这种困境。之后，霍特集团发起进攻的消息如同一道闪电，传遍了第 6 集团军，一时之间，群情激昂。解救兵力不断推进，德军也做好了从合围圈内突围的所有准备。

12 月 21 日，霍特突击集团的先遣部队抵达距离合围正面 50 公里处。第 6 集团军做好准备，同霍特军队对进。然而，苏军发动了新的进攻，阻碍了科杰利尼科沃集团的推进。顿河集团军群长官蔡茨勒再次请求希特勒，希望其允许第 6 集团军突围。结果，希特勒与蔡茨勒发生争执，希特勒也一直没下达命令。保卢斯上将不敢违背希特勒的训令，没有下令突围。他本来就认为，突围也很难救出集团军的大部分兵力，因为要走的路程很远。现在看来，保卢斯没有掌握全局的情况，他并不知道，他现在唯一的机会是让集团军的一小部分兵力幸免于难。就他的天性而言，他不可能违抗军令，他的参谋长也支持他的做法。

虽然第 6 集团军司令不了解总情况，但最高统帅部对此是十分了解的。当德军为了解救被困在斯大林格勒附近的军队而进攻时，苏军于 12 月 16 日在顿河展开了新的突击，迫使德军停止了进一步的推进。与此同时，经顿河进攻的苏军集中了全部突击力量，向意大利第 8 集团军（该集团军负责守卫霍特突击集团的后方）发起猛攻，两天后，在意军 7 个师和德军 1 个师扼守下的意大利集团军的整个正面，一直到新卡利特瓦都被突破。在很多地方，苏军坦克都楔入了第 8 集团军的防御，使该集团军无法再集中指挥军队。在一些地方，受德军的影响，被打散的意大利部队也时常展开激烈反抗，并向自己的主力靠拢。但是，在其他许多地方，意军经常狼狈逃窜。很快，战线就出现了宽达 100 公里的缺口，并对顿河集团军群产生了决定性影响。

面对苏军的猛攻，曼施泰因只能停止霍特集群的进攻，腾出兵力来加强受威胁的翼侧，因为除此之外别无他法。但是，在这些兵力的支援下，德军也没能阻拦苏联人在科杰利尼科沃到新卡利特瓦 400 公里正面上进行的攻击。然而，在撤退时，德军终于再次建立了绵亘但并不牢固的战线，

12 月底，该战线的轮廓如下：在南面，霍特上将的坦克第 4 集团军在马内奇河与萨尔河之间拦住了苏军 3 个机械化军的进攻。苏军 3 个集团军抵达了齐姆拉河，新组建的霍利特战役集群防守着这里。从齐姆拉河发源地开始，战线突然折向西；在这里，由 4 个坦克军和 1 个步兵军编成的苏军 1 个近卫集团军不断给德军施压。再往西，是弗雷特一皮科将军所指挥的战役集群，该集群是“B”集团军群动员了包括后勤人员在内的全体人员组建起来的。它负责防守顿涅茨煤田区，在北顿涅茨河左岸坚守着一个宽大的登陆场。德军的坦克第 19 师行动大胆，在旧别利斯克以东逐渐拦住了苏军，并将因为意军溃退而形成的缺口堵上了。在该师与顿河弯曲部之间，分布着几个仓促组建的兵团，还有由野战第 2 集团军派出的 2 个德军师，他们同意大利山地步兵军取得了直接联系，并掩护其右翼，苏军尚未在该军所处地带进攻。

1 月上旬，虽然北顿涅茨河与新卡利特瓦地区的顿河之间的战线一片沉寂，但为了在南部达成目的，苏军直到 1 月份也没有减弱对弗雷特一皮科战役集群和顿河集团军群的进攻。1 月 18 日，霍利特和弗雷特—皮科所辖部队被驱逐到北顿涅茨河对岸。苏联人在顿河以南展开了猛烈进攻，但是坦克第 4 集团军在罗斯托夫以东阻拦了敌人的前进。

现在，德军第 6 集团军已深陷绝境。突围和解围一样希望渺茫。虽然飞行员奋不顾身地工作着，但空中补给依然不足，现在又进一步缩小了——12 月进攻前，一些德军飞机从附近机场起飞，天气好时每天可出动三次，但因为距离不断加大，这样做已经很困难。更何况，歼击机无法全程护送运输机。后来，苏联人调来了大量高射炮兵，以破坏对第 6 集团军的空中补给。如此一来，德军仅仅在 12 月就损失了 246 架飞机。而要补给斯大林格勒附近的第 6 集团军，至少需要 200 至 300 架飞机，这已经超出了德国空军的能力，更何况，突尼斯战场也需要运输机。就战争全局而言，补给第 6 集团军是一个难以承受的负担，在最高统帅部看来，第 6 集团军已经完蛋了，因此，只许给它一些虚无缥缈的许诺和保证，并呼吁被围军队英勇杀敌。

1月份前，合围圈的形状没有任何变化，因为苏军满足于对该集团军进行合围。但是，因为物资短缺，被围军队的处境每况愈下。他们经常吃不饱，越来越虚弱，还冻死或病死了许多人。战壕里的哨兵每隔半小时就要换一次班。冻死和冻伤的人数众多，连运输机都来不及将他们运走。因为没有暖屋，各师救护所和医院无法妥善解救伤员的安置和护理问题。但是，军队对于突围一直心怀希望，因为他们对最高统帅部怀有坚定不移的信念，因而继续坚持着。1月10日，苏联人出动了强大的炮兵，开始从西面压缩合围圈，此时，其他地段的德军还坚信传来的是正在接近的援兵的炮声。

1月8日，苏军向第6集团军司令提议“体面投降”，遭到拒绝。接着，苏军开始消灭被围集团，首先就是攻占皮托姆尼克机场，破坏空中补给。1月14日，苏军掌握了机场。如果说，此前的第6集团军还存有渺茫的希望，那么，现在他们的最后一线希望也破灭了。这些德军理想主义者们疲惫不堪，而又大失所望，但他们仍忠于职守，充满了自我牺牲精神和战友情谊。德国宣传机构企图利用第6集团军不屈不挠的精神来鼓舞德国人民，并将最高统帅部不可饶恕的错误说成是情有可原而无法避免的过失，这让那些了解事实真相的人恨得咬牙切齿。

1月的最后几天，战斗仍在继续。1月30日，前几天刚晋升为元帅的卢保斯签署了投降书，投降的兵力包括第44、第71、第76、第79、第94师和猎兵第100师这6个步兵师，第3、第29、第60师这3个摩托化师，第14、第16、第24师这3个坦克师、高射炮兵第9师、罗马尼亚骑兵第1师和步兵第20师，以及克罗地亚军队的1个团，这些兵力在合围当日共有265000人，其中9万人成为俘虏，34000名伤员被飞机运走。除此之外，有10万人阵亡或因为某些难以克服的困难而丧生，许多人在绝望中自杀，也有许多人手握武器、战死沙场。至于这9万名俘虏中究竟有多少人成为了苏联人复仇的对象，或者因为苏联人没有提供食物而饿死，就成了一个谜。

四、1942年冬季的苏德战场

入冬后，苏联人在已经坚守了数月的各战斗基点重新展开了攻势，其目的是牵制各战线的德军兵力，阻止它向受威胁地段调遣庞大的援兵，并在战线轮廓利于之后作战的地点改善自己的阵地。

在勒热夫和大卢基之间，他们集中了自己的基本力量，从夏季作战以来，德军在这里的战线就很不稳定。勒热夫突出部位苏联人包围苏军，并向西深远推进创造了有利条件。

10月中旬，德军空中侦察发现了苏军重兵正在托罗佩茨和加里宁两市之间集合。德军航空兵发起猛攻，拖延了这次集合，但并不能完全破坏。11月底，苏联人开始从托罗佩茨向西和向南展开宽正面的进攻。在别雷以北，德军展开反攻，阻止了苏联人数次企图深远楔入的行动。然而，大卢基两侧的正面已被攻破，成为强大抵抗枢纽的苏联旧要塞被合围。苏军一路推进，一直到大卢基以西12公里才被阻拦，该市最后的命运与斯大林格勒如出一辙。这里的7000名守军由各种部队和后勤分队组成，希特勒再次禁止他们及时突围。这些部队得到了空中补给，顽强地抵抗苏军的进攻，打退了他们一波又一波的进攻。德军统帅部呼吁被围守军坚持下去，并承诺，很快解救他们。12 月 29 日，为了解大卢基之围，发动了进攻。在苏军的掩护兵力防御中，两个德军师付出了极其惨痛的代价，打入了一个深 10 公里、宽 3 公里的楔子。1 月 12 日，其先头部队疲惫不堪，战斗力也被极大地削弱，在距离该市西郊仅仅 3 公里的地方受阻。同时，苏联人攻占了大部分被围地区。只有一个兵力较弱的战斗群仍在洛瓦季河西岸的内城堡支撑着，在大卢基东部，另一个兵力较大的战斗群遭到了猛攻。空中补给只能用空头集装箱进行。1 月 15 日夜间，被围在内城堡的战斗群中，100 人发起突围，回到了自己的军队中。他们怀着沉重的心情，扔下了不能行走的 200 名伤员。另外，还有与本部队失去联系的约 80 人突围成功。东部的战斗群被围困了差不多两个月，他们耗尽了最后一颗子弹，忍受着肉体上和精神上的双重折磨，期待着救援的到来，最后仍不得不放下手中的武器。

同时，苏联人继续进攻第 9 集团军北翼，从 12 月初起，开始从东面的勒热夫和格扎茨克之间施压。2 月底，他们取得了一些进展，但并未达到预期目的。

苏联人企图在冬季孤立并消灭杰米扬斯克合围圈内的德军，最终也宣告破产。通过狭窄的走廊，被围军队与旧鲁萨以南的德军取得了联系。第 2 军各师顽强地守住了自己的阵地。

苏联人在列宁格勒附近的进攻比较顺利，德军一直扼守着拉多加湖旁的施吕瑟尔堡地区，这样一来，被包围的列宁格勒就很难得到补给。过去，该市人口一度达到 200 万，被疏散后，锐减到 70 万。虽然他们碰到了难以想象的苦难，但仍不惜一切代价，确保民用和军工企业得以继续生产。1 月 12 日，在拉多加湖以南狭窄的正面，苏联人展开了猛烈的进攻，同时从西面经涅瓦河和东面进攻，1 月 18 日，占领了施吕瑟尔堡，建立了一条宽达 10 公里的走廊，恢复了与列宁格勒的路上联系。然而继续向南突破的企图并未成功。

奥廖尔突出部是苏联人最后一个进攻目标，现在，苏联人除了在奥廖尔以北有一个在1941年冬季形成的深远的突出部之外，在击溃了第2集团军并攻克库尔斯克后，还获得了库尔斯克大突出部。然而，即使在奥廖尔地区向东延伸出很远的这一条漫长的战线当面，苏联人也只取得了一些局部战果，并没有进一步扩张，也不能直接影响总的战局。

南部战线太长，再加上苏联人不断对中央和北方集团军群发起冲击，都让德军高度紧张。本来首先应该由西线提供支援，但那里派出了一些师去突尼斯，只剩下了最低限度的数量的兵团。2月初，局势已经很明朗，近期内，陆军总司令部将耗尽东线的最后一批预备队，如果不能采取有效措施，一旦战场上的态势稍微严重，就将陷入束手无策的境地。因此，蔡茨勒竭尽全力，试图说服希特勒同意压缩两个战线，这样一来，才能立即缓和战场的局势。然而，希特勒的态度近乎于病态，他仍坚持禁止放弃任何既占地区。如果德军从杰米扬斯克基地撤退，这就意味着，不必再扼守长达200公里的正面。如果从勒热夫—维亚济马基地向斯帕斯杰缅斯克、别雷一线撤退，战线总长度也会缩短200公里，这样就能腾出来10个师。2月初，在斯大林格勒战事和哈尔科夫地区严重的局势的影响下，终于下达了命令，有计划地撤出两个基地。撤退前进行了周密的准备，将所有仓库和后勤机关都有条不紊地迁走，并在新的防御地区构筑了工事。

2月21日，德军开始从杰米扬斯克基地撤退。这一任务十分艰难，因为各师都与敌人保持着直接接触，要在敌人不断地骚扰下迅速通过洛瓦季河以东狭窄的走廊。但实际行动却很顺利，3月初，德军在苏军重兵的眼皮子底下，及时撤退到了新地区。3月16日，全线退却结束，苏联人识破了德军的企图，但为时已晚，仓促之间，他们调来了几个坦克兵团，以阻止德军在斯帕斯杰缅斯克以北设防。但苏军没有把握住时机，当时德军的撤退已结束，各师都腾出来了，可以立即投入战斗，因此，苏联人仅在少数几个地方暂时楔入，随后立即败退。

虽然德军撤退了，但他们以实际行动表明，他们比起苏军毫不逊色。在战术上，他们彰显了无可争议的优越性，仓促间的撤退十分迅速而有条不紊。现在德军可以静候夏季作战了。

随着春季泥泞时期的到来，中央北方集团军群已构筑好了攻势，并缩短了过长的战线防御。统帅部又有了新的预备队。

新战线的建立如此艰难，因此导致了难以消除的信任危机。斯大林格勒的战事如此骇人听闻，广大人民和作战军队曾深受震撼，但官方通过巧妙的宣传，将失败说成是伟大的功勋，并以此鼓舞人心。1943 年 1 月初，罗斯福与丘吉尔在卡萨布兰卡会晤，这次会议有利于宣传机构实现上述意图。在会上，罗斯福提到了“无条件投降”这个不吉利的词，对此，虽然丘吉尔没有表示反对，但也没表示任何特别的热情。但是，德国宣传机构却巧妙地利用了这个词，用来呼吁德国人英勇抗战，因为唯有这样，他们才能避免早已注定的悲惨命运。很快，德国的敌人就后悔了，他们所使用的手段是如此的损人不利己。德国陆军领导层中对近半年来战场形势的迅速恶化而产生的不安，因为同盟国残忍地企图消灭德军和德国而进行反宣传而加深了德国人民的恐惧。如果在敌人眼里，希特勒与德国人民并无区别，那么即使推翻希特勒也于事无补。剩下的只有一条路，要么和他一起胜利，要么和他一起死亡。任何反对独裁者的举动，都可能引起混乱，并危及共同事业。但从另一方面而言，1942 年秋季和冬季，希特勒所进行的军事指挥难免让人们对未来的作战结局忧心忡忡，这并不奇怪。

如果以后也像以前那样消耗兵力，那么，到了明年，陆军甚至无法防御苏联人的进攻。这一情况不仅让东线作战军队的最高长官忧心忡忡，因为工作的关系，许多人都对战事总进程有所了解，并能判断出战场惨败导致的有生力量和技术兵器的损失，他们同样惶恐不安。这时，中央机关和各高级司令部一些年轻的军官萌生了绝望的情绪，并最终导致了 1944 年 7 月 20 日的爆炸事件（即 1944 年 7 月 20 日谋杀希特勒未遂事件）。那些直接遭到惨败的部队反而没有这种情绪，但许多高级指挥官也时常体会到巨大的信任危机。有关如何消除这种危机的主意有很多，就理论上而言，是可以做到的。希特勒不应该再继续充当“统帅”角色，并将军事指挥权，至少是东线的军事指挥权交给军人，否则就要强迫他这么做。让希特勒自动放弃指挥权是不可能的，这有悖于他的天性。虽然说强制解决很困难，但在以下情况还是可以实现的，那就是从陆军中推选一位出类拔萃的人物来领导，出于对人民和历史所肩负的责任，他应该要求希特勒放弃作战指挥权，有必要的话，还可以借助陆军强制执行。毫无疑问，这一问题已超出了纯军事范畴，并会导致国家危机，只有这样，才能认清解决这一问题所面临的一切困难。然而，要实现上述计划的第一个条件就不具备，因为布劳希奇 1941 年 12 月辞职后，希特勒已成为陆军总司令。因此，必须替补出缺的陆军领导人，由著名的军事活动家和陆军元帅进行密谋行动，采取联合行动，努力实现目标，必要情况下，该领导人要不顾军纪，独立实现这一目标。那时，他可能成为幸运的革命者，也可能一败涂地，成为国家的罪犯。虽然情况如此艰难，仍然要做了尝试。但后来，这种尝试却失败了，因为有些人对于这些所谓的暴乱和叛国行为，犹豫再三。另一些人认为，战场形势已经很严峻，这一切势必很难获得成功。当时陆军中大部分人盲目崇拜希特勒，为数众多的党卫军兵团是其忠实的走狗，这也就不奇怪，为何要担心战争情况下会有内讧发生了。如果当斯大林格勒刚刚遭遇惨败，而人们还对它记忆犹新的时候，能建立功勋，也许能争取到那些动摇的中间分子，反对者也会无能为力，再配合一些解释工作，相信大多数人会同意采取暴力行动。但是，对于这种行动，人们自然而然地会产生犹豫情绪，而且应该正视这种犹豫。无论如何，当你进行回顾时，以下事实是无法避免的：在业已形成的危局中，军事领导人尚有实现政治解决的最后途径，而战争总进程也很可能导致不得不这样解决。因为对最高指挥机构的信任动摇了将来，精神上和军事上势必时常发生冲突。毫无疑问，每个人都认为自己有义务在所属军队艰苦作战时提供各种援助，并避免其受到任何疑虑的影响，而至于他本人，也会精心隐瞒这种疑惑，只在最狭小的圈子里才流露出来。在必要的时候，许多人都基于自己的职责，想避免所属兵团遭受无谓的牺牲，只有迫于大局的需要，才让他们发扬自我牺牲精神。结果，一大批著名军事活动家被撤职了。也许，希特勒已经感受到了众多高级指挥官藏而不露的不信任。为了消除这种不信任，他只让那些具有卓越军事才能的人继续担任高级职务，同时，不顾服役期限和正常提升制度，越来越频繁地任命他认为对他还保持着信仰并得到他本人信任的那些人担任领导职务。

缺乏一位合适而精力充沛的陆军司令，对选拔干部也产生了消极影响，总司令对军官本应该一视同仁，并仔细研究担任重要指挥任务的人员的特点和能力。人事局长没法这样做，因为他完全按照希特勒的眼色办事。

虽然许多高级指挥官对希特勒失去了信心，但还是继续留任了。他们不断压抑自己的疑虑，因为这场战争将决定人民的命运，他们不能置身事外，此外，他们也不能扔下自己的部署和军队不管。他们希望能保留指挥权，以挽救军队，使其免受无谓的牺牲，并促进军事上获胜。最后还有一点，妥协和虚荣心是促使大批人留任的关键因素。

然而，老军事活动家正逐渐减少，而担任高级军职的人员也不断变更。

五、高加索至沃罗涅日的苏军攻势

虽然希特勒不断承受着蔡茨勒的施压，但他并不打算从高加索撤军，也不愿意承认1942年高加索的各次战役已破产。苏联人在顿河取得第二次突破后，德军不得不从奇尔河向北顿涅茨河撤退，费了九牛二虎之力才守住了北顿涅茨河与亚速海之间的顿河下游，这样，高加索的两个集团军才能沿着这条走廊撤退。此前，辖野战第17集团军和坦克第1集团军的“A”集团军群的正面已形成了一个大弧形，经新罗西斯克、迈科普和纳尔奇克以南，一直延伸到莫兹多克。集团军左翼与罗斯托夫的直线距离约60公里，当时苏军已进军至距离该市70公里外的地方。如果苏军继续东进，坦克第4集团军根本不能阻挡苏联人推进，那么，就会切断“A”集团军群的所有退路。直到这种情况出现，蔡茨勒才说服希特勒下令从高加索撤军。因为德军长官行动灵活，再加上军队战斗素养高，两个集团军才避开了敌人预定的合围。

德军撤退的同时，苏联人于1943年1月14日在顿河及北顿涅茨河发动了第三次进攻，目标是刚撤退到北顿涅茨河对岸的霍利特集群和弗雷特—皮科集群，以及形式上仍隶属于意大利第8集团军的德军所扼守的北顿涅茨河与顿河之间的并不坚固的防御，还有意大利山地步兵军，往西再指向匈牙利第2集团军，其兵力大约是10个师，最后指向配置在“B”集团军区其他集团军以北的德军第2集团军。过去的几个月里，为了在被攻破地段和新地区恢复态势，该集团军群建立起了从斯大林格勒开始的防御，许多师和用于加强的大部分统帅部预备队都已消耗，尤其是反坦克部队。如今，要扼守如此宽的正面，任务太艰巨了。

1月14日，苏联人开始进攻，立即突破了意大利集团军在新卡利特瓦以南和匈牙利集团军在科罗托亚克两侧的正面防御。之后，苏联人向北面和西北面推进，德军第 2 集团军立即陷入极危险的境地。1 月 20 日，敌军沿着顿河向北进攻，直逼匈军左翼师。该师进行了猛烈抵抗，这样一来，当德军其余兵力进入战斗后，就形成了稳固的防御，德军和匈军一起扼守该防御阵地，持续了一个星期。但是，之后苏军的进攻转向了西面，对第 2 集团军构成了严重威胁。为了形成包围圈，苏联人马不停蹄地向前进军，显然，他们想攻克沃罗涅日以西 80 公里处的道路枢纽戈尔舍奇诺耶。同时，苏联人正准备从利夫内、叶列茨等地向卡斯托尔诺耶方向的第 2 集团军北翼发起突袭。

匈牙利第 2 集团军的正面被攻克，几天后，这一正面彻底崩溃，而且，苏联人还攻克了意大利第 8 集团军的正面，大缺口再也无法封闭。德军第 2 集团军的南翼已经完全暴露，北翼也随时会遭到敌优势兵力的攻击。只有立即撤退，才能保住自己的两翼，并避开合围。虽然早在 1 月 21 日，这样的危险就已威胁着第 2 集团军，但直到 1 月 23 日，它才被允许放弃工事坚固的沃罗涅日基地。战线缩短以后，有 2 个师腾出来了，但无法及时赶来救援，而且他们也无力协助第 2 集团军避免遭遇合围。这些措施太迟了、太不完美了，根本不可能阻挡战事的迅猛发展，当然，这并非集团军或集团军群长官的过失。虽然军队井然有序地从沃罗涅日基地撤退了，但把那里的储备品运往沃罗涅日以西的车站却是一件很困难的事情。1 月 26 日，苏军坦克抵达戈尔舍奇诺耶。同一天，苏联人从利夫内、叶列茨等地发起进攻，突破了第 2 集团军北翼的防御，次日，他们的坦克抵达卡斯托尔诺耶，切断了集团军的两条退路，由 5 个师编成的 2 个步兵军被合围。现在，唯一的办法就是突围了，一部分兵力经卡斯托尔诺耶撤退，主力则撤退到戈尔舍奇诺耶。在大威力炮兵和迫击炮连的支援下，德军展开进攻，并于 1 月 30 日中午，在戈尔舍奇诺耶以东突破了合围圈。德军的纵队长得看不到尽头，其中还包括一些用于抵抗苏军坦克进攻的 88 毫米高射炮，2 月 4 日前，纵队抵达相距约 30 公里的旧奥斯科尔，在那里，与英勇防御的步兵第26师会合。第2集团军的大部分获救。和以往的许多情形类似，德军再次在绝境中表现出超凡的镇静和忍耐力。

意大利山地步兵及其友邻德军坦克第24军的命运，与第2集团军类似。1月17日，两个南北推进的苏军在罗索什西北地区会师，希特勒再次制止了山地步兵军及时撤退。虽然他的命令让人觉得不可思议，但集团军司令加里波第将军仍服从了该命令，直到1月18日，该军才获准撤退。1月31日，山地步兵军疲惫不堪地抵达了瓦卢伊基地区的德军主力阵地。

在此之前的1月14日，苏联人发起进攻，在德军和盟军各集团军正面打开了一个宽达350公里的缺口。德军第2集团军伤亡惨重，而且根本指望不上匈军第2集团军。德军一个步兵军在匈军地带作战，开始向奥斯科尔河且战且退。山地步兵军和坦克第24军残部无法再作战。在北翼已暴露的情况下，德军2个坦克师和1个步兵师一边与敌军的优势兵力作战，一边从旧别利斯克两侧向库皮扬斯克撤退。敌人从正面发起猛攻，并随时可能迂回其已暴露的翼侧。眼看着，与顿河集团军群的直接联系就要被切断了。最近几个星期内，这些德军兵团只得到了少量疲惫不堪的兵团，用于加强。过去，他们总是能顽强抵抗，局部战胜不断进攻的苏联人，这一次，也正是靠着这种抵抗迟滞了苏军的进攻，直到月底，苏军只抵达利西昌斯克、斯瓦托沃一线，在奥斯科尔上游则抵达季姆。

在北顿涅茨河与顿河汇流点至伏罗希洛夫格勒一线，德军击退了苏联人的进攻，但现在其左翼受到了威胁，因为敌人正向着伊久姆进攻。

2月初，南线德军集团组织上发生了变化。“B”集团军群司令部和意大利第8集团军司令部都被撤销。肯普夫战役集群，也就是后来的德军第8集团军取代了意大利集团军，该集群辖此前属于意大利集团军的那些德军兵团。顿河集团军群改名为南方集团军群，在罗斯托夫到第2集团军南翼之间作战的所有兵团都编入了该集团军群。第2集团军隶属于中央集团军群，由魏斯将军指挥。总正面南段尤其需要果断的指挥，调来的兵团行动艰难、进展缓慢，而苏军的攻势却丝毫没有减弱。

2 月初，苏联人强渡了奥斯科尔河，所属各集团军也接受了新任务。继续向西进军是为了攻克哈尔科夫，阻止德军在乌克兰建立新的坚固的防御地区。苏联人计划，在宽正面突击，进而向西深远推进，在这一突击的掩护下，以重兵向西南方向进攻，以解放顿巴斯和斯大林诺，消灭德军在该地区的各集团军。苏联人差一点实现了这一计划。

苏军向西突击，深远突破了兵力薄弱的第 2 集团军正面。2 月 9 日，苏联人抵达别尔哥罗德，然后继续向列别金进军了 150 公里，在这里，德军无法阻止苏联人的进攻，但在一定程度上拖延了其攻势。第 2 集团军逐渐建立起了防御，从苏梅以南开始，然后向库尔斯克以西地区延伸，并与坦克第 2 集团军阵地毗连。苏联人的北翼受到威胁，加之兵力不足，只好在列别金地区停止了进攻。在哈尔科夫附近，德军的抵抗持续了很长时间。2 月 16 日，肯普夫战役集群的北翼遭到了来自别尔哥罗德方向的迂回，中央被重兵击退，南翼也因为苏军的突击而退到了梅列法，于是，只能放弃哈尔科夫。不过，从西部调到梅列法和克拉斯诺格勒以西地区的援军赶来，加强了该战役集群，因此，他现在足以阻拦苏联人的进攻了。然而，该战役集群与坦克第 1 集团军位于伊久姆附近的左翼之间，形成了一个大的缺口，并且难以封闭。这正是苏联人梦寐以求的。他们立即利用这一情况经洛佐瓦亚和巴尔文科沃南下，毫无障碍地通过了巴普洛格勒，进军到了第聂伯罗彼得罗夫斯克和南方集团军群司令部所在地扎波罗热。这是苏联人胜利的巅峰。然而后来的局势表明，他们想一次达成这两个目的是不可能的。

肯普夫战役集群调来了新的兵团，并在南翼大规模变更了部署，于是，2 月 22 日前，曼施泰因元帅集合了足够多的兵力，从两面对深深楔入的苏军发起进攻。2 月上旬，德军从高加索和马内奇河调来的坦克第 1、第 4 集团军所属各师在罗斯托夫两侧渡过了顿河，此后，德军放弃了罗斯托夫与伏罗希洛夫格勒之间的顿河弯曲部，撤退到米乌斯河附近预先构筑的地区，这是去年遗留下来的，其右翼一直延伸到塔甘罗格。新编坦克第1师在北面与这些师相邻，它无法扼守利西昌斯克和伊久姆之间的北顿涅茨河，向南撤退，现在，该师左翼已在斯拉维扬斯克以西。德军在其左翼和巴普洛格勒之间实施了反突击，苏联西南方面的阵地被打开了一个大缺口，宽达200公里。为了发起反攻，德军从撤退到米乌斯河的军队中抽调了5个坦克师，编成了突击集群，进至斯大林诺西北，任由坦克第4集团军司令调遣。2月22日，德军坦克开始向北进攻。同时，集中在第聂伯罗彼得罗夫斯克地区的几个师向东进攻。进军到扎波罗热的苏军仓皇撤退，德军没能将其包围，但迅速占领了大片土地。几天后，德军在巴尔文科沃进抵北顿涅茨河，占领了洛佐瓦亚，与肯普夫战役集群建立起直接联系，制止了威胁米乌斯河防御地区的苏军迂回。在追击苏军的过程中，德军各坦克师与从西面发起进攻的肯普夫战役集群一起，继续向北推进，3月6日前，在哈尔科夫以南包围了由数个坦克兵团和1个骑兵军组成的苏军集团，为继续向哈尔科夫进军创造了有利条件。同时，科普夫战役集群内翼和第2集团军内翼分别向进至列别金的苏军发起进攻，苏军立即撤退，才避免了被歼灭的厄运。在德军的猛攻下，苏军全线撤退到了北顿涅茨河对岸。3月13日，苏军重新占领了格赖沃龙，3月15日，重新占领了哈尔科夫。

坦克第1集团军也在利昌克西斯、斯拉维扬斯克地段将苏联人驱逐到了北顿涅茨河。于是，德军的正面重新连接了起来，现在，从塔甘罗格至别尔哥罗德再也没有任何突出部了。

重新组建的德军第6集团军是南方集团军群所辖的4个集团军之一，安排在右翼，扼守北顿涅茨河地段，也就是米乌斯河防御地区。更北面，配置着坦克第1、第4集团军及肯普夫战役集群，该军群紧邻着友邻中央集团军群所属野战第2集团军。这大致上就是9个月前对高加索和伏尔加河发动大规模进攻时的那条出发线。这次进攻的后果让人震惊，德军1个集团军和盟军 3 个集团军被消灭，德军另 3 个集团军的损失也很惨重。德军及其盟军至少有 50 个师不复存在，其余损失加起来也有大约 25 个师。坦克、自行火炮、轻重火炮和重步兵武器等大批技术兵器都断送了。反观敌人，虽然伤亡也很大，但它毕竟拥有更庞大的人力后备资源。在盟国的心目中，德国的威望一落千丈。与此同时，德军在北非战场上也遭遇了难以挽回的失败，取得最终胜利的希望彻底破灭。

德国空军为被围困在斯大林格勒附近的军队以及数个较小的合围圈提供补给，其结果是它也受到了极大削弱。因为展开多次大规模战役，加之空运的代价极大，油料储备急剧减少。以后只能现产现用，并且必须十分节约，油料不足对之后的所有战役都产生了消极影响。

第六章

1944 年夏季德军东线的崩溃

一、德军在东线的最后进攻

1943 年 3 月底，春季泥泞期暂中断了东西岸的作战行动，在泥泞期开始前，已激战了 9 个月。虽然苏联人投入了全部兵力，但仍不能制止德军在南部建立新的坚固防御。德军统帅部主动放弃了总战线中段和北段的突出部，比试图切掉这两个突出部的苏联人抢先了一步。苏军各集团军一直独自承担着主要作战任务，急需休整和补充。德军各集团军也遭受了很大损失，但哈尔科夫以南的反攻证明，他们完全有能力展开迅速而有效的反攻。因此，苏军统帅部认为，必须认真变更兵力部署，在一定时期内，不再进攻。

德军不可能再进行上两次夏季战局中展开过的那种决定性的进攻，因为去年遭遇了重创，而且红军的实力也有所增长。苏联的军事工业飞速壮大，苏军装备了各种国产技术兵器，还有美国为其提供军用物资。过去一年的时间里，既清楚地表明，苏军指挥官在完成战役任务方面的灵活性有所提高，也清楚地表明，在战场上，德军仍占有很大的战术优势。既然不能寄希望于东线进攻取得决定性胜利，那么，就必须坚定防御战的决心。德军在敌人的领土上进行纵深防御，后方有充足的空间，可以在有利的地方展开顽强的防御战，在苏军可能突破的其他地段，则可以从容不迫地撤退，然后发起反击，以此削弱苏联人的进攻，并让他们疲惫不堪。现在，不能再重复去年做过的蠢事。那时，希特勒执迷于政治或纯军事的考量，竟然给了敌人整个整个地消灭德国集团军的机会。如今，德军的战斗经验已十分丰富，较之敌人，有很大优越性，因此，他完全能够通过战役机动来消耗敌军。

泥泞季节来临，战线不断缩短，休战阶段也随之而来，对德军各师而言，这简直是天赐良机。过去，只有战线南段的军队能感受到"斯大林格勒震荡"，如今在那里也不复存在。包括所有坦克师和不少步兵师在内的许多兵团都撤到了后方，像平常那样接受训练。此外，指挥官们采取了宽宏大量的态度，所以即使是留在前线的师，也可以撤回所属分队甚至整个部队进行休整，接受训练，以便与其他兵种协同作战。

希特勒并不同意如此轻易地将主动权交给敌人，相反，他试图再次逼迫敌人就范。此外，由列宁格勒到罗斯托夫以西地区，战线已拉得很直，因此，在库尔斯克以西伸入德军配置的突出部成了进攻目标，该处正面近200公里，纵深120公里。德军统帅部计划，从北面奥廖尔以南地区和南面别尔哥罗德地区发起突击，在库尔斯克以东使两个楔形突击合拢，并围歼在库尔斯克突出部的苏军重兵。此番进攻，为的是以较小的损失换取决定性的胜利，改善兵力对比，并借此获取主动权。以友邻地段的兵力和刚组建的东线战役预备队来加强奥廖尔以南防守的第9集团军，该军实力已扩大到5个坦克师和8个步兵师，而别尔哥罗德地区的坦克第4集团军，已扩大到8个坦克师和7个步兵师。这次进攻早已准备就绪，但希特勒不断推迟，并对军事领导人的意见充耳不闻。人们建议希特勒，要么在近期发起进攻，要么不再发起这次进攻。然而，希特勒想在这次战役中大量使用"豹"式坦克，这是不久前才批量生产而且他予以厚望的武器，也许意大利紧张的内部局势对此也有一定的影响，因为墨索里尼的垮台可能产生某些难以预料的军事后果。

看来，在一定程度上，上一年的战事还是影响了希特勒的作战观点。

在进攻开始前不久，他对奉命实施战役的高级指挥官进行了一次讲话，声称他已下定决心，转入战略防御。他指出，要让敌军在防御交战中疲惫不堪，以便使德军坚持更长时间；当前进攻的目的并非夺取大片领土，而是为了拉直弧形战线，以便节省兵力。他认为，应该消灭在库尔斯克弧形战线的苏军各集团军，迫使苏联人在消耗战斗中耗尽预备队，并削弱其入冬前发起进攻的兵力。这些论断的基本精神与军事领导人的观点不谋而合，再者，其实疲惫敌军的思想已经在贯彻。很快，阵地防御就成了希特勒的主旨，然而，这种防御无法疲惫敌军，因为比起敌军兵力，自己的兵力更加疲惫。总而言之，希特勒还是不能摆脱低估苏军实力的倾向，比如，他经常毫不客气地否认陆军总参谋部情报人员的研究成果，认为他们夸大了敌人的实力。

德军准备进攻库尔斯克突出部时，苏联人并不是毫不知情，除了遵守自己的常规外，他们还在这里建立了各种布满铁丝网和防坦克的障碍物，纵深梯次配置防御也得到了大量反坦克兵器加强，在库尔斯克弧形战线的南部和北部，这种防御最为坚固。在各个受威胁的方向，苏军还集中着庞大的预备队。

7 月 5 日，德军两个集团军同时从南北两侧进攻，虽然出动了所有兵力，并得到了猛烈的空中支援，但结果却并不如愿。第 9 集团军在 90 公里宽的正面发起进攻，取得初步进展后，就很快受阻，只楔入了敌军的防御 12 公里。

坦克第 4 集团军的突击比较顺利，但也未能得到决定性战果。在敌军防御中，它打入了一个纵深为 35 公里的楔子，然而，7 月 12 日，第 9 集团军被迫停止进攻，两个楔形突击之间的距离还有 100 余公里。苏军统帅部的预备队很强大，因此，它既能展开大规模的反攻，又能发起远远超出库尔斯克突出部界限的战役，通过这些战役，苏军夺取了东线的战略主动权，直到战争结束也没有丢失。德军的损失是不可弥补的。

苏联人的第一个突击在奥廖尔弧形战线展开，和库尔斯克弧形战线一样，该弧形是一个面积相当大的突出部，但它指向相反的东方。在德军进攻库尔斯克弧线前，苏联人就发起了进攻，并在这里集中了好几个集团军，包括约 50 个师和一些坦克大兵团。通过进攻，苏联人想在布良斯克东北坦克第 2 集团军左翼突破该集团军的防御，前出到奥廖尔—布良斯克铁路，包围并消灭奥廖尔地区各德军师。

7 月 12 日，奥廖尔以南交战正酣，苏军由 11 个步兵师和 3 个坦克军编成的集团在奥廖尔以北地区开始进攻，大致一样多的兵力从东面突击。这些地段的德军被极大削弱，再也无法承受敌人的猛攻。苏军突破了两个地段，迫使指挥第 9 集团军和坦克第 2 集团军的莫德尔上将在苏军进攻第二日从南进集团中抽调了几个坦克师和摩托化步兵师，随后几日，又退回了出发阵地。直到 7 月 21 日前，从北面进攻的布良斯克方面军将突破口正面扩大到了近 50 公里，向纵深推进了大致相同的距离，逼近了为整个奥廖尔突出部提供补给的铁路。德军航空兵兵力强大，不间断地发起突袭，在统帅部调遣足够多的军队来阻挡敌人前，对苏军进行阻击。从东面进攻的苏军已逼近奥廖尔，德军再次从突击集团中抽调出一些师，投入战斗，终于暂时阻拦了苏军向铁路方向的进攻。然而，奥廖尔突出部的几个地段都被一一突破，德军已无法继续坚守。在交战即将到达顶点时，苏军各集团军已增加至 82 个步兵师、14 个坦克师、12 个炮兵师和大量独立坦克部队。在这些优势兵力的猛烈进攻下，负责扼守奥廖尔突出部的德军 2 个集团军不得不撤退到布良斯克以东，这里的防线已经拉平。虽然苏军的攻势很猛烈，但 7 月 31 日开始的撤退并未遇上麻烦。因为战线缩短了，而且转入了防御，德军腾出来 8 个步兵师、3 个摩托化步兵师，还有 6 个坦克师，这些师转隶给中央集团军群的其他集团军，并遭到重创。最初，其中一些师参与了 7 月 5 日的进攻，随后，与突破坦克第 2 集团军正面的苏军交战；另一些师先承受了苏军的突击，已经疲乏不堪。按原计划，这些师应该撤到后方休整、补充，但迫于形势，他们暂时被调到了那些可能遭到敌人新一轮突击的地段。第4集团军受到严重削弱，因为统帅部从那里调走了大批军队，以进攻库尔斯克。于是，他只能拉长少数几个兵团的战斗队形，然而，这样一来他就无法依靠自己的兵力阻挡苏军的攻势了。

随后，苏联人按照他们早在1942年冬季就采用过的方式，在中央集团军群的正面展开了突击。只要在一个地段突破或破坏了防御，他们就将基本力量转移到友邻地段，试图在宽大正面逐次摧毁德军的防御。当他们认为其兵力可以削弱许多地段时，就展开宽正面的进攻，以实现战役突破。8月初，他们将基本兵力从第9集团军当面转移到了友邻第4集团军当面，8月6日，突击了它的右翼。这一突击的目的是向罗斯拉夫利挺进，并前出到第9集团军后方。随后几天，在北面，苏联人又进攻了叶利尼亚和别雷以西的地区，双方几番激战，第4集团军且战且退，第9集团军正面也实行撤退，二者都多次处于被攻破的危险边缘，然而，苏联人始终未能按预期突破斯摩棱斯克和罗斯拉夫利。直到9月中旬，苏联人对第2集团军和整个南方集团军群发起了进攻，并取得了动摇斯摩棱斯克到克里木半岛整个战线的战果，这时，中央集团军群才被迫大规模撤退。

二、苏军挺进第聂伯河

尽管苏联人进行了激烈抵抗，起初，坦克第4集团军在库尔斯克弧形战线南段的进攻还是很有希望的。然而，7月12日，第9集团军在奥廖尔以南被迫停止进攻，几天后，退回了出发阵地，南面的进攻也因此失去了意义。因此，这里只根据某些地段的形势继续发起进攻，到了 7 月 15 日，就普遍停止了。此后，苏联人威胁到了突入的德军两翼，迫使坦克第 4 集团军放弃了攻克的地区，7 月 23 日前，该集团军撤退回了出发阵地。取得这第一次世界大战果后，苏联人开始采取与对付中央集团军群不同的策略。他们没有马上发起反攻，而是首先变更部署。同时，为了牵制德军兵力，7 月 17 日，南方面军和西南方面军在伊久姆和塔甘罗格之间的若干地段，对野战第 8 集团军右翼，以及瓷碗合编为“A”集团军群的坦克第 1 集团军和野战第 6 集团军采取了局部进攻。在北顿涅茨河的伊久姆两侧，以及伏罗希洛夫格勒以西，这些进攻被击退了。然而，苏联人在米乌斯河的古比雪沃地区深深楔入了第 6 集团军防御。这一楔入行动极具威胁性，集团军群长官只好派出庞大的预备队前去救援。7 月 30 日，第 6 集团军派出 3 个步兵师、4 个坦克师和 1 个摩托化师，发起反攻，大获成功。经过三天的交战，德军夺回了被苏联人夺走的宽 20 公里、纵深 10 公里的地区，8 月 2 日，第 6 集团军抵达自己在米乌斯河的原阵地。苏联人除了伤亡惨重外，还有 18000 人被俘虏，并损失了大量的技术装备。然而，在某些并非决定性的地段，他们使用重兵牵制住了德军的预备队。

苏军南部的作战计划是，在库尔斯克突出部南侧和别尔哥罗德以西突破德军防御，向哈尔科夫总方向推进，随后，在各友邻地段转入进攻，突破南部两个集团军一直延伸至塔甘罗格的防线，解放二月份就开始的顿巴斯解放战。

在近两年与苏联人交锋的过程中，参与东线作战的德军各集团军积累了丰富的战斗经验。古比雪沃战斗结局再次表明，只要兵力对比稍微有利，抗击苏联人的进攻就能取得惊人的成果。因为苏联人的进攻总是遵循古板的公式展开的，所以战术范围的行动也有一定的模式可循。进攻前夕，经常会在预定突破的地段两侧的地段，以一个营的分队展开战斗侦察。苏联人这样做的目的，一是为了让对方错误地判断他们的企图，二是为了引诱德军炮兵和重武器射击，以此确定它们的配置。进攻第一天，一般会使用大批火炮、火箭炮和迫击炮，展开长达几小时的炮火准备，用火力杀伤德军步兵。强大的航空兵则负责压制德军炮兵。在航空兵的掩护下，大批步兵与坦克协同，一起发起冲击。深深楔入德军的防御体系后，坦克兵团和骑兵军才进入交战状态，以实现突破。

当时，东线战斗不断，提供了许多德军指挥机构成功粉碎苏军突破企图的典范，靠着各级指挥官熟练的指挥以及德军的顽强性和灵活性。每当兵力对比不利时，创造有利条件并不困难。在稀疏的铁路和公路网上，苏联人很容易被航空兵监视，因此，德军指挥机构可以及时了解苏军的动态。无线电侦察监视着敌人的无线电通信，它的工作细致入微，总能捕捉敌人组织指挥通信的准确情况。此外，军队的侦察活动也能获取战术情报，在敌人进攻之前，投奔德军的投诚者也能提供许多有利情报。炮兵仪器侦察营的工作很出色，当苏军炮兵进行不可或缺的试射时，通常能准确得知其数量和配置，虽然苏联人的机动性很强。战斗侦察是敌军将在第二天进攻的可靠迹象，同时，这也是我军炮兵和步兵重武器班占领构筑好的阵地，步兵为降低敌炮火准备效果而离开第第一次世界大战壕并退到第二次世界大战壕的信号。

头几天是否有充足的兵力防止苏联人实施突击，将决定防御交战的结局。即使某些地段的防御纵深内受到了致命的威胁，但只要后面集中有必要的预备队，就能阻止他们突破。还需要其他预备队截断敌楔形突击，并发起反突击，可以先从军一级友邻地段和集团军、集团军群友邻地段调集。如果苏联人最终取得战果，纳闷苏军指挥官将不惜牺牲有生力量，继续执着地追求既定目标，这样一来，就会演变为消耗战。在消耗战中，防御的德军使用较小的兵力，就可以重创苏联人，这种损失往往比防御者遭受的损失严重二十倍。类似条件下，总能发起突袭，快速夺回之前失去的阵地。

德军总能顺利展开这种防御交战，并让苏联人付出惨痛的代价，在相当大程度上，还将决定这场力量悬殊的斗争能持续多久。然而，仅仅依靠这些行动，并不能避免毁灭性的结局，因为希特勒越来越固执，他的领导也越来越拙劣，在战役范围内断送了军队千辛万苦才取得的战术成果。在某些根本无法顺利展开决定性防御的地方，希特勒也坚持要实施这种防御。

在交战的第一阶段，如果苏军的兵力优势过大，而德军又不能及时调来充足的预备队，那么，防线很快就会有缺口出现，而那些防御未受突破的友邻地段的军队如果死守着占领区，这些缺口就会很致命。这时，师、军甚至集团军就可能被包围。情况有利时，被围集团还可以向自己的军队靠拢，但这会造成重大损失，将大量技术兵器和装备留给敌人。8 月 3 日，苏军各集团军大举进攻南方集团军，上述情形反复出现了多次。进攻是从沃罗涅日方面军在哈尔科夫、别尔哥罗德地区发起突击开始的。在别尔哥罗德地区 70 公里正面上，苏军展开了这一突击，突破了德军防御，进攻者迅速向苏梅—哈尔科夫铁路方向推进。打到这里，野战第 8 集团军和坦克第 4 集团军才阻拦了他们，放慢了之后几个星期进攻的速度。沃罗涅日方面军全速前进，草原方面军也从东面对哈尔科夫方向发起了进攻，8 月 14 日，该方面军所属各集团军抵达已四次易手的哈尔科夫东郊。8 月 22 日，第 8 集团军放弃了该市。苏联人力图沿着铁路向波尔塔瓦推进，然而，在哈尔科夫西南遭遇了德军的顽抗。8 月底，第 8 集团军和在北面与其毗连的坦克第 4 集团军大大拖延了苏联人的攻势。但是，两个集团军，尤其是坦克第 4 集团军已元气大伤，德军指挥机构忧心忡忡，准备经受无法避免的考验。到 8 月底前，南方集团军群的战线暂时还是绵亘的，它从哈尔科夫以南的北顿涅茨河弯曲部平直地延伸到列别金地区。第 8 集团军后方有几个坦克师正在补充。

防守南面的“A”集团军群所辖的两个集团军则恰好相反，除了一个摩托化步兵师以外，它没有任何预备队，更何况，8 月 16 日，苏联人在伊久姆地区对沿着北顿涅茨河配置的德军防御发起了进攻，几天后，又进攻了米乌斯河的第 6 集团军正面，两个集团军将所辖的大部分坦克师要么转隶给其他集团军，要么就损失掉了。在北顿涅茨河，最初，苏联人只取得了局部性胜利，但在米乌斯河，他们在上个月曾突入的古比雪沃深深楔入了德军的防御。苏军发起突击，最终突破了米乌斯河的正面，8 月 29 日，攻占了塔甘罗格。同时，在伊久姆地区坦克第 1 集团军地带内，西南方面均继续发起进攻，其目的是与南方面军协同合作，攻占顿巴斯。最终，苏联人成功突破了伊久姆地区，第 8 集团军被迫撤退，顿涅茨工业区的各大中心城市接连落入苏联人手中。9 月 8 日，苏联人抵达斯大林诺，德军第 6 集团军和坦克第 1 集团军不得不向第聂伯河下游撤退。9 月 25 日，南方面军各集团军抵达梅利托波尔即扎波罗热与第聂伯罗彼得罗夫斯克之间的第聂伯河。德军两个集团军希望以这条宽阔的河流作为障碍，在其彼岸稍作休息。

两个月里，苏联人将德军西逐了 200 公里，德军各集团军损失惨重，但是比起草原方面军、沃罗涅日方面军和中央方面军所属各集团军 8 月底对编入南方集团军群的第 8 集团军和坦克第 4 集团军及其对在在北面与其相邻的中央集团军群所辖第 2 集团军的新一轮的进攻，他们的这些胜利则大大逊色。在波尔塔瓦和雷利斯克之间，这一新的进攻迅速向西发展，主要进攻方向是坦克第 4 集团军及第 8 集团军左翼。坦克第 4 集团军的防御在战术纵深和战役纵深上被突破，结果，到了 9 月初，该集团军在撤退后也无法恢复自己战线的完整性。9 月 12 日前，它被驱逐到了普里卢基和科诺托普，过了两天，敌人又推进至涅任，集团军司令奉命将溃散的部队撤过了第聂伯河。9 月 16 日，德军最高统帅部的战报断言，虽然苏联人在数量上占据优势，但并未突破防御，也未取得战役胜利，但它也承认了，德军正大规模地缩短战线，这样一来，就能建立新的预备队。9 月 27 日前，第 8 集团军和与其相邻的坦克第 1 集团军退过了第聂伯河，在克烈缅丘格到基辅以南地区的第聂伯河右岸设防。在杰斯纳河，坦克第4集团军短时间内阻挡住了苏联人的推进，随后，从基辅南北渡过了第聂伯河，在该河对岸建立了防御，虽然纵深不大，但还算绵亘。然而，在第聂伯河与普里皮亚季河的汇流点附近，与中央集团军群右翼的联系被切断了。

应该指出的是，德军波尔塔瓦和雷利斯克之间的防御被突破了，与此同时，中央方面也突击了第2集团军的右翼。此外，苏联人兵力充足，足以继续向第9、第4集团军施压，以牵制其兵力，阻止他们向南方集团军群施以援手。几天后，第2集团军的友邻被击溃，因而，它的右翼也受到了威胁，它无法再扭转局势。集团军长官认为，应该采取紧急措施，这与中央集团军群长官的观点是吻合的，后者在写给陆军总司令的报告中指出，军队紧张过度，继续西撤。虽然这些申请是情况愈发不利导致的结果，但仍获得了陆军总参谋长的赞同，因为现在每当他在希特勒那里碰钉子时，他就从该集团军群长官的报告中援引有说服力的材料，作为论据。但是，说服希特勒相信苏军的优势却很困难，他之所以决定再次使用1941至1942年冬季战局中禁止任何退却的方法，原因也正在于此。他没有运用统帅的艺术，而是愚昧而固执地去挽救濒临崩溃的态势。对于蔡茨勒的询问，中央集团军群长官立刻作了答复，指出，现在军队过于紧张，情况甚至比1941至1942年冬季还要严重，指挥人员损失惨重，极大地削弱了军队的抵抗能力，艰苦战斗也使他们士气低迷。相反的，德军无论是指挥，还是武器装备都改善了。因此，该集团军群长官答复说，无论如何，坚守也于事无补。其实，希特勒也意识到，靠着这种简单的命令是不可能扭转形势的，在这种形势下，敌人可以依靠其自身的优势任意改变突击方向，或随心所欲地增强突击力量。最后，受局势所迫，德军也必须采取迅速而果断的行动。然而，如果不是迫于形势，希特勒不可能允许及时拉平有些过去突出的地段，及时拉平这些地段要消耗众多兵力，还不断受到包围和突破。于中央集团军群而言，9月份，威胁日益严重。南翼的情况让集团军群长官惴惴不安。苏联人发起突击，在多处突破了第 2 集团军的防御，该集团军的右翼受到了强大的压力，不得不退回了杰斯纳河。集团军自己的兵力只能勉强守住战线，虽然经过了几番努力，但仍未能取得与坦克第 4 集团军的联系。在敌人的强压之下，月底前，第 2 集团军退过了第聂伯河及索日河，暂时扼守住了戈梅利地区的索日河左岸的桥头堡，但是，苏联人在戈梅利以南打开的缺口仍敞开着。

在北面，第 9 集团军与第 2 集团军相邻，虽然还在中央继续扼守着布良斯克，在左翼还扼守着罗斯拉夫利以东的地区，但受形势所迫，还是将右翼退过了杰斯纳河，原因有二：一是因为受到了正面压迫，而是为了与地 2 集团军协同撤退。第 2 集团军的处境越来越严峻，中央集团军群右翼也陷入险境，同时，南方集团军群正面陷入危局，继续转隶几个师给它。当时，为了突破斯摩棱斯克，苏军西方面军分别从多罗戈布日、叶利尼亚一线进攻了中央集团军群的左翼。现在形势已经明朗，第 9 集团军防守的向东突起的地段，再也无法守住了。

该集团军群长官早已预见了这个结局，事先已选好了新的防御地区，并构筑了工事。该地位于第聂伯河以东，掩护着普里皮亚季沼泽地前的最后一条大的铁路和公路干线。如果苏联人能控制公路和戈梅利—莫吉廖夫—奥尔沙铁路，那么，德军在普里皮亚季沼泽以东就难以实施防御。9 月中旬，集团军群长官下令，向沿着索日河、接着经过列宁诺和鲁德尼亚延伸的新防御区，希望将这次撤退行动所需时间延长到五周。然而，受战事所迫，他们只能加快速度。右翼需要不断支援，已经险象环生，而苏军西方面军又对斯摩棱斯克方向的第 4 集团军施压，基于以上种种情况，都必须缩短战线。德军费了九牛二虎之力，才阻止了苏联人向斯摩棱斯克突进。然而，9 月 24 日，还是最终放弃了斯摩棱斯克和罗斯拉夫利这两座城市。敌人的攻势愈发猛烈。毫无疑问，他们已察觉了德军在构筑新的防御阵地，试图制止德军停下来，以便稳固战线。在斯摩棱斯克以南，守军没能制止苏军的一个骑兵军向列宁诺进军。而苏联人在坦克第3集团军正面展开了突破，事态更加紧迫，最近几个月，该集团军将一些师调遣到了其他地段，于是，剩下的几个师的防御地带的正面被拉宽到了40公里。经过几天艰苦作战，靠着从集团军群战线中断调来的兵力，德军最终消除了这次危机。同时，仓促组建的部队以及后方警卫部队从纵深展开突击，突进中的敌骑兵军被阻挡在了列宁诺地区。10月1日前，该集团军已顺利撤退到了新防御区，于是，克卢格元帅下令，“今后停止退却”。然而，他坦承，因为战线没有任何预备队，所以情况仍是变幻莫测的，人们的忧虑并非毫无道理的。这在右翼表现得特别明显，从9月27日起，第2集团军就企图调集足够数量的兵力，向南突击，在普里皮亚季河与第聂伯河之间恢复与南方集团军群的联系，却失败了，因为当时苏联人正在两河之间集中越来越庞大的兵力。稀疏的铁路网大大超载了本来它在普里皮亚季沼泽地的通行能力就步枪，因为当地游击队活动猖獗，这一能力又降低了，因此，它不一定能为该集团军提供一切必需品。调动兵力的速度很慢，因此，集团军长官的神经始终处于高度紧张的状态，只能将预定进攻的日期一推再推，而发起这种进攻也越来越困难。

苏联人发起的夏季进攻并未对北方集团军群造成损害，其第16集团军仍在大卢基以西经霍尔姆延伸至伊尔门湖附近的旧鲁萨，扼守着原防御地区。第18集团军的态势也无太大变化。在沃尔霍夫，苏联人建立了宽35公里、纵深10公里的登陆场，继续捣乱。去年，德军因为兵力不足，也没能肃清这一登陆场。仍继续封锁着列宁格勒。7月底至8月初，苏联人企图出动两个集团军，在拉多加湖以南的列宁格勒至沃尔霍夫河之间突破德军正面。经过两个星期的交战，德军的顽抗打破了这一期图。以后可用于包围列宁格勒方面军的突出部保住了。至此，在这里，敌人安静了下来。

东线的最南端，在苏联人发动夏季进攻前，第17集团军一直还占领着库班基地，两翼分别依托着新罗西斯克和捷姆留克。在克里木半岛，罗马尼亚、斯洛伐克部队在罗马尼亚第3集团军司令统辖下，配合德军后方警卫部队一起掩护着漫长的海岸，防止敌人登陆。“A”集团军群司令对集中在库班基地和克里木半岛的全部兵力进行总领导。

9月1日，苏军北高加索方面军向库班基地进攻，9月11日，苏军海军陆战队所属部队在新罗西斯克德军后方登陆，这次进攻颇具威胁性。起初，德军坚决反击，消灭了一部分登陆兵，随后几日里，再也无法阻拦敌人的强势兵力，9月15日，敌人经过一番激烈的巷战，最终攻占了新罗西斯克。接着，沿着海岸，苏联人进至阿纳帕，9月22日，占领该城。同时，他们从正面猛攻扼守库班基地的德军，在捷姆留克强渡了库班河，这时，德军才获准从刻赤海峡撤退，离开这个早已没有意义的基地。德军展开了顽强的防御，虽然遭到了苏军航空兵不间断的袭击而损失惨重，但在其掩护下，最终在10月9日完成了撤退。

德军7月进攻失利，随后，又在斯摩棱斯克至黑海1000公里的整个正面展开了长达数月的作战行动，最终损失惨重。在三个集团军群编成内作战的约有110个师，其中三分之一以上的师大受削弱，以至于在地图上只将他们标注为师级集群。也就是说，这些师的兵力已削减到只辖有几个不满员的营。只能补充其中某些师，或者干脆将其撤销，或者将每两个师合并为一个军级集群，就人数而言，其实每个集群只等同于一个师，这样命名只是为了迷惑敌人。其他师也损失惨重，很难有一个师的人数超过编制数的一半。一些步兵部队不断精简后勤，所以，战斗分队的人数尚保持在一定水准，然而，这些补充兵员的训练水平远远不达标。

各坦克师的损失更严重，18个坦克师中有13个师被标注为师级坦克群，失去了大部分坦克，有生力量也锐减。然而，它们逐渐得到了补充。9月底，陆军总司令部已完全没有战役预备队。第9集团军编制内一些坦克群疲惫不堪，被配置到了中央集团军群右翼，以保障与南方集团军群的结合部。中央北方里昂集团军群再也没有其他坦克兵团可以用来对付苏联人的突破。

苏军有400多个师与这些被削弱的集团军群对峙，此外，还有大量骑兵军和100多个坦克团，这些坦克团一部分被编为坦克军，一部分被编为独立坦克旅。此外，苏军这些庞大的兵力还有统帅部预备队强大的炮兵和航空兵的支援。

梅利托波尔与基辅之间的第聂伯河会战

近三个月来，苏联人在有生力量和技术装备方面的优势一点也没有丧失，因为这种优势的来源无穷无尽。在这种优势的压迫下，德军统帅部只能主动放弃从基辅向东突出的第聂伯河弯曲部，并逐渐向尼古拉耶夫到基辅这一平直的防御区撤退，在该地区的南段，可以利用布格河作为天然屏障。进行总撤退时，从克里木撤退的难度不大，它本来是德军南翼的屏障，一旦德军从第聂伯河撤退，它就失去了意义。因此，从克里木撤退会比从海上撤退的损害小得多。此外，还可以腾出来8个师。主动向平直地区撤退，可以使德军从基辅沿第聂伯河延伸至梅利托波尔长达600公里的战线至少缩短三分之一，为统帅部队腾出庞大的预备队。现在，统帅部每次只好暴露一些地段，这样一来，才能封闭其他地段的缺口。

但是，对这种能节省兵力并对战役有利的计划，希特勒并不同意。他提出扼守第聂伯河，是出于相当重要的政治和经济诉求的。斯大林格勒事件和1943年夏季各战役完全败北，德国在军事上的威望一落千丈。意大利完全退出了联盟，匈牙利也不再派军队去东线，仅剩几个匈牙利师在第2集团军后方与游击队交战。罗马尼亚的援助也是杯水车薪，只提供了8个师，以防御克里木半岛和亚速海沿岸。其实，如果不算守卫本国的芬兰人和党卫军中几支兵力弱小的外国部队，现在，德国在东线已经是孤军奋战了。战线正迅速向巴尔干半岛逼近。如果今后的战事也这么迅猛地发展，那么，虽然罗马尼亚、保加利亚、匈牙利等国对布尔什维主义心怀芥蒂，也将成为其不可靠的盟友。在这方面，意大利的做法极具代表性，德军未来的挫折也会影响到土耳其的立场。

经济问题也让人忧心忡忡。乌克兰提供了大量农产品，而且不能轻易抛弃。钢铁铸造工业依靠克里沃罗格矿区，满足了对锰矿总需求量的三分之一。近一年来，技术装备损失惨重，缩减钢铁生产必然会影响武器生产。最后，如果德军丢掉了克里木半岛向西撤退，苏联人就会逼近普罗耶什蒂石油区，战争所需的燃料大约有一半是由该地区提供的。但是，无论这些论据如何言之凿凿，都只有确实能在第聂伯河地区有效阻挡苏军进攻的情况下，才具有说服力。既然无法做到这一点，那么，主动从第聂伯河弯曲部撤退的一切隐患将迟早会表现出来。希特勒不愿承认这种必要性，他坚持着“不惜任何代价坚守”的战略，这正中苏联人下怀。

继续进攻对苏联人有利。在亚速海附近突破，可以切断克里木半岛；渡过第聂伯河，向克里沃罗格推进，与向扎波罗热展开辅助突击相结合，这样一来，坦克第1集团军就会被围困在第聂伯河的弯曲部；而进攻戈梅利、基辅一线，将使德军各集团军极度分散兵力，最后突破其正面。

对于这些威胁的现实性，防守东线的两个集团军群完全了解，苏联人准备强渡第聂伯河，因此出现了短暂的间歇，他们利用这个间歇，变更了部署。9月底，苏联人第一次尝试从行进间攻占第聂伯河右岸各登陆场，仅在亚戈京以南该河弯曲部这一个地点获得了成功，也就是在那里，德军在坦克的支援下，很快将苏联人的登陆场压缩成了一条狭窄的沿岸地带。

10月7日，苏联战报宣布，因为调遣新锐兵力，苏军各集团军暂停行动，接着，在维捷布斯克至塔曼半岛的全线发起进攻。为了炫耀之前取得的战果，并激发苏军士气，原来的各方面军都更改了名称。此后，南面是乌克兰第1、2、3、4方面军，中央是白俄罗斯1、2、3、4方面军，北方集团军群正面是波罗的海沿岸第1、2方面军和沃尔霍夫方面军。

在德军统帅部早已料到的四个方向上，苏军各集团军集中了基本兵力，四个方向分别是基辅地区、亚戈京西南、扎波罗热以东，以及亚速海附近的梅利托波尔地区。尽管苏联人占有压倒性优势，然而，德军最初还是压制了敌人的战役突破。10 月 23 日前，为了扼守梅利托波尔，第 6 集团军陷入苦战，最终苏军乌克兰第 4 方面军完成突破，战斗结束。一个星期内，他们占领了大片地区，因此，能够派一部分兵力前进至彼列科普地峡，切断了克里木德军集团的陆上交通线。在北面，苏军一些集团军在克里木半岛和第聂伯河下游之间推进，直到第聂伯河边才被阻止。更重要的是，在尼古拉耶夫地区，一部分德军扼守着一个大登陆场，并粉碎了苏联人从那里渡过第聂伯河并向北进行突击的企图，还掩护了坦克第 1 集团军显著突出的一翼。

11 月 1 日，苏联人抵达彼列科普地峡，又在刻赤地区的克里木半岛东岸登陆。通过一番苦战，登陆兵终于站稳了脚跟，守住了攻克的一个登陆场。但是，第 17 集团军不顾苏联人的一切突击，扼守着彼列科普地峡和狭窄的刻赤半岛。直到 1944 年 4 月，德军才从克里木半岛撤出。

虽然扎波罗热登陆场遭到了乌克兰第 3 方面军的突击，但是，坦克第 1 集团军一直在这里坚持到 10 月 14 日。10 月 17 日，在克烈缅丘格东南宽大正面上，苏联人强渡了第聂伯河，在那里攻占了正面 45 公里、纵深 20 公里的登陆场，一天后，进至距离第聂伯河 50 公里处的铁路枢纽——皮亚季哈特卡。这样，坦克第 1 集团军的处境就很危险了。10 月 24 日，完成这次突破后，又在第聂伯罗彼得罗夫斯克地区进行了一次新的突破。11 月 10 日前，苏联人已摧毁了德军在第聂伯河防御地区克烈缅丘格至第聂伯罗彼得罗夫斯克 150 公里正面的防御，一个由 61 个步兵师、37 个坦克旅和 14 个摩托化步兵旅编成的集团，深深楔入了德军坦克第 1 集团军和第 8 集团军之间的防御，在克里沃罗格以北，深远推进到因古列茨河以西。坦克第 1 集团军所属各坦克师制止了敌人从北面对该集团军进行深远包围，然而，它被迫退到了尼科波尔至克里沃罗格东北一线。第 8 集团军在北面与它相邻，也把自己的后翼后撤，这样一来，该集团军就有可能在基洛夫格勒东南掩护自己与南邻的接合部。乌克兰第 2 方面军在该集团军的当面进攻，在切尔卡瑟以南攻占了一个不大的登陆场。苏联人还企图将其原先在亚戈京以南建立的登陆场扩大。其他地段，他们的行动以牵制德军兵力为主要目的，因此，在一段时间内，第 8 集团军扼守住了自己在第聂伯河的防线。

但是，坦克第 4 集团军的处境很艰难。苏军大举进攻基辅后，于 10 月 7 日开始了艰苦的战斗，该集团军整个 10 月份都在与苏军交战，使敌人只取得了一些局部胜利。苏联人逐渐夺取了基辅两侧的登陆场，在月底前，将其显著扩大。11 月 3 日，敌人由 30 个步兵师、24 个坦克旅和 10 个摩托化步兵旅编成的中兵集团从这一地区发起进攻，而坦克第 4 集团军已元气大伤。11 月 6 日前，它还继续扼守着基辅，随后，不得不放弃了这座两面受到迂回的城市。德军正面终于被突破，次日，敌人推进至基辅西南 60 公里的重要交通枢纽法斯托夫。苏军向科罗斯坚、日托米尔和别尔季切夫发起攻势，在基辅以西，还追求者更深远的目标，企图从宽正面突破德军防线的中段。11 月 11 日，苏联人抵达基辅以西 90 公里的拉多梅什利，两天后，他们抵达了距基辅 130 公里的日托米尔地区。

瓷碗白俄罗斯第 1 方面军也在戈梅利以南友邻第 2 集团军地带取得了辉煌的战果，因此，南方中央集团军群接合部遭到了大规模突破，后果非常可怕。只有反攻突进中的苏军左翼并夺取基辅，才有可能阻止敌人。南方集团军群集中了该地段所有的坦克师，并将从北面和法国开来的一些军队调拢，在法斯托夫、日托米尔以南地区建立了强大的突击集团，隶属于坦克第 4 集团军司令。这样一来，德军阻拦了苏军的进攻两个月之久，并夺回了该地段的主动权。11 月 11 日，德军发起反攻，并极大地威胁了乌克兰第 1 方面军，苏联人只好投入了所有兵力，并停止向西推进。11 月 20 日，日托米尔又一次落入德军手中。但是，苏联人的抵抗逐渐增强，德军的进攻失去了意义。苏联人极大地增强了自己的左翼，以便再次向西进攻。南方集团军群的勇猛进攻失去了一切效果。集团军群长官将主要突击方向转移到了日托米尔、科罗斯坚地区，阻止苏联人新的突击。无论如何，德军突然变更部署最终产生了好的结果，将苏军各集团军驱逐到了拉多梅什利。

11 月初，苏军统帅部得知，第 8 集团军的不少兵力被调走，以编成突击集团，于是，乌克兰第 2 方面军对该集团军发起了进攻。此外，在克里沃罗格东北，苏军也恢复了进攻。11 月 20 日，在切尔卡瑟地区，苏联人转入进攻，11 月 24 日，在克烈缅丘格以南实施了深远突破。随后几日，在上述各个防线，他们都扩大了突破口。但是，第 8 集团军及其南邻坦克第 1 集团军以顽强防御和局部反冲击，让苏联人暂时不能展开决定性的突破。

12 月份，这些集团军的正面情况并未发生任何根本变化，这个月中，进行了多次战斗，苏联人力图利用庞大的兵力从克烈缅丘格以南地区突破基洛夫格勒。他们向西抵达奇吉林，在切尔卡瑟地区扩大了登陆场，月中时，德军撤出了该市。在最南面，12 月 20 日，第 6 集团军进行一番激战后，最终放弃了赫尔松地区的登陆场。在连续不断的战斗中，坦克第 1 集团军和第 8 集团军不断后腿，但直到月底，德军还掌握着克里沃罗格和基洛夫格勒。苏联人在切尔卡瑟及亚戈京以南地区的登陆场已扩大，但并未获得战役上的意义，因此，第 8 集团军与正面向北进行防御的坦克第 8 集团军的接合部，目前还是安全的。

坦克第 4 集团军的兵力已不足以进攻基辅，只能从日托米尔以东和科罗斯坚地区发起正面进攻，在许多地段压制敌人东退。

总之，最近三个月的战果还过得去，虽然 10 月初时，战斗结局一度让人们忧心忡忡。除了切尔卡瑟西北的一小段之外，第聂伯河防御地区都已失守，但是两个集团军群集中了最后的力量，靠着巧妙的指挥，在最危险的方向上阻止了苏联人的突破。然而，这些战果是以巨大的代价换来的。德军兵力再次消耗殆尽，而且十分紧张，一旦苏联人发起新的攻势，就会出现严重的后果。

三、苏军在卡累利阿地峡的进攻

苏军的春季攻势以攻占克里木半岛而告终，虽然东线的德军被削弱了，但仍坚守着绵亘的正面。南乌克兰集团军群第 6、第 8 集团军及编入其中的罗马尼亚部队负责掩护多瑙河下游及巴尔干半岛的接近地。德军在这里的防线沿着德涅斯特河下游，经过雅西，向喀尔巴阡山延伸。罗马尼亚和匈牙利的一些师加强了少量德军，扼守着东喀尔巴阡山的各个山谷。在科洛梅亚地区，北乌克兰集团军群与这些师毗连，在坦克第 1、第 4 集团军的掩护下，从喀尔巴阡山东北坡延伸至科韦利以北地区的加里西亚地区。中央集团军群的战线从这里开始，从平斯克以南沿着普里皮亚季河延伸，形成了一个向东突起的弧形，长 300 公里，由第 2 集团军扼守。

第 9 集团军防守着博布鲁伊斯科东南的别列津纳河两侧，在别列津纳河与第聂伯河的河间地带，与第 4 集团军毗连，后者当时扼守着南起贝霍夫，北至奥尔沙东北的区域，东侧毗连普罗尼亚河的一个大登陆场。坦克第 3 集团军与第 4 集团军比肩分布，占领着防御，扼守着维捷布斯克南北的地区。该集团军的左翼靠后，与北方集团军群第 16 集团军的联系很不稳定，因为在这两个集团军之间向陶格夫匹尔斯方向，苏联人打入了一个楔子，十分危险。除了南翼的这个弯曲部之外，由第 16、第 18 集团军防守的北方集团军群战线几乎是成直线向北延伸的。楚德湖长达 130 公里，因此，该地段节省了许多兵力。隶属于北方集团军群的纳尔瓦战役集群扼守着楚德湖与芬兰湾之间的地峡。从列宁格勒附近抢救出来了一些攻城炮兵，其中的几个重炮连由该集群调遣。

随着春季泥泞期过去，德军急需一段喘息的时间，对于正面的南段各师更是如此。坦克师普遍撤到了后方，已进行补充。然而，整整三年来，步兵师在所有的地段连续作战，少有特例，从来没有真正休整过。这些师的地段一旦休战，他们就立即被调往其他地区作战，除此之外就是没日没夜地忙于构筑防御地区和夜间值勤。虽然也有兵员补充，但不足以弥补损失。齐装满员的步兵师早已不复存在，虽然无法弥补前线的损失，但后方仍在继续组建新师。其实，这不过是自欺欺人，因为这些新兵团中有一部分是从医院归队的人员，原本就属于这个师。所有前线指挥官都对这种补充新兵的办法感到愤慨。虽然无法满足陆军的迫切需求，但党卫师的数量却急速增长着。

这些新兵团加重了原有的师的负担，一来，他们夺走了有生力量，而这正是后者目前迫切需要的；二来，原有师的技术装备的损失也只能得到部分补充，因为武器首先要用于装备那些新组建的师。因为巨大的损失，技术兵器的需求量不断增大，德国军事工业已无法满足，而生产规模也不可能再扩大。结果，汽车和机枪严重匮乏。弹药也只勉强够用。

总而言之，在统帅部手下，东线德军的战斗力仍然是相当可观的。诚然，现在他们承受着过重的负担，大的战役一旦发生，就会导致危险的后果。在目前的情况下，以现有的兵力支撑下去，并给敌人以重创，从而赢得战争的胜利是德国唯一的办法，除此之外，再也没有别的办法能战胜苏联人了。过去，通过从西线调遣兵力，总是能在紧要关头力挽狂澜，然而现在也无法这么做了，因为英国随时可能在那里入侵。

但是，希特勒并不打算考虑这些，他于5月中旬责成东线军队“在任何情况下都要扼守所占领的地区”。

毫无疑问，苏联人在准备夏季进攻，当时还没有任何情况能让人预见到苏军即将进攻的方向。因为一般情况下，空军和无线电侦察都能准确地发现苏军兵力的大规模调动，以此可以判断苏军的进攻方向，但迄今为止，只发现敌人正在从后方向卢茨可、科韦利、萨尔内等方向进行着紧张的铁路运输，并没有在战线附近集中新锐兵力。所以德军参谋部只能将推测作为依据，认为敌人可能再次进攻科韦利，因此他们预测敌人会将基本力量集中在喀尔巴阡山以北的北乌克兰集团军群当面，逼迫该集团军朝喀尔巴阡山撤退。他们预测，中央和北方集团军群将会度过一个“平静的夏季”。另外，普罗耶什蒂石油区也让希特勒感到不安。人们一致认为，敌人将会在喀尔巴阡山以北或以南展开第一次突击。此外，德军统帅部还准确地预测到，在西线建立强大的第二次世界大战场以牵制德军东调之前，苏联人不会进攻。

盟军在诺曼底成功登陆之后，出乎芬兰人意料的，苏军卡累利阿方面军突然在列宁格勒西北发动进攻。在德军北方集团军群退到纳尔瓦、楚德湖一线后，芬军仍留守在列宁格勒附近，防守着拉多加湖与奥涅加湖之间的斯维里河。

6 月 9 日，苏联人发起了惯用的预先出击，次日，在炮兵和航空兵的支援下，苏军企图突破卡累利阿地峡中央宽约 60 公里的地段，4 个芬军师防守着那里。和往常一样，芬兰人进行了顽强抵抗，因为投入了大量的预备队，他们曾在五天中遏制住了苏联人的攻势。然而，他们最后不得不屈服于苏军压倒性的优势兵力，最后退到了维堡以西和武奥克萨河一线。然而，维堡并不包括在新的防御体系之内。同时，为了组建预备队，芬兰人开始将军队从斯维里河向旧国界撤退，并开始从奥涅加湖以北撤退。

受到苏军的攻击后，芬兰人迫切要求德国人取消对其供应武器弹药的禁令（该禁令是在芬兰人春季与苏联举行谈判后由希特勒发出的），并由德军航空兵提供援助。很快，这两项要求就被满足了。然而，还是无法阻止敌人，于是，他们在 6 月 19 日发出请求，希望调 6 个德军师支援他们。显然，德军统帅部是不可能接受这一要求的。最后希特勒一口回绝这个请求，但他答应继续派自行火炮和航空兵支援，因为他不能听任又一个与德国交好的国家退出战争。基于这种考量，6 月 22 日，他派里宾特洛甫前往赫尔辛基。里宾特洛甫提出，在德国为芬兰提供武器援助的前提下，芬兰要与德国团结一致。芬兰政府希望靠着德国的支援坚持下去，因此，不得不答应不到万不得已不会轻易答应苏联人的条件；然而，对于德国人提出的两个国家同呼吸、共命运的要求，也有待芬兰国会的批准。然而，就国会的立场而言，这个要求是不可能被接受的。谈判持续了多日，里宾特洛甫态度强硬，谈判气氛一度很紧张，最后，赖蒂总统表示，会在一封不必经过国会批准的私人信件中向希特勒做出保证：未经德国同意，芬兰不会退出战争。接着，德国答应继续提供武器。

决裂又一次被避免了。不过，芬兰人不动声色地保留了在绝望之下不再继续作战的权利，因为战争会造成巨大的损失，也可能威胁人民的生存。他们没有多长时间等待机会的降临。因为从其他地方调来了预备队，芬军在苏联人 7 月 18 日突然停止进攻前，守住了自己的新防御地区。在这里，苏联人没能利用有限的兵力达到目的，之后，他们调转枪头，将全部兵力都投入到了与德军的战斗中去。

四、德军中央集团军群的溃败

大约到了6月10日，苏军在德国中央集团军群正面的意图才逐渐明朗。这个地方是德军统帅部没料到敌人会发起进攻的地方。无线电侦察不断传来报告，发现了新集团军；航空兵也发现铁路运输繁忙，公路运输紧张。炮兵仪器侦察也发现，调到此处的苏军炮兵兵力庞大，并开始在多处地段试射。俘虏称，敌人从后方调来了“突击部队”。那些所谓的“防御地段”最初由战斗力较弱的部队扼守，现在也被强大的兵团取而代之。又过了几天，中央集团军群长官已彻底明白，敌人正在这一正面展开重兵。比较分析各种观察结果后可以发现，敌军的备战景象是如此的清晰而明确，甚至不用推测这是否有可能是在进行模拟或佯动。6月14日，陆军总参谋长召开会议，各集团军群和集团军参谋长都参加了。北方集团军群和南部两个集团军群的参谋长们一致报告，他们当面没有任何迹象表明，苏联人将在近期内进攻，中央集团军群的参谋长们则一致指出，在他们集团军的当面，苏军重兵已几乎完成了展开。但是，陆军总参谋部和希特勒本人却依然认为苏军最可能在北乌克兰集团军群当面展开进攻，当然，不可否认，苏军的确正在中央集团军群当面展开，但是这里的展开只是发挥从属作用。因此，希特勒预测中央集团军群只依靠自己的力量就足以击退那些为了牵制其兵力而进行的进攻。于是，大部分坦克师被派往北乌克兰集团军群。中央集团军群请求多派给它一些预备队，得到的答复却是“迫于东线形势，不可能变更兵力部署”。

事实上，中央集团军群将一个坦克军转隶给了科韦利地区的坦克第4集团军，自己却只剩下了38个师来防守1100公里的正面，而且其中34个师已使用。预备队只包括3个步兵师和1个坦克师，其中一个步兵师几乎没有任何战斗力。显然，敌人打算同时向集团军群的所有集团军发起进攻，只有第2集团军除外，而集团军群长官不可能再像去年冬天那样，迅速从那些未受到冲击的地段调遣兵力，在受威胁的地段组建可靠的防御。几个月里，各集团军司令经由集团军群长官，一再向希特勒请求缩短战线，却毫无成效。第聂伯河的两岸很陡峭，有一段坦克无法通行，从1943年秋季起，第4集团军就在该河贝霍夫和奥尔沙之间构筑了防御地区。此外，它还违背了希特勒的意愿，在得到集团军群长官的默许后，接连几个月沿着别列津纳河构筑了另一道防御地区。一旦从第聂伯河的登陆场撤退，集团军大段的正面将固若金汤，而且能节省不少兵力。如果在苏军进攻前，将军队撤退到博布鲁伊斯科、波罗茨克一线，效果会更好，这样一来，弯曲的战线将变得平直，而且大大缩短，敌人的兵力展开也会立即失效。

中央集团军群司令布施元帅没能在希特勒面前坚持己见。早在5月底，他就力图指明战线长度与军队数量的不相称，请求改变该集团军防守所占地区的任务，却遭到了激烈反对。希特勒尖锐地问布施是不是那种总是向后看的将军，此后，布施只能对希特勒言听计从，开始着手执行他的命令——将全部力量投入到构筑前进地区中去。也许，布施不想再自讨没趣，当他在6月中旬时确定了该集团军群当面敌人为进攻所做的准备的规模时，他再也无计可施。如此看来，统帅部并没有料到敌人会在这里大举进攻，对自己的防御能力也明显高估。6月20日，游击队在平斯克—卢尼涅茨、鲍里索夫—奥尔沙、莫洛杰奇诺—波罗茨克等铁路，也就是中央集团军群的补给线上展开了大规模的破坏行动，有关进攻开始日期的最后疑虑也被打消了。

6月21日至23日，苏军4个方面军开始进攻维捷布斯克两侧、奥尔沙和莫吉廖夫，以及博布鲁伊斯科，以便摧毁中央集团军群的防御。从最近几次的进攻战役开始，苏联人发起进攻的方法已臻于完善，虽然进攻前夕仍要展开战斗侦察行动，但是，现在在进攻之前还会展开数小时的炮兵歼灭射击，并大规模地使用空中兵力，其火力非常猛烈。也许为了使空中突击达到最大威力，对于那些防御着苏军决定性进攻方向的 3 个德军集团军，苏军展开了间隔期为一天的空中突击。当炮火射击和航空火力攻击结束后，又由步兵兵团发起进攻，并由航空兵提供支持和掩护，这样一来，过去常常阻碍苏军进攻的德军炮兵就失去了作用。德军飞机的数量不多，第 6 航空队只剩下 40 架完好的歼击机，现在，苏联人的空中优势也壮大了，虽然就绝对数字而言，仍不能将苏联空军与同盟国空军相提并论。步兵突破完成后，强大的坦克兵力立即向突破口挺进。

苏军进攻的头几天，许多地段就出现了危险，而预备队又太少。高效率的进攻使德军无法展开某些有效的支援，而苏联人则能快速取得辉煌战果，因此，德军已不可能力挽狂澜。

6 月 21 日，由巴格拉米扬指挥的波罗的海沿岸第 1 方面军和由切尔尼亚霍夫斯基指挥的白俄罗斯第 3 方面军，分别在维捷布斯克西北和东南方向深深楔入了坦克第 3 集团军的防御。苏军在维捷布斯克西北展开的进攻同样令人头疼，不同于其他战线的突击，他十分突然，严重威胁着那些处于决定性战役方向上而防御又特别薄弱的地段。次日傍晚，这些深远的楔入行动进一步发展成为了突破。中央集团军群长官只能承认，坦克第 3 集团军不可能靠着自身兵力扭转局势，它已经没有预备队，而敌人在突破成功后获得了机动自由。在维捷布斯克地区扼守的一个军被包围了。他向希特勒发出请求，希望立即放弃“要塞”，解救在此防御的几个师，以便投入到之后的战斗中，但这一请求“由于政治上的原因”而被粗暴地拒绝了，所谓的政治原因就是芬兰有可能退出联盟。希特勒将科韦利作为范例，他不顾敌人的压倒性优势，在解围之前支撑了好几个星期。这一答复让人瞠目结舌，中央集团军群长官不知道希特勒这么说究竟是妄想以这件小规模的事件去影响芬兰的立场呢，还是完全无视科韦利和维捷布斯克所受包围的原则性区别呢？在以后的决定性日子里，最高军事当局也一直坚持着这种令人费解的固执态度。这样一来，本来还来得及采取措施，将失利的损失降到最低，最后却演变为了惨败。虽然在程度上稍逊色于斯大林格勒的惨败，但就其规模和后果而言，已远远超越了后者。

6月23日，苏联人在维捷布斯克附近进行突破，与此同时，白俄罗斯第3方面军南翼军队在奥尔沙以东开始进攻德军第4集团军北翼，白俄罗斯第2方面军在扎哈罗夫的指挥下，开始进攻莫吉廖夫方向的第4集团军。在这里，尤其是在莫吉廖夫方向上，苏联人也展开了一些深远的楔入活动，第二天，这些活动就演变成了突破。第4集团军的预备队被调到了莫吉廖夫以东形成的缺口。6月24日，该集团军司令请求让他们退到沿第聂伯河构筑的所谓掩护阵地去，却被集团军群长官拒绝，并下令任何情况下都不能主动放弃尚未受到攻击的地段。同一天，集团军群长官得知，敌人已突破坦克第3集团军正面，并挺进至战役地区。

同一天，白俄罗斯第1方面军在罗科索夫斯基的指挥下，从罗加乔夫西北地区出发，沿着别列津纳河向博布鲁伊斯科方向的第9集团军发起进攻。这里的战事的发展大致和两个友邻集团军正面的情况相同，第一天，敌人就打入了几个又宽又深的楔子。次日，在博布鲁伊斯科地区占领着防御的几个军被包围了。集团军唯一的预备队是坦克第20师，但它并没有很快被投入战斗，于是该集团军司令约尔丹将军被撤职，福尔曼将军接替了他。然而，这依然无法改变第9集团军的悲剧性命运。

6月24日前，德军坦克第3集团军在维捷布斯克以南的防御出现了缺口，宽达40公里。这样一来，沿着该市两侧进军的苏军各集团军相邻翼侧就会合了。集团军长官再次请求放弃该市。当防御被打开缺口时仍企图扼守“要塞”，后果将是致命的，更何况，卫戍部队还占用了大批兵力。但希特勒仍下令，留一个师在维捷布斯克，另外两个师向后撤退。但是，坦克第3集团军正面的战事发展得过于迅速，最后，敌人围歼了这3个师。

6月24日傍晚，敌人的进攻规模和对各集团军构成的威胁已十分明朗，集团军群长官再次请求改变赋予他们的根本无法完成的任务。希特勒再次拒绝了这个要求，只允许他们将第聂伯河以东的战线稍微缩短，然而，这并不能解决最主要的问题，那就是消除对第 4、第 9 集团军翼侧的威胁。6 月 25 日，博布鲁伊斯科地区第 9 集团军面临的情况已经很严重。在罗加乔夫西北，他与第 4 集团军的联系被切断。在这里，苏军向西深远推进，威胁到了莫吉廖夫—博布鲁伊斯科公路，还有两集团军相邻的翼侧。在莫吉廖夫方向，第 4 集团军的中央被突破，左翼也有可能被包围，因为北面的白俄罗斯第 3 方面军在维捷布斯克东南完成了突破，然后以重兵沿着明斯克公路干线挺进。蒂佩尔斯基将军代替了去休假的海因里奇上将，开始指挥第4集团军，并负责在6月25日夜间将该集团军撤退到第聂伯河。然而，这个决定做得太晚了。苏军突破了坦克第 3 集团军南翼的防御，在维捷布斯克附近包围了集团军中央。

6 月 26 日的战事表明，第 9、第 4 集团军正深受威胁。在博布鲁伊斯科以西，白俄罗斯第 1 方面军发起突击，有可能切断第 9 集团军通往西部的补给线，并与在北翼展开的急进相结合，包围该集团军。第 4 集团军南翼暂时还可以顺利地撤过第聂伯河。敌人涌向莫吉廖夫，在莫吉廖夫与奥尔沙之间，同第 4 集团军的撤退部队同时渡过了第聂伯河。奥尔沙被三面包围，只在西南方向还剩下一条通道，该集团军左翼被迫向这里撤退。该集团军的补给线途经莫吉廖夫、奥尔沙和鲍里索夫，被生生截断，因为敌人从北面突击，在奥尔沙、鲍里索夫地段切断了明斯克公路干线。坦克第 3 集团军残部力图在波罗茨克东南的西德维纳河附近阻拦敌人向前推进。第 4 集团军和坦克第 3 集团军相邻翼侧被打开了一个 90 公里宽的缺口，沿着先诺两侧，苏军快速兵团进入了这一缺口。

在这种险情之下，希特勒却否定了所有反对意见，再次下达命令，誓死捍卫博布鲁伊斯科、莫吉廖夫和奥尔沙等“奥赛”，并在每个地方都留下了一个师。两天后，奥尔沙失守，另两个城市也被敌人的重兵迂回和包围，这个命令才被撤销，然而已经太晚了。在本应作为“别列津纳新防线基础”

来防守的博布鲁伊斯科地区，敌人已包围了第 9 集团军主力。第 4 集团军将一半的兵力撤过了第聂伯河，然而，在不知不觉间，他已经退到了几乎延伸至明斯克的辽阔的森林沼泽地带。三年来，兵力强大的游击队一直控制着该地区。而且，这片地区被原始森林覆盖着，所有的渡口和道路都被破坏了，几乎难以通行。敌人以重兵向西南方向推进，在奥尔沙—鲍里索夫地段切断了公路干线，这样一来，第 4 集团军唯一可用于撤退和补给的道路是莫吉廖夫—别列津诺—明斯克土路。于是，这条路上逐渐聚集了所有后勤机关、辎重，还有越来越多的军队。

6 月 29 日，第 9 集团军主力在博布鲁伊斯科地区被包围，第 4 集团军沿着沼泽地撤退到了别列津纳河，在列佩利附近，坦克第 3 集团军被击溃，与继续防守着波罗茨克地区的第 16 集团军失去了直接联系。

很快，陆军总参谋部就了解到了问题的严重性，并确信所发生的战事已远远超出中央集团军群的范畴，因此必须定下适用于整个东线范围的基本决心，那就是把一直防守着波罗茨克、普斯科夫、楚德湖、纳尔瓦一线的北方集团军群撤到陶格夫匹尔斯、里加一线去，只在西德维纳河下游的南面，保留北方集团军群的一半兵力。只有采取这样的根本措施，才能保住中央集团军群北翼，它的中央也才能获得北乌克兰集团军群的支援。但对于这些明智的建议，希特勒仍当作耳边风，所以在东线德军的历史上又有新的悲剧发生了：关于是否及时让北方集团军群撤退的问题，希特勒和军队各级指挥机关展开了斗争。每一天，指挥官们都以越来越强硬的方式向希特勒提出那样的要求，然而，北方集团军群仍未逃脱悲惨的命运。最终，在远离决定性战事的地区，它徒劳地进行着英勇而孤立的斗争，却无法参与帝国保卫战。6 月 28 日，原北乌克兰集团军群的指挥者莫德尔元帅，取代了布施元帅，成了中央集团军群的司令。

为了在新建立的战线上恢复态势，莫德尔费了不少精力，这是一项困难的长期工作。他不拖延地提出要求和申请，并从他辖有的一些地段增调了几个坦克师，这项工作才轻松了一些。除了已经调出的那些师以外，北乌克兰集团军不可能再调出步兵师。因此对莫德尔而言，最重要的是正确解决北方集团军群的撤退问题。虽然，从丹麦和挪威开来了一些支援师，但这无法满足他对援兵的迫切需求。

只有南面未被突破的第2集团军和北面波罗茨克地区的第16集团军，可以作为建立新战线的基础，然而，这两个集团军的整个正面宽达300多公里，已经被突破。作为支援的3个坦克师首先开到，有2个被调到斯卢茨克地区，与在其后跟进的2个步兵师一起，将那里的敌人肃清，并扼守该地区，此外，还要协助第9集团军的几个军完成突围，现在这几个军正力图在博布鲁伊斯科西北向西突围。6月28日，坦克第5师为了阻止敌人在鲍里索夫地区渡过别列津纳河，开到了第4集团军和坦克第3集团军相邻翼侧之间的地段。之后几天里，中央集团军群面临着新的威胁，这样一来，在斯卢茨克、明斯克、波罗茨克一线建立新防线的希望就化为了泡影。苏联人有充足的兵力和空间展开战役机动，在围歼第9、第4集团军的同时，为自己提出更广泛的目标。显然， 他们的计划是从斯卢茨克挺进至巴拉诺维奇，经过列佩利，前出至莫洛杰奇诺，以阻止德军在明斯克南北建立新的防线。现在中央集团军群长官的基本力量都被调来消除这一新的威胁了。至于防守地域纵深的任务，就只好交给担任预备队的弱小兵力和开到的援兵了。然而，这样做就意味着让被围困在中央的两个集团军自食其力。第9集团军被围各部队的突围速度太慢了。第4集团军长官将一切可以集中的力量都集中起来，力图在别列津诺附近及该市南北地区扼守别列津纳河上的各个渡口，以从翼侧保障这些部队。其所属的3个军仍留在该河以东，艰难的抗击着敌人和游击队从正面和翼侧发起的猛攻，并设法通过沼泽地。在别列津诺附近越过别列津纳河的道路早就被破坏了，但这却是撤退时唯一可以使用的道路。撤退过程中，敌航空兵不断发起袭击，造成了严重损失，牺牲人员中包括两名军长和一名师长，而撤退的纵队也不断受阻。苏军强击机不断破坏别列津诺大桥，于是，每当工兵冒着生命危险将障碍排除前，东岸更聚集了无数车辆。德军歼击机数量不多，只能将敌航空兵驱逐走很短一段时间。这段时间里，第 6 航空队油料紧缺，所以德军无法用汽车从北乌克兰集团军群的正面运送哪怕一个步兵师。

7 月初，第 9、第 4 集团军的命运已注定，第 9 集团军还有约 15000 人的兵力，可以不携带重武器和火炮，与派到斯卢茨克东北地区的那个坦克师会合，而第 4 集团军长官指望着用来掩护各军向别列津纳河撤退的兵力却很弱小，只能在敌人翼侧的突击下撤退。在别列津纳河以西，敌人分别从博布鲁伊斯科地区向北和经鲍里索夫向南发起突击，为了不失去最后一点兵力，也为了不让通往明斯克的道路彻底敞开，第 4 集团军只好撤离别列津纳河。

同时，苏军各突击集团继续向斯卢茨克和莫洛杰奇诺方向深入。7 月 2 日，在斯托布奇附近，敌南集团进抵明斯克—巴拉诺维奇铁路，北集团也向莫洛杰奇诺和斯莫尔贡逼近。第二天，苏联人击败了敌军，冲入了明斯克。作为“要塞”，该市有着一切必要的保障，但因为兵力不足，德军再也无法支撑下去。

防御中展开合理作战，其目的是保存兵力并尽可能给敌人造成损失，以使双方的兵力趋于平衡，虽然这可能是以失去地盘为代价的。但是，持续了 10 天的交战结果却让人瞠目结舌。大约有 25 个德军师被包围和消灭，至于那些没有被歼灭的残部也完全丧失了战斗力。现在，必须用从友邻调来的兵团、少量新组建而尚未编成师的步兵团、已扩编成摩托化师步兵旅的“元首卫队”、后方警卫师、东普鲁士军中取得兵力来组建新战线，为的是在离东普鲁士边界尽可能远的地方阻拦逐渐逼近的苏军各集团军。7 月 4 日，中央集团军群长官报告，在集团军群当面 350 公里的正面上，敌人由 126 个步兵师、17 个摩托化旅、6 个骑兵师和 45 个兵力为 1 个旅的坦克兵团，而与之对峙的集团军群只有 8 个兵力为 1 个师的兵团。

随后几天，敌人各快速兵团在中央地段的推进碰上了纳利博克森林这一天然障碍。这一片广阔的森林沼泽地由涅曼河上游的许多支流形成，在明斯克与利达之间 60 公里正面上阻碍了正在进军的敌人。一个临时拼凑的兵团负责掩护这一林区的西缘。

白俄罗斯第 1 方面军各坦克师在纳利博克森林以南向巴拉诺维奇进攻，白俄罗斯第 3 方面军则在林区北缘经莫洛杰奇诺附近的通道，为自己开辟道路，以便从维尔纽斯发起突进，目的是包围第 4 集团军北翼，并扩大该集团军与坦克第 3 集团军之间的缺口。在纳洛奇湖以北，坦克第 3 集团军被迫继续向西撤退。同时，波罗的海沿岸的苏军第 1 方面军力图包围第 16 集团军南翼，直到 7 月 4 日，该军才获准放弃坚守波罗茨克地区的任务，但有一个附加条件，那就是他不能一直撤退到陶格夫匹尔斯。随后几天里，北方集团军群司令林德曼上将多次请求及时准许他撤回自己的南翼，并且拒绝了用明显不足的兵力反攻苏军坦克第 3 集团军的命令，所以，弗里斯纳将军取代了他。

在敌人猛烈的攻势下，中央集团军群甚至很难完成自己当前的任务，那就是扼守巴拉诺维奇，建立起于该城经纳利博克森林延伸至纳洛奇湖的新的防御区。现在，敌合成集团军在其摩托化兵团之后展开进攻，第 9、第 4 集团军主力拼死拦住了他们。因此，这种抵抗虽然代价惨重，但并非徒劳。7 月 5 日，最后一份无线电报从明斯克以东地区发来，这是被围军队突围时到达的最西边的一个地方。比起被围军队突围的速度，德军战线向西溃退的速度要快得多，最终，他们只好停止毫无意义的战斗，被白俄罗斯第 2 方面军俘虏。整个 8 月，许多人单独或一小群一小群地克服着那些难以想象的困难，只为向自己的军队靠拢。然而，此时的德军已经溃退到东普鲁士边界了。

苏军各集团军没有丝毫懈怠，试图将德军建立新战线的企图扼杀在摇篮中，因此派出了强大的突击集团，大举进攻巴拉诺维奇、维尔纽斯和陶格夫匹尔斯以南等地区。中央集团军群长官力图击退苏军向巴拉诺维奇和维尔纽斯方向发起的突击，不断派出一些坦克师反攻敌突击部队，其他兵力则逐渐从并不坚固的防御地区有条不紊地进行撤退，并寄希望于新锐兵力抵达后能阻止敌人的进攻。德军几乎在每个地段都处于危险状态。第2、第4集团军在这些阻击战中勉强保住了相互之间并不牢固的联系。7月12日前，他们被迫从卢尼涅茨、巴拉诺维奇、利达以东一线撤退到了平斯克、斯洛尼姆、格罗德诺以东、阿利图斯一线。苏联人向亚伟斯托克和布列斯特进军的意图已昭然若揭。

坦克第3集团军残部的处境仍难以预测，在其南翼，白俄罗斯第3方面军继续向维尔纽斯推进。按希特勒的命令，该市具有“巨大的战役意义”，必须坚守，“直到流尽最后一滴血”。当时，城里只剩下了7个步兵营和几个炮兵连，要长时间扼守该“要塞”，这些兵力远远不够。7月7日，他们被合围，7月12日，莫德尔再三指出即使该城守军全军覆灭也毫无意义，他们才获准向在考纳斯方向阻止苏联人推进的德军战斗群靠拢。同北方集团军群仍没有联系，因为从陶格夫匹尔斯地区沿着铁路向维尔纽斯方向展开的反攻并未达到预期目的。北方集团军群的陆上交通线很有可能被切断。莫德尔再次试图说服希特勒下决心，允许北方集团军群撤到西德维纳河。但是，除了担心对芬兰产生影响的政治方面的考量外，海军领导人也持反对意见，因为德军一旦从芬兰湾海岸撤退，他们就不可能切断苏联海军通往波罗的海的海路，这样一来，与芬兰港口和瑞典的联系也将会被切断，而驻芬兰的德军还依靠着这些港口提供补给。在海军领导人看来，这是最重要的原因。但是，以下推断也合情合理，那就是基于当时的总形势，海军领导人所担忧的那种情况在不远的将来很可能发生。那时，德国将不仅仅丧失海上阵地，还将断送两个集团军，而他们所辖的师战斗力最强，经验也最丰富，对于防守正快速向德国边界逼近的东线尤为重要。希特勒拒绝了两个集团军群长官的请求，下令将进至第4集团军和坦克第3集团军的快速兵力整编为突击集团，从南面展开突击，并取得与北方集团军群的联系。实际上，这一命令完全不切实际，因为如果要阻止苏联人，就应该首先利用那些已经开到的师建立正面向东的稍微稳定一些的绵亘防御。7 月 13 日，中央集团军群长官表示，即使预计派来的所有师在 7 月 21 日前能抵达，也只有 16 个德军师与 160 个苏军师对峙。

虽然派给第 4 集团军和坦克第 3 集团军的援兵的开进速度很慢，但在格罗德诺、考纳斯、乌克梅尔格一线，这两个集团军阻拦住了苏军推进的步伐。敌人经涅曼河展开突破后，抵达了奥古斯图夫，最初，这次突破很危险，但随后第 4 集团军的几个坦克师展开翼侧反冲击，阻止了这次突破。接着，德军再次发起反突击，将苏军逐回了涅曼河。

五、苏军自喀尔巴阡山至楚德湖的进攻

在格罗德诺与考纳斯之间的战斗暂时消除了苏联人向东普鲁士进军的威胁，然而，局势缓和之前，苏联人进攻了友邻的北方和北乌克兰集团军群。苏军统帅部清楚，在把一部分兵力转隶给中央集团军群后，这两个集团军群的实力已大大削弱，因此，他们认为突击喀尔巴阡山到楚德湖之间整个东线的时机到了。

7 月 13 日，波罗的海沿岸敌 2 方面军突击了列泽克涅方向的第 16 集团军。第二天，在奥斯特罗夫以南，波罗的海沿岸第 3 方面军在第 18 集团军的当面转入进攻。两个集团军粉碎了苏联人突破的企图，在顽抗中，

苏军在7月20日前逐渐撤退到了陶格夫匹尔斯、普斯科夫以西。

同时，从罗马尼亚战线派来的新锐兵力加入了波罗的海沿岸敌1方面军，接着开始在陶格夫匹尔斯以南向西推进，7月21日，抵达涛哥富比尔斯以西150公里处的帕涅韦日斯。如果苏联人继续在这一方向上推进，那么，不仅北方集团军群有被包围的危险，而且在乌克梅尔格地区的中央集团军群北翼也将被击溃，此外，敌人还可能突击克莱佩达和蒂尔西特。两个集团军群之间已失去了联系。北方集团军群司令弗里斯纳将军早已遇见了战事的这一发展趋势，他早在7月17日就请求希特勒，允许他有权独立定下与其集团军群有关的作战计划。他计划将纳尔瓦以南的所有军队都撤退到陶格夫匹尔斯与里加之间的西德维纳河，然后用腾出来的兵力取得与南邻的联系。现在看来，这个作战计划是自然而然的结果，为了达成这一目的，他与希特勒反复斗争了好几个星期。但是，弗里斯纳所提出的意见产生的唯一结果就是，他与南乌克兰集团军群司令舍尔纳上将互换了位置，后者的果断性时常得到希特勒的褒奖。新司令官将继续在原来的阵地上作战，直到从南面调来新的兵力，组建起强大的坦克集群。两个集团军的司令指出，他们勉强恢复的防御如果没有坦克师，根本无法抵挡苏联人的突击。但坦克师的抽调工作一天又一天、一星期又一星期地拖延了下去。因为不断有危机发生，坦克师已应接不暇。因此，北方集团军群必须沿着纳尔瓦河及在楚德湖地区扼守战线。其南翼军队毗连西德维纳河，在敌人的猛攻下，不得不向西北方向撤退，7月27日陶格夫匹尔斯失守后，又于8月11日撤退到了叶卡不皮尔斯、古尔贝内、佩齐雷和楚德湖一线。

苏联人利用在西德维纳河以南防守的德军的弱点，于7月底向西北和西面展开了深远突击。7月29日，他们经过包斯卡和叶尔加瓦（米塔瓦）抵达了图库姆斯附近的里加湾，北方集团军群向东普鲁士撤退的道路也被切断了。在西德维纳河以南，该集团军保留了一个大登陆场，以掩护里加和自己的后方。在西面，苏联人的先遣支队抵达库尔谢奈、希奥利艾以西地区。

7月底，为了在涅曼河下游以北向蒂尔希特挺进和在考纳斯以南前出至东普鲁士边界，苏联人再次对坦克第3集团军及第4集团军北翼发起了攻击，德军因未能从中央集团军群所属集团军中抽调坦克师，而面临巨大考验。7月31日，考纳斯失守，坦克第3集团军经过连日苦战，在涅曼河以北被驱逐到了杜比萨河对岸。8月10日，苏联人放弃了击溃该集团军北翼并向蒂尔希特进军的企图，于是，战线在拉塞尼艾以南稳定了下来。

在考纳斯以南的进攻中，苏军抵达了马里亚姆波列和苏瓦乌基。8月1日，苏军坦克先遣部队在维尔卡维什基斯地区已几乎抵达东普鲁士边界。为了在东普鲁士边界附近阻拦苏军，希特勒将德军强大的预备队投入到了战斗中，其中甚至包括计划用来恢复与北方集团军群联系的几个快速师。这样一来，这里的局势逐渐缓和下来。

7月14日，苏联人对北乌克兰集团军群发起进攻。乌克兰第1、第4方面军力图抵达维斯瓦河中游，为此强渡了桑河，并将坦克第1集团军驱逐到了喀尔巴阡山。进攻以布罗德地区的突破作为起点，两天后，科涅夫所属各集团军在利沃夫以北抵达了布格河上游。然后，在科韦利附近，乌克兰第1方面军右翼突破了坦克第4集团军的防御，于是，同时指挥着中央北乌克兰集团军群的莫德尔决定将两个集团军群撤过布格河，以阻止苏联人突破他们的接合部。但在布格河也无法支持。7月22日，苏联人抵达该河西岸的海乌姆，同日，坦克第1集团军被赶到利沃夫东郊，而它的南翼则在斯坦尼斯拉夫以东的德涅斯特河左岸。

几天后，苏联人向维斯瓦河及桑河挺进，将坦克第1集团军驱逐到喀尔巴阡山的意图已经很明显了。该集团军处境艰难，它的任务是尽可能长时间地扼守斯坦尼斯拉夫、利沃夫一线，而迅猛推进的苏联人将其北翼逼到了桑河。月底前，苏联人已在佩列梅什利、雅罗斯瓦夫附近及塔尔诺格鲁德以西抵达桑河。直到7月27日，坦克第1集团军才从利沃夫退到桑博尔，南翼还一直在更东面的斯特雷地区坚守着，因为必须要掩护喀尔巴阡山各山间的道路，一旦丢掉了这些道路，就会为苏联人敞开通往外喀尔巴阡乌克兰和匈牙利的道路。

7月23日，新任陆军总参谋长古德里安上将下令，一定要扼守桑河和维斯瓦河，必须停止撤退行动，因为“不停止就可能逐渐退到奥得河和易北河”。不过，7月底时，德军还是从桑河撤退了，8月3日，苏联人进至热舒夫。8月6日，他们开始攻克下一道水障碍——维斯沃克河，以及桑多梅日附近的维斯瓦河。

深入加里西亚的同时，苏军的进攻从一开始就直指维斯瓦河中游及华沙。乌克兰第1方面军所属各集团军在海乌姆地区强渡了布格河，继续向卢布林推进，7月24日，攻克了该城，坦克第4集团军开始向克拉希尼克以及普瓦维附近的维斯瓦河撤退。白俄罗斯第1方面军利用这一翼侧作为掩护，在弗沃达瓦南北强渡了布格河，然后进军北面和西北面，为的是包围中央集团军群南翼，同时前出至华沙。苏联人一路迅猛进军，于7月24日抵达比亚瓦—波德拉斯卡和武库夫两市，苏军中央则向谢德尔采逼近。

为了击退这些极其危险的突击，莫德尔集中了一切可以集中的力量，责成7月中旬刚从前线退回的第9集团军司令部会同坦克第4集团军，扼守普瓦维与华沙之间的维斯瓦河。当时，波兰首都以及维斯瓦河都只部署了一些战斗力很弱的后方警卫部队。计划派2个步兵师和2个坦克师给第9集团军，其主力负责构筑华沙东南的桥头堡。第2集团军的右翼仍在布列斯特以南，将派出兵力掩护谢德尔采地区。在布列斯特西北，白俄罗斯第1方面军进抵布格河，还在某些地方强渡了该河，一旦苏联人继续从南面推进，布列斯特的位置突出，将可能遭遇合围。虽然早些时候中央集团军群长官就指出，因为总兵力不足，扼守布列斯特也就意味着将承受难以弥补的损失，然而，希特勒还是固执己见，直到要塞被围才让步。7月28

至29日间，守军只好向西撤退，并遭到重创。集团军群为第2集团军南翼构筑了由谢德尔采延伸至比亚瓦—波德拉斯卡的新地区，并及时将兵力调遣到了华沙东南地区，这样一来，就击退了苏联人在维斯瓦河与布格河之间的突击。7月27日，白俄罗斯第1方面军左翼在加尔沃林地区遭遇了前出的德军，并在谢德尔采及其以北地区进行了战斗。通过这些战斗，苏联人暂时在第2集团军西翼与华沙桥头堡之间取得了进展，并从四面包围了这个桥头堡。然而，德军发起反攻，在8月3日围歼了苏军突进中的一个坦克军，消除了这一危机。7月28日，航空兵出动了560架次，态势得到极大改善。

罗科索夫斯基所属各集团军以锐不可当之势向波兰首都推进，波兰底下抵抗运动组织认为，起义的时机已经到来。当然，如果不是英国人的唆使，起义是会爆发的。从解放罗马和巴黎那时起，英国人就习惯于号召即将解放的首都居民举行起义。8月1日，苏军的突击力量消耗殆尽，苏联人放弃了从行进间进攻波兰首都，这时，起义爆发了。于是，波兰起义者只能听天由命。起初，他们的战果如此辉煌。在这座大城市里，德国的大部分军事与非军事机构与外界的联系都被切断了；起义者占领了各火车站，他们拥有迫击炮、20毫米高射炮和反坦克兵器；城里的各条大街都被封锁了，德军只守住了维斯瓦河上的几座大桥。如果苏联人一鼓作气，进攻桥头堡，德军在城里将会陷入绝境。而现在，德军在华沙及其周边已经集中了充足的兵力。

在卫戍部队彻底镇压起义前，起义军的战斗一直持续到10月份。想要迅速可靠地整顿城内秩序，光靠卫戍部队是不够的。几个星期的时间里，任何一条街道都不能使用。只能逐渐将起义者赶到个别市区集中起来，然而，在那里，起义军仍以波兰人特有的狂热顽强抵抗着。德军只好动用自行火炮加强庞大的警察和党卫军部队，这些部队有计划地行动着，一个街区一个街区地肃清了起义者。9月初，德军长官建议起义者在对其有利的条件下进行投降谈判。作为起义的领导者，波兰将军布尔·科马洛夫斯基拒绝了这一提议，因为他知道苏联人很快会向华沙发起新一轮进攻，一些波兰部队也将加入作战。事实也的确如此，9月18日，德军在维斯瓦河东岸的桥头堡终于被清除。于是，德军只好从华沙的前地普拉加撤出，并将河上的桥梁炸毁。同一天，城市上空出现了120架美制四引擎轰炸机，为波兰人投掷了大批装备、弹药和给养。不过，这些物资大部分落入了德军手中，另外，德军还击落了许多飞机，当波兰人发现这些后，他们的情绪一度很低落。几天后，德军第9集团军粉碎了解救者在宽阔正面强渡该河的企图，起义者陷入了更深的绝望之中。此后，经过两个月的战斗，波兰人最终投降。

因为没有完成对华沙的突击，8月初，苏联人开始转攻华沙以南。早在追击坦克第4集团军时，他们就在这里建立了两个大登陆场，北面的登陆场位于瓦尔卡以东，也就是皮利察河口南面重建的第9集团军当面，另一个在其以南80公里的普瓦维附近。为了攻克这两个登陆场，整个8月份，双方都处于苦战之中，且各有胜负。在整个东线，德军面临着许多困难，所以往往在最后关头才能在不断扩大的登陆场附近集中充足的兵力，不断发起冲击，缩小登陆场，阻止敌人从这两个登陆场向拉多姆进行突破。苏联人之所以不能在这里取得战役性胜利，一则是因为防御军队顽强作战；二则是因为苏联人将其基本力量集中在了正面的其他地段。

8月，与中央集团军群对峙的苏军在维斯瓦河以东的第9集团军左翼和第2集团军当面集中了自己的主要力量。白俄罗斯第1、第2方面军企图在维斯瓦河与纳雷夫河之间向东普鲁士推进。

德军两个集团军发现苏联人这一进攻的准备后，为了节省兵力，8月10日，逐渐退到了华沙东北、文格鲁夫、赞布鲁夫一线以及奥索维茨和奥古斯图夫运河以南的纳雷夫河。月中，白俄罗斯第1方面军在布格河与维斯瓦河的河间地区发动进攻，并造成了很大危险，因为之前希特勒已从中央集团军群抽调走了几乎全部坦克师，一部分用于清除敌人在维斯瓦河的登陆场，其余的用来突击北翼，以便于北方集团军群恢复联系。8月18日前，白俄罗斯第1方面军投入进攻的兵力已达60至70个步兵师，10个坦克和机械化军，3个骑兵军，他们在航空兵的支援下，将第9、第2集团军相邻翼侧逼退到了布格河。在布格河与维斯瓦河的河间地带，第9集团军保持着同华沙的联系。白俄罗斯第1方面军取得这些战果后，白俄罗斯第2方面军于8月22日也发起进攻。两个方面军企图在维斯瓦河与纳雷夫河之间实现突破，这些战斗持续到8月31日，许多楔形突击集团深入到了德军防御地区，但苏联人预定的突破并未完成。因此，两个方面军的进攻一度停滞，直到9月3日，两个方面军才恢复进攻，将德军的两个集团军驱逐过了纳雷夫河。德军第9集团军扼守住了维斯瓦河畔的莫德林，然而，在普乌图斯克附近，苏联人建立起了一个宽正面大纵深的登陆场。9月16日，在沃姆扎与华沙之间，苏联人投入了9个集团军，总兵力达71个步兵师、5个坦克师、数个机械化军和1至2个骑兵军，接着，战斗结束。

德军最高统帅部加重了两个集团军的负担，然而，这两个集团军无力承担这些重负。德军最高统帅部之所以这么做，是因为它仍顽固地试图从南面突破，以取得与北方集团军群的联系，并在突出的阵地上保持这种联系。为了反攻还调来了2个坦克军，辖有5个坦克师和1个摩托化步兵师。8月16日，反突击打响，恰好是这一天，莫德尔元帅被任命为西线的军总司令，此前任坦克第3集团军司令的莱因哈特上将接替了他的职务。现在，劳斯将军负责指挥这个向北进攻的集团军。

在进军到叶尔加瓦和希奥利艾后，波罗的海沿岸第1方面军就将其主力用于对付在西德维纳河以南防守的第16集团军，所以，德军从凯尔梅、泰尔夏伊一线发起反攻，最初遇到的反抗很微弱。此后，在该地带行动的德军转向东北，第二天抵达希奥利艾以西和扎加利以南地区，甚至有一个战斗群还推进到了叶尔加瓦西南30公里的奥采。受这些战果的鼓舞，各坦克军又被赋予了宏伟的新任务。希特勒和古德里安眼看着这些军长驱直入，达到了凯代尼艾、帕涅韦日斯、比尔扎伊一线。之后两天，进展很小，不过8月20日的战事又燃起了人们的希望。这一天，扎加列被攻克，北面的一个战斗群抵达图库姆斯，在重巡洋舰“欧根亲王”号的支援下，向里加湾南岸进军，再次取得了与北方集团军群的联系。看来，下定“重大决心”的好时机已来临。古德里安再次提出了撤退北方集团军群的问题，然而，希特勒还是持反对意见，他再次声称，出于政治上的考量和海军战略的要求，无法接受那样的决心。此外，希特勒还于几天后下令，立即派一个坦克师经图库姆斯附近打开的缺口，前去支援北方集团军群。事实上，在反突击开始前，他就已经下令空运了一个步兵师，任由该集团军群司令调遣。他宁愿听任北方集团军群被重新合围，也不愿改变用坦克加强该集团军群的打算。在随后的几天，遭到合围的威胁日益明显。在希奥利艾附近，德军的进攻屡屡受挫，只能又一次放弃了扎加利，只有此前就被强化的一个战斗群暂时还在奥采附近向叶尔加瓦方向推进。8月28日，两个坦克军的进攻受阻。然而，苏联人在这一段的兵力仍不够强大，不能应对德军的突破。

整个8月，苏联人在北方集团军群东翼对该集团军群实施了最猛烈的进攻。虽然7月31日时苏联人已攻克了纳尔瓦市，8月中旬时，波罗的海沿岸第3方面军发起突击，德军纳尔瓦战役集群同第18集团军在普斯科夫湖西南岸的联系也因此中断，但该集群仍扼守着纳尔瓦地峡。在此，苏联人经佩乔雷向沃鲁发起进攻，8月14日，攻占沃鲁。几天后，他们强渡了连接着普斯科夫湖与楚德湖的狭窄支流，并与南面的包围相结合，这样一来，塔尔图的东面和南面都陷入危险。他们在这里的兵力并不充足，德军因为援兵开到，展开了顽强的抵抗。直到月底，苏联人才攻克塔尔图，随后，这一方向陷入了短暂的沉寂。

8月份，苏联人在西德维纳河以北的李佳芳香再次突击了北方集团军群。德军在这里的防线几乎沿着整条叶卡不皮尔斯—古尔贝内铁路延伸。在该地段中央的马多纳地区，苏联人发起了几个星期的冲击，但他们无力击退德军的抵抗，最终暂时停止了进攻。9月初，敌人开始突破里加以南的防御。为了减轻扼守此地的第16集团军的压力，德军坦克集群再次在叶尔加瓦以西发起反攻，并大获成功。9月20日，希特勒将涅曼河与里加之间的作战指挥权全部交给了北方集团军群长官，并将坦克第3集团军转隶给他。这个决定并不妥当，这样一来，北方集团军群的注意力就不得不分散到纳尔瓦以西的整个波罗的海沿岸地区；它与坦克第3集团军的利害关系主要是扼守叶尔加瓦以北的狭窄走廊，然而，坦克第3集团军却被主要用于防守涅曼河南北的东普鲁士边界了。坦克第3集团军群延伸至叶尔加瓦以西地区的北部防御地段并不牢固，根本经不住敌人的猛攻。如果苏联人再次发起突破，肯定能清除这条走廊，这样一来，北方集团军群也就无法守住东面和南面都被包围的东普鲁士。据估计，苏联人发起那种突击的日子也不会太遥远了，因为月初时芬兰已退出战争，现在苏联人正将投入在那里的大部分集团军腾出来。

六、芬兰退出战争

6月底，芬兰总统与里宾特洛甫达成政治协定，7月中旬，苏联人在卡累利阿地峡停止进攻，芬兰内部获得了短暂的稳定。德军在东线多次惨败，而武器供应也因德军自己的困难而逐渐减少，坚持芬兰退出战争的政治风潮一时间在国内占据了上风。就连曼纳林元帅本人也认为，当务之急是迅速结束战争。8 月 1 日，赖蒂总统退休，在芬兰人看来，他们无须继续履行似乎是赖蒂一人对希特勒的承诺，于是，芬兰再次获得了在国际舞台上活动的自由。曼纳林成为总统后，恢复了与苏联的谈判。

9 月 2 日，新总统在一封书信中以庄重的口吻通知希特勒，芬兰将不再继续作战，因为芬兰可能因此蒙受新的损失，本国人民的生存也将受到威胁。因此，作为总统，他有义务让自己的人民摆脱战争状态，即使希特勒不会承认或赞同他的声明。信中，曼纳林以热情洋溢的言辞表示了对德军的感谢。他写道，德军驻扎在芬兰，是真正的援助者和战友，而非暴力的工具。他坚信，德军在这个异邦的种种行为，是那种条件下国与国之间保持真挚友谊的唯一典范，将载入芬兰的史册。

最终，芬兰国会以 113 票对 46 票，接受了苏联有关同意芬兰退出战争的条件，9 月 4 日，停战协定生效。芬兰重新承认了 1940 年的国界，并将佩特萨莫（佩琴加）省割让给苏联，在两个月内让军队复员，断绝与德国的关系，并解除 9 月 15 日以后仍留在芬兰境内的德军的一切武装，将其作为战俘移交苏联。

让浩浩荡荡的德军如此仓促地从芬兰撤军，就技术层面而言，是办不到的，德国人也不会对此置之不理。德军的 7 个师部署在白海至雷巴奇半岛的正面，在那么短的时间内，实力较强的南翼既不可能经洛瓦涅米和库萨莫前往波的尼亚湾北部的奥卢、凯米和托尔尼奥诸港，也不可能途经整个拉皮省，前往挪威国内。诚然，最大的原因在于希特勒不愿从芬兰北部撤军，在故意拖延。虽然德国的利益不会因此受损分毫，但在他看来，芬兰人已成为彻头彻尾的背叛者，他不愿意再照顾他们。他下令，让德军继续在北极地区扼守西利察河防线，并阻止另外两个军逐渐向西北撤退，这两个军应预先建立正面向南的翼侧掩护。此外，他还下令突袭芬兰湾的苏尔萨里岛，以便此后将该岛作为海军基地。9 月 14 日夜，德军在该岛登陆。

迫于停战条件，芬兰人不得不进行抵抗，阻止其第二梯队上陆，并与苏联空军协同，将已经上陆的德军部队又赶回了海里。时至今日，芬兰人仍尽量避免让德军身陷险境，然而，这一系列不友好的行动让他们深受侮辱。此外，9月15日，相关条款已经生效，他们必须拘留全部驻芬兰的德军部队，并将其移交给德国人。然而，他们根本无力履行该条款，但至少要试一试，以免破坏停战条款，同时也避免使自己的国家成为德国人和苏联人的战场。这样做的结果是，他们与驻洛瓦涅米德军集团军司令部的关系逐渐白热化（在迪特尔死后，伦杜利奇上将负责指挥该集团军），这两个曾经的盟友很快就发生了武装冲突。

直到芬兰中部建立起翼侧掩护后，9月中旬，德军最南面的山地步兵第18军才开始撤退，随后撤退的是第36军。但是，当该军退到萨拉时，遭遇了苏联人的猛攻，情况十分危险：他的一个师被包围了，费尽九牛二虎之力，才重新与主力会合。10月初，芬兰人在波的尼亚湾诸港登陆，并在宽正面上进攻德军翼侧掩护，目的是包围德军。

希特勒继续坚持扼守芬兰北部。虽然施佩尔部长再三声明，即使没有佩特萨莫的镍，德国工业也能支撑下去，但希特勒还是下令让山地第20集团军建立防御，该防御囊括了西利察河、伊纳里湖和芬兰西北端在内。南面被认为是无法通行的地区，苏联人却沿着该地区实施包围机动，并发起猛烈突击，摧毁了西利察河的防御，并将山地步兵第19军劈成了两半。因为这次突击，苏联人向西南方向展开了远距离推进，并威胁到了在中部防守的那个军的退路。山地步兵第19军很可能被消灭，迫于形势，希特勒终于下令撤出全部的三个军。在北部，苏联人只推进到了佩特萨莫，在中央地段则停留在萨拉以西。芬兰人继续从南进攻，这次进攻多次导致德军与他们激战，尤其是在罗瓦涅米附近。为了掩护撤退，德军不得不炸毁一些人工建筑物，加之之前受到的政治迫害，芬兰军队中的反德情绪愈演愈烈，战斗情谊十分可悲地被断送了。

11月初，芬军开始复员，施加的压力才逐渐减弱。在北极地区，集结起来的大量给养储备，还有德国三军的军用物资，只有一部分经北部港口运走了。极夜和寒冬给撤退带来了巨大困难。幸好，今年它们来得格外晚。集团军调出一部分兵力继续扼守芬兰西北端，一直持续到1945年。山地步兵第19军撤退到了纳尔维克，其余的师在挪威北部进行了长时间行军，经铁路输送到奥斯陆，又从那里转而抵达丹麦，随后陆陆续续参与了在德国本土的决战。

七、德军南乌克兰集团军群的惨败和罗马尼亚退出战争

苏联人向利沃夫迅猛进军，抵达了维斯沃卡河，随后，在加里西亚暂时停止了进攻。和在华沙以南一样，他们在该地一开始也企图攻占维斯瓦河左岸的登陆场。整个8月份，在巴拉努夫和桑多梅日两地，德国坦克第4集团军都感到很吃力，早在追击过程中，苏联人就在那里强渡了维斯瓦河。虽然坦克第4集团军进行了顽抗，并调来了援兵，但还是没能阻止苏联人有计划地扩大登陆场，接着，这些登陆场被连成了一个大的登陆场。

在喀尔巴阡山山前地带，从克里木半岛调来的乌克兰第4方面军开始猛攻各山口。因为燃料不足，德军的情况很危险。月中，苏联人在维斯沃卡河上游施压。但是，总体而言，德军仍掌握着由斯特雷以南地区到亚斯沃之间的喀尔巴阡山北坡。但是，8月20日，苏联人向南乌克兰集团军群发起进攻，并取得了决定性胜利，这第一次世界大战果将影响整个巴尔干

半岛的形势。

为了扼守罗马尼亚和普罗耶什蒂石油区，当苏军的春季攻势结束后，辖有 2 个德军集团军和 2 个罗军集团军的南乌克兰集团军群被迫在某些难以进行防守的地区设防。罗军杜米特列斯库被编入了南乌克兰集团军群，该集团军群在形式上辖有德军第 6 集团军和罗军第 3 集团军，共有 12 个德军步兵师、1 个坦克师、4 个罗军步兵师、1 个骑兵师。他们从德涅斯特河河口开始，沿着该河配置，一直延伸至基什尼奥夫西北地区。然后，防线向西急转弯，在普鲁特河以东科尔涅什特附近与第 8 集团军右翼相接。在之前的春季攻势中，苏联人攻占了蒂拉斯波尔和格里戈里奥波尔附近的登陆场，并成功阻止了德军清除这些登陆场。从 1942 年秋季起，德军的攻势就被阻止在了顿河，此后，苏联人每次都能在所有的江河处巧妙地攻占登陆场，并将其作为之后发起进攻的跳板。无论任何条件下，苏联人都能死死地扼守住它们。因为敌人的这几个登陆场，德涅斯特的防御情况变得很复杂，价值缺乏庞大的预备队，所以很难顺利实施防御，而防守着德涅斯特河的第 6 集团军北翼还面临着新的威胁和挑战。第 8 集团军防御在科尔涅什特附近与这一防御相接，贯穿南北走向的摩尔达维亚谷地，经雅西向西延伸，在罗曼以北，其左翼依托着仅由德军 1 个军扼守的喀尔巴阡山东坡。第 8 集团军连同隶属于它的罗军第 4 集团军，总共有 8 个德军师和 11 个罗军师，还有 4 个罗俊山地步兵旅。

自春季以来，德军这个集团军群就被极大地削弱了，它已将所属 6 个坦克师中的 5 个转隶给了北乌克兰集团军群，接着，这 5 个师又被调去封闭敌人在中央集团军群正面打开的缺口，最后，其中一部分竟然转战到了库尔兰。此外，还从它的编成中抽调了 4 个步兵师，以便加强其他正面。

大约有 20 个罗马尼亚师部署在这里，大多被编入了德军的防御体系，然而，德军却不能对他们的战斗力抱太大希望。苏联人占据着压倒性优势，他们遭遇了一连串的失败，最终不得不从顿河和库班经克里木半岛退回罗马尼亚，这一系列的事件对他们打击很大，即使是捍卫祖国的信念和履行义务的职责也无法鼓舞罗军低迷的士气。对于大多数罗马尼亚军人而言，与布尔什维主义作斗争的口号也缺乏吸引力。国内的极权主义是靠着德军的胜利和因此得到的领土实惠才得以维持统治的，但现在早已失去了威望。

德军最高当局甚至没有掌握当时的真实情况，就对这个国家的局势妄加评论。当时，这里的局势与1943年春季的意大利何其相似——敌人已兵临城下，一部分已进入这个国家的领土。没有任何理由可以指望罗马尼亚人会做出与意大利人不同的反应。更何况，过去一年里，德国的总形势在不断恶化，人们不再相信德国会成为最后赢家。不过，1943年时，德军统帅部还拥有充足的兵力，预备队也做好了准备以应对危急情况。而现在，德军节节溃败，甚至连一个兵团都抽不出来。

但令人不可思议的是，虽然驻布加勒斯特的德国军事代表团已在那里呆了四年之久，却对于内部与日俱增的危险却没有丝毫察觉。该代表团坚称，迫于形势，安东内斯库将会履行同盟者的义务，并声称，这个国家的制度在政治上是绝对稳固的。

相反，新任南乌克兰集团军群司令弗里斯纳上将虽然到任没多久，但他早在8月6日就已向柏林报告了前线罗军部队所面临的危险以及后方的不满情绪，他极有远见地请求将分散在罗马尼亚境内的众多部队、警察和其他德国机构转隶给他，以便在后方组织集中的防御。然而，希特勒毫不犹豫地拒绝了，他要求弗里斯纳眺望前方，而不是过于关注后方。

南乌克兰集团军群长官请求在苏联人进攻前将德军防御转移到多瑙河河口、布勒伊拉、加拉茨、福克沙尼、喀尔巴阡山东部山前地带一线。然而，毫不奇怪，这一请求最终也被拒绝。集团军群长官认为，罗军已不再可靠，仅凭自己的兵力是不可能守住已占领的防线的。

至于德罗联军战线，防守兵力不足，基础也不牢，从战役观点上看，轮廓也对作战不利。对于苏军统帅部而言，突破这一防线并不困难。所以，苏军统帅部决定出动由 7 个坦克师和 90 个步兵师组成的 2 个方面军沿向心方向进攻。托儿布欣的乌克兰第 3 方面军负责从两个登陆场进行突击，突破第 6 集团军的防御，然后与乌利诺夫斯基的乌克兰第 2 方面军协同作战，后者从北面经雅西突击，包围在基什尼奥夫的德军兵团。

8 月 20 日，在航空兵的支援下，两个方面军经两个半小时的猛烈炮火准备后，发起了进攻。在三天的交战中，德军阻拦了敌人的猛攻，接着，为数不多的预备队消耗殆尽，雅西附近和德涅斯特河的战线被突破。此后，一旦进攻的苏军与罗军部队有所接触，罗军就立即缴械投降。8 月 22 日，雅西沦陷。乌克兰第 2 方面军所辖坦克和机械化重兵沿着普鲁特河两岸向南挺进，8 月 25 日，抵达瓦斯卢伊、胡希一线，乌克兰第 3 方面军从东面进攻，经蒂拉波斯尔抵达普鲁特河畔的列奥沃，包围了没能及时从蒂拉斯波尔、基什尼奥夫地区和雅西地区撤退的德军各师。

8 月 24 日，安东内斯库政府在政变中被推翻。政变前夕，国王米哈伊通过电台发表讲话，向全国人民宣布，罗马尼亚接受其昔日的敌人所提出的停战条件。在结束讲话时，国王号召罗马尼亚人民“与国家的敌人战斗”，并允诺德军，在他们留驻罗马尼亚期间，不会对其采取任何行动。一直到希特勒下达了空袭布加勒斯特的命令，罗马尼亚人才调转枪口，迎战德国人。一时间，战线变得十分混乱。所有罗军防守的地方，正面都大敞着，即使是之前未受苏联人冲击的地段，也都畅通无阻。敌军如滚滚江河般袭来，从四面八方向德军发起进攻。对作战行动的任何集中指挥都瘫痪了，后方也被切断了。过去，即使在最危险的情况下，德军也能在仓促间建立起中间地区，并采取一系列措施，以便继续作战；而现在，德军被分割成许许多多的战斗群，他们只能向西撤退，同时，为了争夺普鲁特河的各个地段，德军不得不与敌军各突入集团展开激战。此时，苏军对德军几个师的包围圈已逐渐缩小，这些师只能缴械投降。

在罗马尼亚首都发生的政变早就得到了国王的默许，3 月份，国王的亲信就通过开罗取得了与西方国家的联系。与此同时，通过侨居国外的前捷克斯洛伐克总统贝奈斯作为媒介，罗马尼亚国内的反对派还与苏联保持着联系。4月2日，莫洛托夫在电台讲话中要罗马尼亚人相信，除了要求归还萨拉比亚外，苏联对罗马尼亚没有任何领土方面的要求，也不打算改变其社会制度。对于这一系列的外交事件，德国人有的不了解，有的不能准确判断。政变让德国大使和军事代表团被拘留。政变发生后，德军企图攻占罗马尼亚的战略要点，并突击布加勒斯特附近的伯尼亚萨机场，支援地面进攻，但罗马尼亚人进行了顽强的抵抗，粉碎了德军的企图。德军只能利用当地的高射炮兵和机场勤务部队对抗罗马尼亚人，扼守普罗耶什蒂石油区。

8月24日，德国电台宣布，已在罗马尼亚组织了反对国王的运动，该运动的领导者号召人民和军队继续反抗布尔什维克主义。其目的只有一个，就是冲淡又一次失去盟友给德国人民带来的失望情绪。然而，罗马尼亚人民已彻底厌倦了战争，这一手法并未生效。实际上，罗马尼亚效仿意大利，迅速转入敌对阵营，公然向德国宣战，次日，保加利亚也断绝了与德国的关系，虽然保加利亚并未积极参战，但它将自己的领土提供给了德国，并参与了瓜分希腊和南斯拉夫领土的活动，还在新攫取的地区协助德国对抗南斯拉夫游击队。现在，它将驻扎在这些地区的军队撤走了，并请求美国和英国政府公开提出停战条件。因为保加利亚始终未与莫斯科交战，所以它宣称对莫斯科属于严格的中立立场。不过，这些措施过于天真。保加利亚一心想归顺于西方国家，指望苏联的军队不会进入中立的保加利亚。然而，苏联人在东南欧有很大的实权，并准备充分利用这些实权。

当时，苏联人的进攻正顺利进行着。在消灭了被围困在摩尔达维亚的德军后，他们经过罗曼和巴克乌，向喀尔巴阡山挺进，但是，主力紧接着就转向了南面和西南面。马利诺夫斯基的乌克兰第2方面军在多瑙河以北，经福克沙尼、加拉茨地区，向布加勒斯特和普罗耶什蒂方向进军。8月30日，德军失去了普罗耶什蒂石油区，此前，由空军地面部队和临时拼凑起来被调来这里的陆军部队一直顽强地扼守着该石油区。就经济角度而言，这是对德国最沉重的打击。现在，如果将德国和匈牙利境内的少量天然石油储备忽略不计，就只能生产合成燃料了。而西方国家的航空兵不间断地发动空袭，对生产这种燃料造成了很大困难，因此，无论德国如何努力，也无法满足军队对油料的巨大需求量。同一天，苏联人从普罗耶什蒂和东部进入了布加勒斯特，在黑海舰队的支援下，托尔布欣所属各集团军肃清了多瑙河三角洲的德军，进抵多布罗加，8 月 30 日攻占了康斯坦察。

占领罗马尼亚和保加利亚的难度并不大，进入多布罗加高原后，苏军各集团军继续向南推进，攻占了瓦尔纳，并派出 2 个师，从那里经铁路向索非亚进军，同时，9 月 8 日，乌克兰第 2 方面军的一部兵力在朱尔朱附近渡过了多瑙河。9 月 5 日，苏联人正式向保加利亚宣战，以便有一个恰当的借口进入其境内。虽然 9 月 7 日时保加利亚政府就已宣布，其国内已经没有德军，并且已将来不及撤退的德军残余全部拘留，甚至在 9 月 8 日对德国宣战，然而这一切都无济于事。

马利诺夫斯基各集团军在中央进攻，穿过了瓦拉几亚，9 月 6 日，其先遣部队在塞维林堡附近抵达多瑙河，向铁托的游击队施以援手。方面军另一部分兵力从南面入侵了特兰西瓦尼亚，出乎意料的是，在那里遭遇了德军在南方集团军群新建防御地区的顽强抵抗。

苏联的政治目的已达成，那就是抢在西方国家之前在巴尔干半岛扎根，现在，它可以在那里推行政治变革，与此同时，挺进东南欧地区的大门也已经敞开。

八、库尔兰集团被合围和苏军入侵东普鲁士

在南面的保加利亚和罗马尼亚境内，苏军各集团军迅猛推进，并准备从南面突击德国，在北线，苏军也恢复了对北方集团军群的进攻。

由戈沃罗夫指挥的列宁格勒方面军在纳尔瓦地区行动，从芬兰战线得到了援兵，9 月 15 日，突破了德军的防御，开始以北翼沿着芬兰湾进军。9 月 21 日，苏联人攻占塔林，两天后，又攻占了帕尔季斯基。这样一来，德军就失去了芬兰湾沿岸的最后两个海军基地。在清除完水雷障碍后，苏军波罗的海舰队就转移到了波罗的海广阔的海域作战。列宁格勒方面军的另一部分兵力转向西南，9 月 24 日，抵达里加湾东岸的派尔努。冒着苏军航空兵的猛烈攻势，德军在此地登船，结果，几艘运输船被击沉。在分别向帕尔季斯基和派尔努推进的两个突击集团之间，还有一个突击集团正向哈普萨卢方向推进。夺取哈鲁萨卢后，该集团开始攻占希乌马岛（达格岛）、穆胡岛（蒙岛）和萨列马岛（厄塞尔岛），几天后，这些岛屿就相继落入苏联人手中了。只有在萨列马岛南端的瑟尔韦半岛上，德军坚守到了 11 月 23 日。

9 月 24 日，戈沃罗夫军队南翼向瓦尔米耶推进，在那里，与马斯连尼科夫的波罗的海沿岸第 3 方面军建立了联系。后者协同在南面行动的另外两个波罗的海沿岸方面军，于 9 月 15 日进攻里加。在塔尔图以南，波罗的海沿岸第 3 方面军沿着普斯科夫—里加铁路推进，扼守此地的第 18 集团军不得不经瓦尔加向西南撤退。波罗的海沿岸第 2、第 1 方面军在西德维纳河两侧向里加进攻，与此同时，波罗的海沿岸第 1 方面军应将德军在里加以南突出到包斯卡的基地肃清，并突破与其相邻的坦克第 3 集团军阵地，以便将德军在 8 月底时恢复的与东普鲁士的陆上联系再次切断。德军第 16 集团军阻止了敌人的攻势，一直坚持到第 18 集团军主力经里加向西

南撤退。德军还控制着图库姆斯附近狭窄的走廊，苏联人在这里的兵力不够，不能包围里加地区的北方集团军群。9月底，在突入里加湾的波罗的海舰队的支援下，他们试图从北面和南面进攻里加，却没能成功。

10月初，苏联人对里加发起了新一轮的攻势，同时力图向波罗的海沿岸推进。在南面行动的白俄罗斯第3方面军也加入了这次宽正面突击，突击最终成功。10月10日，一个集团军在陶拉格到克莱佩达（梅梅尔）正面进攻，其左翼抵达普鲁士边界。在克莱佩达以北，苏联人抵达了波罗的海沿岸的小港帕兰加。于是，北方集团军群被彻底切断了。苏联人从叶尔加瓦向库尔迪展开了另一个突击，然而，一开始就被击退了。经过一番激烈的巷战，月中时，里加落入了苏联人手中。

希特勒不断收到来自各方面的请求，希望他下令让北方集团军群向东普鲁士撤退。继古德里安于10月9日企图说服希特勒采取这一措施后，北方集团军群参谋长也来到大本营提出了类似的请求，然而，他最终也没能说服希特勒。希特勒声称，他希望形势很快就能改变，那时，库尔兰集团将是他突击苏联人翼侧不可或缺的力量。于是，该集团军群只好逗留在一个大基地里，因为苏联人将它驱逐到了那里。该基地右面在利耶帕亚以南约30公里处于波罗的海毗连，左面与图库姆斯以北的里加湾相连，中央突出至马热伊基亚伊以东。留在该地区的还有20个师，其中包括2个坦克师及兵力庞大的炮兵，他们在东线经历过无数次战斗的考验，他们坚强地抵抗到了最后一刻。但1945年的头几个月，从这些兵力中调走了10个师去防守帝国。对于那些反反复复提出的建议，希特勒毫不理会，从始至终固执己见，希望能以此牵制住更多的苏军兵力。

至于他为何在10月16日时坚信形势很快就会出现转折，这至今仍是一个未解之谜。究竟是因为不负责任，而希望那些忧心忡忡的将领们不要再提出警告呢，还是他坚信自己在东普鲁士足够强大，能击退苏联人的进攻，进而展开反攻？他刚刚提出了这个令人匪夷所思的预测，苏联人就从东面开始进攻东普鲁士，以便突破柯尼斯堡。不久后，奥古斯图夫地区以北的所有苏军都发起了进攻。如今，战斗已转移到了东普鲁士境内。10月初起，德国空军发现敌人在考纳斯以南和西南地区大规模地集中兵力，建立新的炮兵阵地，严格管制无线电通信，叛逃者增加……所有这一切都意味着，宽正面正在准备进攻。10月16日，白俄罗斯第3方面军开始进攻，很快，这一进攻就在140公里宽的正面展开。在艾特考—因斯特堡铁路以北，敌人从希尔文特地区展开推进，最终被阻挡在希洛斯贝格附近。苏联人出动了坦克重兵和大量强击航空兵，沿着维尔卡什基斯—埃本罗德公路，在狭窄的正面展开了密集的进攻，并在许多地区深远突入。敌人在这个方向的进攻直到埃本罗德以西才被阻拦。之后几天，苏联人的进攻正面被扩大到了奥古斯图夫地区。德军在罗明特盖德皇帝两侧的防御已被突破。10月22日前，在突破过程中，苏联人抵达安格拉普河畔的嫩梅尔斯多夫，从南面和西南面包围了贡宾嫩。在中央，他们攻占了戈乌达普。在南面，德军相继失去了菲利普夫、苏瓦乌基和奥古斯图夫后，才挡住了他们的攻势。

霍斯巴赫将军所指挥的第4集团军将预备队集中，在最后关头阻止了苏联人前出至罗明特盖德荒地以北的战役地区。德军反攻了突入集团两翼，10月27日前，歼灭了敌人突入至安格拉普河的一大部兵力，并封锁了这里的缺口。11月5日，第4集团军适时地变更了部署，发起反攻，夺回了戈乌达普。

苏联人在涅曼河与奥古斯图夫之间投入了5个集团军，包括40个步兵师和大量坦克兵团。在战场上，他们留下了1000辆被摧毁的坦克和300余门火炮。

通过这次未获成功的进攻，苏军统帅部不得不相信，要攻占帝国的东方堡垒绝非易事。因此，它暂时延缓了计划的实施，打算日后再开展更大规模的战役。

九、苏军在匈牙利的攻势

苏联人击溃南乌克兰集团军群后，认为当务之急是在罗马尼亚和保加利亚达到政治目的。他们将这一点看得很重要，以至于出动了大部分的兵力去完成这一任务，而之后各次战役的实施被暂时放到了第二位。

只剩下乌克兰第 2 方面军的一部分兵力在继续追击溃退的第 6、第 8 集团军残部。此外，罗马尼亚人接到命令，要求他们立即派军队去“解放特兰西瓦尼亚”。

德军集团军群十分顽强，开始着手执行扼守东喀尔巴阡山以西特兰西瓦尼亚的任务。在第 8 集团军中，还剩下 5 个师及其他一些兵团未被击垮，因为当时他们被部署在雅西突破口地区以西。他们占领着东喀尔巴阡山的一些出口，毗连匈牙利第 1 集团军，后者的南翼防守着博尔戈山口，在北面与德军坦克第 1 集团军毗邻。第 8 集团军的防线基本上沿着东喀尔巴阡山的山脊延伸，在那里掩护着图尔盖什山口、吉梅什山口和奥伊图兹山口，避免敌人从比斯特里查河谷地和特罗图什河谷发起冲击。在奥伊图兹山口以南，战线向西南弯曲，然后沿着 1940 年根据维也纳仲裁划定的边界线延伸。从这里一直到布拉索夫东北地区，建立起了并不坚固的防守，几乎处处都有德军兵团防守。

相比之下，第 6 集团军的处境更加不妙，它仅从德涅斯特河撤走了一小部分兵力。随着罗马尼亚居民的敌意越来越深，大部分的辎重和后勤机构同空军机场勤务部队一起，从锡雷特河向布泽乌河撤退，然后，和普罗耶什蒂的守卫者一起，排着看不到尽头的纵队，沿着布泽乌河谷地撤退，还有一部分经普雷蒂亚尔山口向北撤退。那些从纵队派出的分队脱离了自己的部队，在撤退道路的两侧扼守着南坡，直到纵队艰难地从布泽乌河谷地中弯弯曲曲的山路上通过为止。在布拉索夫以北和西北，在军官的指挥下，这些部队残余再次整编为了新的战斗群，沿着这里的匈罗边界设防，组建了新第6集团军的核心。9月5日，苏联人占领了布拉索夫，接着继续北进，却被德军阻拦。在西北更远的地方，匈牙利人将几个几乎从未受训的后备师编成了第2集团军，并将其集中在克卢日、奥拉迪亚地区。在德军第6集团军和匈牙利第2集团军相邻翼侧之间，还有一个未加掩护的地段。9月初，在布拉索夫、锡比乌地区组建起来的罗马尼亚集团军在该地段展开突击。苏联人在罗军后面调集了重兵，以便穿过南喀尔巴阡山各山口，进攻特兰西瓦尼亚。

德军指挥机构只拥有少量德军和匈军，但仍决定誓死捍卫东喀尔巴阡山，并向南进攻，以便把罗马尼亚人赶进山里，并且要在苏军重兵通过这些山口之前将这些山口夺下。这一计划十分大胆，然而，成功的希望并不大。不过，无论如何，至少能拖住苏军的重兵，并赢得宝贵的时间，更何况当时的多瑙河中游没有任何掩护，要实施防守，时间必不可少。9月5日，以匈牙利师为主的兵力从克卢日、特尔古穆列什一线发起进攻，很快，惊慌失措的罗马尼亚人就被赶回了穆列什河。苏联人发现了危险正在逼近，急忙将已经调过山脊的兵力投入战斗，不仅从山那边将原定的几个集团军调回来了，还将已经抵达多瑙河铁门附近原计划向西北进军的一个军也调了过来。苏联人的这种反应说明，弱小的德匈联军已经竭尽所能，并将敌人进攻多瑙河中游平原的威胁推迟了。

这时，苏联人已做好进攻准备。9月中旬前，用于进攻新建德军集团军群的兵力已增至3个野战集团军和1个坦克集团军，总计25个步兵师和4个快速军。按他们的计划，将利用这些兵力钳制并消灭扼守着东南方向突出防线的德匈军队。马利诺夫斯基将主力调到克卢日以南地区，其余兵力则在东喀尔巴阡山突破德军的防御。面对重兵逼近，德匈军队再也无法守住拉宽的正面。德军第6集团军的西翼最为薄弱，尤其需要加强。因此，德军从东南部塞克莱尔的突出部撤走，将防线转移到了穆列什河上游以西。

实施这一机动的同时，德军利用最后关头开到这里的兵力，制止了苏联人在克卢日地区的突破。该地的战斗一直持续到月底，并守住了东喀尔巴阡山。此后，苏联人不再妄图歼灭德军集团军群，也就是南方集团军群，而是以右翼去攻占更为广阔的地区，并开始准备新的大规模战役。

现在，他们试图攻克南面的南斯拉夫，在北面抵达多瑙河中的平原，并攻克布达佩斯。为此，苏联人希望德国的最后一个东欧伙伴匈牙利能与其脱离关系，而后者当时已经表现出了种种准备停战的迹象。

在克卢日作战时，马利诺夫斯基九江穆列什河谷及其以南的一部兵力西调，9 月 19 日，这些兵力抵达蒂米什瓦拉，第二日抵达阿拉德。他们的数量不断增多，月底前，向北一直进抵久洛以东地区和萨隆塔。此外，还有一些坦克兵团从克卢日被调到了奥拉迪亚。

起初，对抗这些准备投入到大规模战役中的敌军兵力的只有一些匈牙利部队，他们被编入了第 3 集团军。他们的任务是阻止敌人从山地向萨拉谷地推进，然而，这并非他们力所能及。德军最高当局也许对苏联人的准备情况有所了解，但并没有军队来加强匈牙利人，于是打算派出正在组建的坦克集群，从奥拉迪亚及其以西发起翼侧突击，切断从蒂米什瓦拉、阿拉德和久洛一线进攻的敌人与各山口间的联系。第 6 集团军发起反突击。本来，南方集团军群长官还应该从第 8 集团军编成中抽调一部分兵力来支援该地区，然而，他提出的将德军第 8 集团军和匈军第 1 集团军过于突出的正面向后移的请求被再三拒绝，他别无他法，只能从奥拉迪亚、克卢日撤下大量兵力，将其编入了正在组建的坦克集群。开到的第一个坦克师应该发起突击，以便缩小苏军在奥拉迪亚西南的集中地区。然而，该坦克师刚刚转入进攻并顺利抵达萨隆塔后，苏军早有准备，于 10 月 5 日发起进攻。很快，匈军第 3 集团军被打得落花流水。几天后，苏联人在森特什、塞格德附近和贝凯雷特以西进抵蒂萨河，并在后两个地点从行进中强渡了该河。同时，马利诺夫斯基所属各集团军南翼经潘切沃向贝尔格莱德推进。

此时，在斯维莱纳茨附近，托尔布欣也强渡了摩拉瓦河，从南面进攻贝尔格莱德。10月15日，南斯拉夫首都被包围，三天后，被苏联人攻占。托尔布欣军队与南斯拉夫游击队协同，共同切断了驻希腊德军的退路，而在更南面的摩拉瓦河，马利诺夫斯基军队的南翼将诺维萨德地区的德军全部肃清，并将他们赶到了松博尔与包姚之间沿着多瑙河修建的桥头阵地。德军最高当局在这里做了一件体制方面的蠢事，那就是，由魏克斯元帅指挥的东南集团军群奉命，在“最高统帅部战区”作战；而由陆军总司令部指挥的东线，则是从包姚附近开始的。

比起苏联人在贝尔格莱德附近和匈军第3集团军正面取得的战果，从萨隆塔、久洛、阿拉德经蒂萨河向西北突击的乌克兰第2方面军中央和右翼的战果则小得多。苏联人开始进攻后，很快，德军在奥拉迪亚、索尔诺克、德布勒森地区投入了大量兵力，这样一来，苏联人不得不调遣主力北上，其目的是从翼侧将这一严重威胁消除掉。10月7日至15日，广阔的平原上不断发生着大规模的坦克交战，在此过程中，激进的苏军坦克和骑兵兵团被包围在了德布勒森以南，其后续梯队付出了极为惨重的代价，他们才避免了被全歼的命运。然而，德军的损失同样惨重，他们被迫放弃了奥拉迪亚，在那里，一个用于防守并刚刚得到补充的步兵师几乎被全歼。但是，虽然第6集团军蒙受了这些损失，但在防御方面可谓战果辉煌。索尔诺克附近的大桥头堡挡住了苏联人进抵布达佩斯的去路。此外，苏联人还被迫放弃了强渡蒂萨河的企图，他们向北发起的突破也失败了。这些战果意义重大，因为德军第8集团军和匈军第1集团军正有计划地向西撤退。

苏联人抵达多瑙河中有平原，这样一来，匈牙利本土就沦为了战场。匈牙利摄政王霍尔蒂遭就已经对同盟国义务产生了动摇，如今，他决定向敌人求和，以避免自己的祖国免遭战祸。10月15日，布达佩斯电台宣布，这位摄政王已向敌国提议签订停战协定。作为采取这一步骤的借口，霍尔蒂指出，德国并未履行自己的同盟国义务，尤其重要的是，没有像当初所承诺的那样为匈牙利人提供足够的援助，以保卫他们的国家。此外，在长达数月的时间里，德国人都以让人无法容忍的方式干涉匈牙利的内政。霍尔蒂声称，他决不允许匈牙利的领土在这场已输掉的战争中成为他国进行后卫战斗的场地，因此，他通知帝国驻布达佩斯代表，匈牙利决定于敌人缔结停战协定并停止一切军事行动。这一声明有一点尚未明确，那就是，匈牙利军队是立即停止作战，还是签订停战协定后才停止作战。但是，战事并未像霍尔蒂及其亲信们所希望的那样发展。原因在于，在匈牙利境内，尤其是布达佩斯及其周边都驻守着德军重兵，而且还被部署在决定性的地段。自 3 月危机时期开始，国家的军权就落入了德国人手中。此外，多年来，国内还存在着一个以萨拉希未受的“双箭党”，该党在思想上与国家社会主义接近，但同时十分抗拒布尔什维克主义，不过时至今日，一直未能在国内产生重大影响。现在，它在德军的帮助下终于上台了。10 月 16 日，在布达佩斯宫，霍尔蒂被逮捕并被押往德国，萨拉希则成为摄政王。

这样一来，如果不把意大利和匈牙利傀儡政府计算在内，德国人民就只能单枪匹马地对付在所有战线上发起进攻的敌人了。西方国家在法国成功登陆后，局势已无法扭转。在意大利的亚平宁山脉，德军集团军群正在进行着艰苦的防御战，诚然，敌人是否能进至波河谷地尚未可知。在西线，同盟军各集团军已进至帝国边界，并有一部分越过了边界。库尔兰集团各集团军四分五裂，东普鲁士三面被包围。苏联人在维斯瓦河中游的推进暂时被阻拦了，但是，防守着那里的几个集团军经过几番苦战，才挡住了苏联人从所占登陆场实施的进攻。在东线的南段，敌人还可能向布达佩斯和维也纳发起进攻。原计划在巴尔干半岛扼守萨洛尼卡、斯科普里、尼什、贝尔格莱德一线，该企图也宣告破产。仓促间，德军已从希腊全境和南斯拉夫大部分国土上撤退，为的是在敌人将退路切断之前，将驻守在那里的德军元救出来，并将这些兵力投入到在贝尔格莱德与亚得里亚海沿岸的防御中去。敌人的轰炸机不分昼夜地轰炸着德国城市和工业企业。油料缺乏，再加上因为希特勒不断干扰而导致的设计上的缺陷，德国空军也丧失了威力。

潜艇只能将浩浩荡荡的大船队中少得可怜的几艘舰船消灭掉，西方国家借助这些船队越洋输送军队和装备。

对于这些，希特勒自然也看在眼里，尽管如此，他仍号召德国人民继续作战。10月18日号召书仍极力歪曲并掩盖事实真相，他宣布组建国民突击队。号召书指出："敌人所幻象的发起最后一次突击的时刻已经到来，我们充满了信心，将重新集中我国人民的全部力量。我们应该只凭借我们自己的力量，不但要将企图消灭我们的敌人的意志摧毁，还要打退他们，捍卫帝国，直到赢得和平，而这种和平将是德国及其盟国乃至整个欧洲的未来的最有力保障。"

较之1939年与1940年，现在的情形简直令人莫名其妙。所谓的通过"所有能拿起武器的16岁到60岁男子"的努力，就能抵挡数百万大军和几万辆坦克的说法，是极不负责任的，因为这些人甚至没有适当的武器装备，而且因为是纳粹党进行动员，他们也很可能未受过正规训练。但是，对祖国的赤胆忠心和对这个人的无限信任交织在一起，支撑着民众的信念，像希特勒所希望的那样走下去。戈培尔想方设法让民众相信，迄今所蒙受的损失并非毫无意义的，最终，他们都将得到公正的补偿。要像1918年那样，在决定性的时刻坚持住，决不投降，这就是当时鼓动人们的口号。腓特烈大帝在七年战争（指的是1756至1763年间，在欧洲、印度和海上展开的战争，其中英国、普鲁士为一方，法国、苏联、奥地利等为另一方。腓特烈大帝即弗里德里希二世，是1740至1786年间的普鲁士国王）中深陷绝望之中，这证明了，只要人民有坚强果敢的人物来领导，并且绝不屈膝投降，那么，即使身处最困难的境地，也能绝处逢生。任何其他类似的历史对照，都不可能比这更加荒谬，然而，却能打消人们对顺利结束严峻战事所抱有的疑虑。德国民众身陷苦海，迫切地需要抓住每一根救命稻草。至于军队，此后唯一的义务就是保卫时刻面临着危险的帝国边界。最后还有一点值得指出，那个“无条件投降”的要求并非仅仅针对希特勒及其政权，但它让许多理智尚存的人也开始抱有并不合乎逻辑的希望，那就是，继续顽抗，也许还有可能较为体面地结束这场战争。

霍尔蒂的号召对匈牙利军队的影响并没有几个月前罗马尼亚国王的背叛对其民众的影响那么大。只有以集团军司令米克洛什·贝洛为首的匈军第 1 集团军的一些将军脱离了德军，并与苏联人取得了联系。不久后，米克洛什·贝洛成立了匈牙利临时政府，匈牙利左派政治活动家都被吸收进了该政府。

苏联人想得到的东西却更多，他们指望着能像以前消灭驻比萨拉比亚军队那样，将驻特兰西瓦尼亚的军队消灭掉，因而，加紧了对第 6、第 8 集团军的攻势。同时，乌克兰第 4 方面军开始从东喀尔巴阡山追击撤退的德匈军队。

10 月 17 日，马利诺夫斯基向德布勒森发起突击，苏军各集团军应该从那里向尼赖吉哈佐和托考伊进军，进攻第 8 集团军的蒂萨河读后，并切断仍与德军一方协同作战的匈军第 1 集团军部队的退路。第 6 集团军所属各坦克师早已疲惫不堪，只能缓慢撤退，但他们仍抵挡住了苏联人的猛攻。10 月 20 日，德布勒森弃守。苏军 2 个骑兵军和 1 个坦克军密切配合，一天后，突破了德军的防御，抵达尼赖吉哈佐，坦克先头部队甚至抵达托考伊，至于第 8 集团军和匈牙利人，还在沿着特兰西瓦尼亚的各狭窄谷地中缓慢地撤退。苏联人进至托考伊，这样一来，第 8 集团军的命运就注定了。但是，德军坦克拼尽全力，从西面穿过了突进中的苏军战斗队形，10 月 23 日清晨，与从东面进攻的第 8 集团军先遣部队在尼赖吉哈佐以南地区会合，并包围了苏军突进中的快速部队。双方展开了为期四天的激战，并且在被围的苏军南面建立起了屏护队，虽然不断受到南北两面的攻势，但最终仍守住了阵地。至于苏军方面，其快速兵团残部将全部技术装备都丢弃后，才得以向南突围。

10月底，第8集团军在托考伊附近沿着蒂萨河占领了新防线。在科希策以东，它与坦克第1集团军相邻，后者在总撤退中也将自己的右翼后撤，在北面直到亚斯沃，沿着喀尔巴阡山占领了很坚固的防线。斯洛伐克军队在其后方与捷克起义者会合，力图结束德国人的统治，然而，前线部队很快就镇压了他们的起义。和华沙起义一样，捷克斯洛伐克起义者寄希望于逐渐逼近的苏军支持他们，因此，过早展开了行动。他们被驱逐到了兹沃伦附近的赫龙河上游，并在那里被解除了武装。

当时，乌克兰第2方面军又向蒂萨河下游和多瑙河之间的地区调集了重兵。在包姚以南的兵团则被乌克兰第3方面军替代了。马利诺夫斯基认为，这是突击布达佩斯的最佳时刻了。只有匈军第3集团军在布达佩斯前面防守着，而德军所提供的唯一的援助就是一个不带部队的军部，以便为其提供咨询。10月29日，在凯奇凯梅特方面，马利诺夫斯基突破了匈军正面。苏军坦克迅猛追击，进抵布达佩斯东南地区，被那里的防坦克壕阻住了前进的道路。然而，城里陷入一片混乱。外交使团被建议在24小时内撤离该市。然而，该市并没有像人们想象的那样面临着巨大的威胁。

当匈军突破了凯奇凯梅特附近的正面后，驻蒂萨河的第6集团军司令部立即在多瑙河与蒂萨河的河间地带组织防御，并调遣了新锐兵力前往那里。参与了德布勒森战斗的几个坦克师正在进行补充，也从索尔诺克以北地区被调到了向布尔佩斯发起进攻的苏军集团翼侧，因此，匈牙利首都东南方向的紧张局势很快得到了缓解，并且连多瑙河东岸的巨大的桥头堡也有可能守住。彩格莱德、索尔诺克地区的战斗愈演愈烈，在交战中，德军被迫退到了蒂萨河右岸，一边进行激烈抵抗，一边逐渐向北撤退。但是，仍保持着西边与布达佩斯、东边与蒂萨河防御之间的联系，马利诺夫斯基无法向北突破。当凯奇凯梅特防御被突破后，匈牙利人退守到了多瑙河长形岛屿切佩尔岛上，一定程度上从南面掩护了首都。在多瑙河与蒂萨河之间，马利诺夫斯基军队占据着压倒性优势，这样一来，德军逐渐被逼到了格德勒、埃格尔、托考伊一线，虽然还与布达佩斯保持着联系。

这样一来，马利诺夫斯基虽然将全部的兵力投入到了进攻德军南方集团军群的行动中，但并未收获预想中的决定性战果。如果要尽快攻克匈牙利全境，并未进攻维也纳和德国南部建立基地，增派兵力刻不容缓。于是，乌克兰第 3 方面军刚完成在保加利亚和南斯拉夫的任务，就在 11 月底从保克什、阿帕廷一线经过多瑙河发起及突击，沿着巴拉顿湖两侧进军，并在同时将还留在南斯拉夫的东南集团军群各兵团的补给线切断。托尔布欣彻底将多瑙河东岸德匈军的桥头阵地摧毁了，防守着这些阵地的军队损失惨重，并丢弃了大量武器装备，开始向多瑙河以西溃散，再也无法继续坚守西岸。托尔布欣乘胜追击，在莫哈奇和包姚附近强渡了该河。德军被迫向佩奇撤退，但撤退并不顺利，因为和他们一同撤退的匈牙利人，有的四散奔逃，有的缴械投降。于是，佩奇沦陷。直到瑙吉考尼饶附近，苏联人的攻势才被德军新防御地区所阻，该地区南部与德拉瓦河相邻，北部与巴拉顿河毗连。但是，与此同时，托尔布欣向西北调转，严重威胁到了布达佩斯和南方集团军群深远翼侧，后者为了避免苏联人普遍展开的机动，被迫将兵力从自己的正面撤下。德军一个坦克师进至塞克萨德地区，但因为兵力过于弱小，无法独自将苏联人的突击击退。为了制止苏联人突破巴拉顿湖与多瑙河之间的地点，第 6 集团军司令部率领一个师，进抵那里。进团军长官发现，在巴拉顿湖与维伦采湖之间，还有一个工事构筑很差的防御阵地未被军队占领，它在许多地方已被湖水淹没，在东北部与布达佩斯以南的多瑙河毗连。如果想在该地区以南的巴拉顿湖与多瑙河之间的最短防线上阻拦苏军的攻势，是毫无意义的。于是，在两湖之间的地区派了 4 个师进行掩护，当德军在维伦采湖东北阻挡住苏军的推进后，总算暂时守住了该地区。德军从布达佩斯以东地区调走了几个坦克兵团，而托尔布欣又取得了辉煌的战果，这些都促使12月中旬时马利诺夫斯基再次向北进攻，目的是摧毁蒂萨河与多瑙河之间的防御。在第6集团军被削弱的东翼，他很容易做到了这一点。苏军坦克进至包络绍焦尔毛特，并从那里向西边的伊佩尔河谷地带进军。与此同时，突击集团一部陡然南下多瑙河，从东面和北面包围了布达佩斯，在瓦茨附近抵达了多瑙河。第8集团军被迫从米什科尔茨退到了原捷匈边界，然而，苏联人原计划在科希策附近迫使坦克第1集团军南翼后撤，但最终没能成功。

马利诺夫斯基和托尔布欣的战果辉煌，这样一来，突破第6集团军的防御，并切断通往布达佩斯及通往西部的全部道路的任务也被提上了议程。马利诺夫斯基军队抵达了伊佩尔河谷地，有可能会突破瓦茨以西多瑙河谷地附近德军的防御，这次突击严重地威胁着第6集团军。这样一来，集团军群长官不得不将集中在多瑙河以南的预备队调过该河，最初，这些预备队是用来发起反突击的，以便逼迫马利诺夫斯基军队的南翼沿着拜尔任山两侧撤退，并回复与在包络绍焦尔毛特附近防守的第8集团军东翼的联系。

12月19日，这些兵力刚刚抵达多瑙河左岸，托尔布欣就对巴拉顿湖与维伦采湖之间的第6集团军发起了进攻。两个坦克师久经沙场，在这里将苏军重兵发起的突击击退，但维伦采湖东北的防御已被突破。苏军立即形成扇形，向北面、西北面和西面急进。在北面，苏联人经过比奇凯抵达了埃斯泰尔戈姆附近的多瑙河，通往布达佩斯的最后一条交通线也被切断了，12月24日，布达佩斯被包围。在西北方向，他们发起深远推进，抵达包科尼山，他们的挺进一直到陶陶以东才被阻拦。与此同时，他们向西发起突击，突破了巴拉顿湖与维伦采湖之间的防御。

在多瑙河以北，德军虽然蒙受了巨大的损失，但并没能迫使苏联人沿着拜尔任山两侧后撤，战线在赫龙河上稳定了下来。

虽然普鲁士战线被削弱让人忧心忡忡，然而，12月24晚，希特勒直接越过了陆军总参谋长，命令从东普鲁士调一个党卫军，以便加强匈牙利的防御。得到这个军的加强后，1月1日，第6集团军在多瑙河以南发起反突击，企图恢复与布达佩斯的联系。虽然它最初取得了一些胜利，但最终未能如愿。在逐渐变为废墟的城市里，德匈卫戍部队和由“双箭党”党员组成的匈牙利民兵仍旧坚守着。在放弃了位于多瑙河东岸的佩斯后，他们立即炸毁了多瑙河上的几座大桥，而在城市西郊的要塞所在地——布达，激烈的巷战仍在上演。

希特勒一心一意想着收复该市并保卫匈牙利的西部地区，在他看来，其他一切打算都应服从于这一前提。至于这样做的原因是什么，他时而提出外交方面的原因，时而又提出是为了保卫匈牙利和奥地利的最后几个石油产区。在他看来，如果失去了罗马尼亚石油之后，再失去这些产区，那么，在德国合成燃料工厂受敌航空兵的破坏与日俱增的情况下，是不可能继续进行战争的。但是，如果其他战线都崩溃了，上西里西亚和鲁尔州连同他们的煤矿区都丢掉了，那么燃料又能派上什么用场呢？在失去了这些与德国经济息息相关的地区后，希特勒仍顽固地坚持着，一定要守住匈牙利和多瑙河流域的石油产区。据此可以推测，即使为了保全颜面，他也不会丢下他最后一个其实已经名存实亡的盟友不管。就他内心发出的声音而言，他与这一地区及其后面的维也纳之间的联系，比与德国其他州的联系更为紧密。1 月 13 日，布达佩斯被围守军通过无线电台绝望地要求派出增援，希特勒下达了命令，实施新的反突击以解救该市。1 月 18 日，反突击开始，新调到该地区的一些师参与了此次行动。经过三天的战斗，反突击以夺回塞克什白堡而宣告结束，但在布达佩斯以西并未取得显著战果。不过，虽然维斯瓦河与东普鲁士的防线崩溃了，现在有几个在阿登山进攻后从西线撤下来的党卫师被 部署在了多瑙河沿岸地区。3 月初，这些师才会开至匈牙利，并再次将苏联人赶回了多瑙河以东，这也遵循了希特勒不可扭转的意志。直到 2 月中旬，虽然布达佩斯的保卫者们被分割为了许多部分，但他们仍在成为废墟的城市里坚守着最后一些抵抗枢纽。

不过，南方集团军群几乎完全守住了它在 12 月底退守的地区，在北面，与其毗连的坦克第1集团军在贝思基地山脉和赫龙河上游之间占领着防御。第8集团军坚守着与北邻的接合部到赫龙河口之间的区域，粉碎了苏联人的一切突破行动，2月底，甚至将苏联人在该河的一个登陆场清除了；第6集团军则阻挡了苏联人向包科尼山后的推进。还有一些德军兵团在巴拉顿与德拉瓦河之间防守，11月起，被编为了坦克第2集团军，隶属于集团军群。“E”集团军群在南面与其相邻，处于最高统帅部的指挥之下，掩护着一直延伸至亚得里亚海的南斯拉夫地区。

苏联人在多瑙河发起进攻之前，要先对造成的损失进行补充，调拢新锐兵力。此外，使用新的盟军对其而言也至关重要。当时，他们所占领的地区已经成立了匈牙利政府，匈军总参谋长也倒向了该政府这一方。1月20日，他们与匈牙利政府签订了停战协定，要求匈牙利人建立新军，共包括8个师。保加利亚人也应该排除集团军，以便阶梯部署在德拉瓦河与萨瓦河之间的苏军各师。

但是，在苏联人发起进攻前，德军就奉希特勒之命，不顾春季的泥泞季节，在3月9日发起了反攻，巴拉顿湖两侧是这次的主要突击方向。在湖泊以南，反攻很快受阻，但在塞克什白堡地区的反攻却进展得很顺利，这里的德军几乎抵达了海尔采格法尔瓦附近的多瑙河。就在这时，发生了一件事，对希特勒而言无异于晴天霹雳：参与这次进攻的几个党卫师中甚至还包括了几个他予以厚望的私人卫队，但最终却没能坚持住，因为他们已经疲惫不堪，彻底丧失了信心。希特勒气急败坏，下令他们立即摘下印有他名字的袖章。

1945年的头四个月里，多瑙河地区发生着酣战，而德国东部和西部边界附近的战事也急速发展，这一切都让形势发生了根本性的变化。

第七章

东线的结局

一、苏军突破维斯瓦河防线

因同盟军入侵法国而形成的“第二次世界大战场”以及意大利战场，让德军的防御力量变得很紧张。隶属希特勒的两个互相重叠的武装力量最高指挥机构，即最高统帅部和陆军总司令部之间的矛盾已经十分尖锐。自从 1944 年夏季开始，古德里安上将就以陆军总参谋长的身份担任希特勒的东线作战顾问，他竭尽全力地为对抗苏联人即将开始的新进攻创造着勉强还过得去的条件。但约德尔一直希望尽量多抽调兵团来达成自己的目的，而古德里安不得不每次都与约德尔发生冲突。但约德尔的意图显然是得到希特勒赞成的，因此格外顽固。约德尔企图不惜一切代价在西线阻止同盟军的进攻，甚至不惜削弱东线当时还算比较平静的地段。此外，希特勒还企图在苏联人实施新一轮的强大突击之前，通过阿登山进攻扭转局势。

古德里安并不能对整个战争的领导产生决定性的影响，他的职权只是局限于东线。自从喀尔巴阡山到波罗的海的局势开始缓和后，他最关心的事情就是用新锐兵力补充东线兵团，并忐忑不安地希望希特勒不会因为苏联人未采取行动就进一步削弱东线。但是，古德里安在这方面并未取得成功。比如，在 1944 年圣诞节前后，希特勒未经古德里安同意，就将辖有 2 个师的一个党卫队从东普鲁士调遣到了匈牙利，以便解救遭到围困的布达佩斯。在此之前，古德里安曾试图在东线纵深建立辽阔的筑垒地域，并派兵防守，以防止苏军突破，但并未成功。因为希特勒根本就不愿意在后方构筑任何阵地，古德里安大费周章才让他同意在东普鲁士和帝国东部各州进行工事构筑，并以野战工事将那里的旧要塞连接起来。居民也踊跃参与了这一行动。从 1944 年夏天开始，在古德里安的倡议下，还组建了必要的要地卫戍部队。但是，随着被击溃的德军各集团军开始从法国撤退后，这些卫戍部队大部分被调去防守西方壁垒了。

因此，配置在前线附近用来阻止苏联人前出至战役纵深的兵团数量十分不足。除了兵力弱小的各集团军预备队之外，从前线撤下来并得到补充的兵力只有 12 个坦克师和摩托化步兵师。这些师被编成快速预备队，配置在最受威胁的方向：主力安排在维斯瓦河上游和皮利察河之间，一部分安排在纳雷夫河以西及东普鲁士，以便掩护喀尔巴阡山至波罗的海 700 公里正面的一些缺口。古德里安不同于希特勒，他绝不会掩盖事实，在他看来，东线因为配置纵深线，预备队的力量又弱，因此，一旦苏联人首次突破成功，它就会像纸牌搭的房子一样，很快分崩离析。

只有喀尔巴阡山与维斯瓦河上游之间的狭窄地段受到的威胁较小。海因里奇上将指挥的坦克第 1 集团军负责防守位于斯洛伐克边界山区的该地段南半部。这里是南方集团军群与“A”集团军群之间的接合部。由舒尔茨将军指挥的新编第 17 集团军与坦克第 1 集团军相邻，前者被配置在亚斯沃、维斯瓦地段沿着维斯沃克河配置。

在华沙以南沿着维斯瓦河延伸的地段最令人不安。诚然，坦克第 4 集团军最初由巴尔克将军指挥，后来又由格雷瑟将军指挥，通过 1944 年夏季在此进行的一系列顽强战斗，使苏联人未能在巴拉努夫两侧扩大登陆场，甚至还稍微缩小了这个登陆场。但是，它的面积还是很大，能保障重兵在那里集中。在普瓦维地区，苏联人也已经到达维斯瓦河左岸。他们在皮利察河口马格努谢夫附近的大登陆场，对吕特维茨将军的第 9 集团军而言也很危险。“A”集团军群司令哈珀上将曾多次建议放弃维斯瓦河西岸地区，最后一次建议距离苏军开始进攻已经为时不远。因为当时苏联人已经攻占了几个重要的登陆场，继续坚守该地区已经毫无希望。于是，哈珀上将建议，有组织地撤退到苏军登陆场以西的地区，缩短战线的总长度。同时，这也是建立某些预备队的最后一次机会。

在莱因哈特上将指挥的中央集团军群正面，情况也与此类似。在这里，魏斯上将指挥的第 2 集团军沿着纳雷夫河设防，苏联人通过秋季攻势，在该河西岸的普乌图斯克以南攻占了一个大登陆场。第 2 集团军的北邻是第 4 集团军，由霍斯巴赫将军指挥，继续扼守着新格鲁德、埃本罗德地段，他是通过 11 月初发动的反突击到达该地段的。对于第 2、第 4 集团军防守的正面，至少可以通过拉直许多需耗费大量兵力的突出部进行压缩。也可以像中央集团军群司令所建议的那样，干脆将军队撤退到总长度要短得多的东普鲁士防御地区去。坦克第 3 集团军由劳斯上将指挥，其左翼撤过了梅梅尔河，从东北面和背面掩护着普鲁士。

正如之前拒绝两个集团军群司令缩短战线的请求那样，希特勒也拒绝了古德里安有关撤出库尔兰的要求。他仍然盲目地相信，可以而且应当守住所占领的正面，他的行为深深感染了地方长官。这些长官从来不考虑任何警告，拒绝从受到威胁的地区及时将军队撤出，总要到为时已晚时才同意撤退。

总参谋及其有着丰富经验的情报人员多次报告，苏军已明显开始集中优势兵力，但希特勒将这些报告视为“自成吉思汗时代以来最大规模的虚张声势”，根本不愿意正视已经逐渐逼近的危险。如此判断情况，除了引起一些没有任何结果的争议之外，不可能集中力量来对抗苏联人。苏联人花了一些时间，切实地补充了夏秋攻势中受到削弱的兵团，向前线调遣了新锐兵力，并构筑了拉得过长而且遭到德军破坏的交通线，同时，为了实施预定突击，苏军最大限度地集中了所有的有生力量和技术兵器。

德国陆军总参谋部估计苏联人所占据的优势是：步兵 11 ∶ 1，坦克

7 ：1，炮兵20 ：1。苏联人的空军优势也足以保障他们掌握制空权。总之，即使将德军坚忍不拔的精神和熟练的指挥都考虑进去，兵力的悬殊对比也使得德军几乎没有取胜的可能。尚不明确的是，即将发生的灾祸会是什么规模，而这种规模在很大程度上又取决于军队各级指挥官能否摆脱希特勒为整个战术指挥套上的镣铐，或者取决于他们能否利用还能在机动战中寻找到的渺茫机会。在苏军发动进攻前不久，两个集团军群司令的上述报告已经被拒绝了，因此，顺利解决这一问题的希望是渺茫的。

苏联人将柏林定为自己进攻的最终目标，打算无论如何要赶在西方国家之前打到那里去。为了保障这一突击行动，他们必须合围东普鲁士的德军，并在波美拉尼亚前出至波罗的海沿岸。在南面，必须攻克西里西亚，并从德国人手中夺下最后一个工业区上西里西亚，这是德国人制造武器的重要地区，因为鲁尔已经在连续不断的空袭中瘫痪了。在喀尔巴阡山以南，苏联人在完全击溃进攻布达佩斯的德军之前，要先将其消耗掉。此后，苏联人还有充足的时间实现正面作战，将德军驱逐到捷克斯洛伐克和奥地利，并攻克维也纳。现在，他们的基本任务是突破并摧毁德军在喀尔巴阡山与波罗的海之间的正面。

苏联人为了合围东普鲁士动用了两个方面军。在东部边界集中了由切尔尼亚霍夫斯基指挥的白俄罗斯第3方面军，该方面军辖有54个步兵师、2个坦克军和9个独立坦克兵团。其所属各集团军应向柯尼斯堡进攻，先后在皮萨河以北和普雷格尔河以北实施主要突击。同时，罗科索夫斯基的白俄罗斯第2方面军应该投入大致相当的兵力，从普尔图斯克和华沙之间的登陆场进攻，从南面攻入东普鲁士，通过突袭埃尔宾和托伦，切断它与德国其他部分的联系。

白俄罗斯第1方面军由朱可夫指挥，辖有31个步兵师、5个坦克军、3个独立坦克兵团（在马格努谢夫登陆场）和另一个较小的集团（在狭窄的普瓦维登陆场），向奥得河中游方向展开正面突击。

科涅夫指挥的乌克兰第1方面军最强大，辖有60个步兵师、6个坦克军、1个骑兵军和8个独立坦克团，其任务是从巴拉努夫登陆场发起进攻，以其主力在布雷斯劳地区进抵奥得河，以一部分兵力经克拉科夫向上西里西亚工业区发起突击。彼得罗夫指挥下的乌克兰第4方面军安排在苏军南翼，它应该在维斯瓦河上游以南的地区参与总攻。

根据一些普通而可靠的迹象，如炮兵数量增加，试射越来越频繁，用新锐兵力来补充各登陆场的兵力，坦克兵团开赴靠近前线的地区等，德军指挥机构掌握了苏联人正进行着所有这些准备的确切情报。最后，通过无线电侦查和审讯俘虏获得的情报也佐证了这一点。

与1944年夏季突破中央集团军群防御时的做法如出一辙，苏军的突击又是一个接着一个，时间间隔很短，1月12日，苏联人经过5小时猛烈的炮火准备后，从桑多梅日－巴拉努夫大登陆场突击了坦克第4集团军。这次突击来势汹汹，不仅击溃了第一梯队师，还击溃了希特勒严令调往前线的十分庞大的快速预备队。在苏联人进行炮火准备时，这些预备队就遭到了损失，随后又因为进行总退却而没能按计划投入到使用之中。众多集团深深楔入了德军的正面，根本不可能将其消灭，或者哪怕只是遏制住他们。坦克第4集团军的正面被分割为几个部分，已经没有任何阻止苏军攻势的可能性了。而苏军立即将所属坦克兵团投入到打开的缺口中，这些兵团以主力开始向尼达河推进，同时以北翼对凯尔采实施包围。

次日，朱可夫也从马格努谢夫登陆场和普瓦维登陆场对德军第9集团军南翼展开了突击，同时，在华沙以北展开辅助性突击，准备从北面包围要塞。尽管第9集团军展开了顽强抵抗，却不能阻止朱可夫向西突破的攻势以及用重兵向该集团军留守在维斯瓦河军队的翼侧和后方展开的深远突击。

1月15日，查明了苏联人在坦克第4集团军正面突破的规模之大后，希特勒下令从东普鲁士经铁路调遣由2个师组成的1个坦克军前往罗兹地区，其目的是通过向南突击封闭“A”集团军群正面的敌军突破口。德军统帅部也许还希望，第 9 集团军至少能在布祖拉河一线阻止住敌军的突击，并让上述那个军的翼侧与其衔接，从而组建起新的防御。

这个盘算被战事进程打破了，因为无论从占有的时间上看，还是从所使用的兵力上看，这种盘算都与实际情况不相符。从东普鲁士调走一个军现在已经在那里产生了影响，这个军在途中浪费了宝贵的几天时间，还在罗兹地区卸载时遭遇了苏军，被卷入了总退却，因此未能投入使用。

到 1 月 15 日傍晚，德军在尼达河到皮利察河地段已经没有绵延的并保持着有机联系的正面。一直还在华沙附近及其以南防守着维斯瓦河的第 9 集团军部队面临着严重的威胁——再也没有预备队了。如果德军统帅还指望着在近期拖住苏军的话，那么他就应该火速将新锐兵力调往受威胁的东线。

希特勒不顾 1 月 12 日从东方袭来的猛攻，一直不愿意放弃自己在西线的打算，他仍寻找着在那里继续进攻的途径。直到德军在东线所遭遇的惨败已经有目共睹后，他才被迫返回柏林，终于开始重视他之前已经不予理睬的东线。为了能在较短时间内调集重兵前往东线，本来应该像以前古德里安一直坚持的那样从库尔兰撤军。但希特勒只允许撤走一个坦克师。此外，阿登山进攻后还腾出来了一部分党卫坦克兵团，经过短暂的休整和补充以后，本可以将其投入到战斗中，但是希特勒不愿放弃原来的打算，希望将这些师用来在布达佩斯以南保卫多瑙河并防守匈牙利的石油区。因此，现在可以调往克拉科夫地区防守上西里西亚的兵力只剩下了 2 个步兵师。

德军统帅部经常企图以人事调动来弥补兵力上的不足。这次，希特勒将维斯瓦河惨败的罪责都推卸到了哈珀上将身上，并下令让舍尔纳上将接替了他的职务。

1 月 15 日，苏联人在维斯瓦河以南第 17 集团军的正面发起了进攻。

该集团军制止了突破，并退却到了新地区。但是，进攻友邻坦克第 4 集团军的苏军各坦克兵团已经将尼达河远远抛在了后面，于 1 月 17 日向克拉科夫和瓦尔塔河上游逼近。当时，德军数量庞大的坦克兵力还停留在凯尔采和拉多姆地区。当他们被苏联人超越或绕过后，就重新进行整顿，上级通过无线电台下达指令，让他们向格洛高方向撤退。

朱可夫向西展开突击，几乎没有遭遇抵抗就进抵罗兹，其右翼对德军第 9 集团军北翼展开了包围，第 9 集团军这一翼延迟了两天才得到指示，从维斯瓦河撤退，因此，它在向布祖拉河撤退的过程中，被敌军向北压迫到了维斯瓦河及其对岸。虽然华沙卫戍司令只掌握着几个战斗装备很差的要塞营，仍奉命将华沙作为“要塞”，坚守到最后一个士兵。诚然，根据陆军总参谋部发出的错误命令，他原本应该于 1 月 17 日夜间开始撤退，但希特勒对总参谋部这次的擅自行动勃然大怒，因此，很快就下达了一道与之相反的命令。华沙卫戍司令无力执行这道命令。结果，在不同程度上与此事有关的人，要么被撤职，要么被斥责为懦夫而投入了集中营。

科涅夫和朱可夫指挥下的各集团军在普沃茨克、罗兹、琴斯托霍瓦、克拉科夫正面以锐不可当之势不断推进。在罗兹和琴斯托霍瓦之间，2 个遭到敌人迂回的德军兵团目前还井然有序地向西撤退。其中在南面撤退的那个兵团是由凯尔采附近仓促组建起来的快速部队编成的，由内林将军指挥。这些部队试图向格洛高推进，并在途中接纳了坦克第 4 集团军被击溃部队的若干个分队。另一个兵团也接到命令，在上述兵团以北向格洛高退却，它由从东普鲁士调往罗兹的坦克军所属分队和部队组成，这些部队在那里卸载了，如今，由绍肯将军指挥，正在向自己的部队靠拢。

几乎在维斯瓦河实施突破的同时，在东普鲁士作战的苏军 2 个方面军也转入了进攻。1 月 13 日，白俄罗斯第 3 方面军在切尔尼亚霍夫斯基的指挥下，向德军坦克第 3 集团军展开了突击，在中央（施洛斯贝格两侧）突破了其正面，并将其驱逐到因斯特堡以北的因斯特河。1 月 15 日，罗科索夫斯基的白俄罗斯第 2 方面军开始从乌图斯克以南的登陆场向德军第 2 集团军展开毁灭性的突击行动。在同一天里，中央集团军群被抽走了 2 个坦克师，这 2 个师很迟才抵达罗兹，而东普鲁士因为缺少了他们，对之后的几日行动造成了决定性的影响。进攻第二天，敌人在某些地方楔入了第 2 集团军防御；这些行动表明，敌人试图用主力经过普扎内什和切哈努夫向西北方向推进，用一部分兵力经过纳谢尔斯克向托伦推进。第 2 集团军企图脱离敌人，但敌人向奥特尔斯堡和索尔道方向展开的突破已经锐不可当，这些突破将这个集团军分割成了几个部分，并切断了它与第 4 集团军的联系。白俄罗斯第 2 方面军在维斯瓦河以北向西急速推进，在普沃茨克地区与朱可夫所指挥的军队的北翼会合。

现在，苏军各集团军在维斯瓦河以南正向德国的边界不断推进，而在该河以北，则向西北方向展开了比较宽泛的正面进攻，力图前出至该河的河口。第 2 集团军的残部兵力弱小，不可能在奥斯特罗德、格劳登茨（格鲁琼兹）和托伦等地拖延敌人。苏联人以一部分兵力挥师北上，将第 2 集团军已经脱离主力的左翼驱逐到了阿伦施泰因。看来，东普鲁士与德国其他部分的联系将不可避免地被切断。

当时，切尔尼亚霍夫斯基指挥的白俄罗斯第 3 方面军已经迫使坦克第 3 集团军的整个左翼退到了位于普雷格尔河与库里施湾之间的代默河。该集团军已经被打得落花流水，人们不禁怀疑，它能否在这一狭窄的正面继续坚持下去。

东普鲁士局势的悲剧性在于，如果希特勒没有干预军队指挥，也没有下令无论如何要坚守住未被突破的地段，从而再次让中央集团军群丧失了最后的作战能力的话，那么德军的失败就不会如此之惨烈。早在 1 月初时，中央集团军群司令莱因哈特上将就明确指出，一旦苏联人发动进攻，现有预备队不足以守住集团军群已经拉得很宽的正面。此外，他还坚持应该从库尔兰撤军。1 月 15 日，苏联人对 2 个翼侧集团军发起了进攻，他原本就不充足的预备队里又被抽走了绍肯的一个军前往罗兹，这时，还剩下救出哪怕几个师的最后一次机会。苏联人开始进攻后，第4集团军的正面未被突破，它在集团军群中央防守新格鲁德与埃本罗德之间的弧形突出部。它的后面是宽为70公里的马祖里湖区，湖区的中央接近地由勒岑要塞作为掩护。最简单可行的解决办法就是将集团军撤退到这一线，并将腾出的所有部队都调往陷入困境的友邻地段。如果与之相反，集团军继续防守着那些不利的突出部，就不仅会牵制住它的兵力，还必然会使这些兵力遭受围歼，就像过去在第聂伯河一样。1月19日，北面的坦克第3集团军正面被突破，而苏军在南面进入索尔道后，莱因哈特紧急向希特勒请求，准许立即将第4集团军撤往马祖里湖区，以便腾出兵力来稍微加强第2集团军，阻拦苏联人继续突破埃尔宾。虽然莱因哈特曾先后多次以愈发恳切的语气重复自己的请求，但无论是1月19日还是第二日，他都没有得到准许。他只能满足于以下结果：希特勒答应派出增援，但事实上这种增援即使以最快的速度也要到没有任何东西可以挽救时才能抵达，还指示将人民冲锋队员投入到战斗中，以组建预备队，并指出，他“根据五年以来的经验确信，将在战线后撤而且不能建立新的预备队的情况下，只能引起新的灾祸和突破”。直到1月21日中午，莱因哈特才获准将第4集团军撤退到马祖里湖区及其以北的马祖里运河以西，但是，和往常一样，这时一切都已经晚了。几天以来，该集团军都在一个小时又一个小时地等待着退却的命令，并对执行这种命令进行了周密的准备，因此，它能立即展开退却。但是，在实施退却时，因为集团军司令霍斯巴赫将军想避免遭到希特勒的拒绝，所以他没有向集团军群司令部进行详细情况的汇报，而他在经过一系列深思熟虑还得出结论：在湖区设防肯定会使集团军遭受合围。于是，他定下了一个极其重要的决心（战事之后的发展证明，他的这番见解是非常正确的）：放弃湖区，整个集团军向西撤退，与第2集团军会合。他确信，东普鲁士的大部分无论如何都会丧失，任何其他的决定都只能导致第4集团军和坦克第3集团军无谓的牺牲。两个集团军必然会被压缩在柯尼斯堡地区，而在冬季困难的气候条件下，靠着小港口皮劳对他们进行补给，是远远不够的。能否沿着库里施湾将坦克第3集团军调遣至第4集团军附近，或者将难民疏散后经皮劳将其从海路运走，当时尚不明确。1月22日，退却命令下达。取得成功的决定性因素是尽快向西调遣集团军的重兵，以展开突围，而这种突围已经完全没有必要。决定以4至5个师从沃尔姆迪特地区突围。此外，还必须掩护拉得很长并受到苏军兵团威胁的翼侧，当时苏军这些兵团在南面已经攻占了阿伦施泰因，在北面已经在普雷格尔河以南推进。集团军长官之所以采取这一措施，是希望和难民一起向西突围，开辟一条通往维斯瓦河的道路。

次日清晨，集团军司令只向集团军群司令部汇报了自己有关西调重兵、与第2集团军建立直接联系的打算。莱因哈特原来也有类似的计划，但是他的想法是务必在柯尼斯堡两侧扼守住南到海尔斯贝格，北至泽姆兰半岛的大登陆场。莱因哈特原则上同意向西进攻，并按照这一精神向希特勒作了汇报。这时，无论是莱因哈特还是希特勒，对霍斯巴赫的真实计划都不知情，不知道他的军队要从湖区撤退。

起初，第4集团军行动顺利。各师在严寒中超过了难民的队伍，朝着他们的指定地区急速行军，而难民则十分遵守纪律，给军队让了道儿。几天后，苏联人识破了第4集团军的机动，开始对它施加强大的压力。从1月26日起，在敌人猛烈的攻势之下，撤退演变为了大崩溃。

苏联人突破了德军后卫在马祖里运河的防御，迅速通过了已经被德军放弃的勒岑，突击了拉斯滕堡。集团军只有集中全力，才能顶住它在阿伦施泰因地域拉得很长的翼侧所遭受的压力。除此之外，集团军群司令因为不愿意从柯尼斯堡地区撤退，不得不将第4集团军的2个师转隶坦克第3集团军，当时，后者在普雷格尔河以北已经面临着被彻底击垮的威胁。与此同时，集团军群司令部所采取的行动表明，集团军群司令根本不同意第

4 集团军司令部有关而后作战的观点。

1 月 24 日，希特勒接到报告：第 4 集团军已经放弃了湖区，勒岑要塞守军正同它一起迅速向西撤退。这一报告如同闪电一般尖锐，戳穿了希特勒此前还不了解的真相，他气得暴跳如雷。莱因哈特因为站出来保护自己的部下霍斯巴赫并试图掩盖他的过错，于 1 月 26 日被撤职。在一些地方，一些人意识到自己所肩负的责任并试图寻求摆脱绝境的最后出路，为了让托付给自己的军队免遭无谓的牺牲，他们最后只好各行其是，但希特勒将这些行动统统视为背叛。仅仅几天前，伦杜利奇上将刚刚在库尔兰战场上取代了舍尔纳，开始指挥中央集团军群（现已称为北方集团军群）。霍斯巴赫最后的意图一直还是一个秘密，他继续顽强地实施着自己的计划。尽管四面受敌，但他仍守住了退却中的集团军两翼，并于 1 月 26 日至 29 日将从东北方向前来追击其所属军队的苏联人阻拦在了阿伦施泰因以北的阿勒河。为了保障这些不可或缺的后方掩护，1 月 29 日开始，3 个师向西突破。当时敌人已经抵达埃尔宾和马林堡，并完成了合围。德军这次进攻极其坚决，并取得了圆满成功。他们在埃尔宾地区与第 2 集团军所属部队建立了直接联系，在中央攻克了普赖西施霍兰德，在南面攻克了利布施塔特。德军摧毁了敌人 200 辆坦克，缴获了同样数量的火炮。这又一次表明，苏军统帅部无力击退如此突然的突击行动。次日，德军将继续展开进攻，同时拟投入 3 个仍保持着相当高战斗力的快速兵团。德军紧张地等待着这一天。但是，霍斯巴赫突然被撤职了。其实，是因为地方长官科赫一份背叛性质的电报促使希特勒采取了这一行动。后者在电报中指责第 4 集团军临阵脱逃，企图退回帝国，而科赫正准备率领着人民冲锋队继续保卫东普鲁士。1 月 29 日夜间，霍斯巴赫的继任者米勒将军来到了集团军的指挥所。他是希特勒亲手提拔的将军之一，以绝对执行一切命令而著名，而不管这些命令是否会给军队带来怎样的后果。第 4 集团军奉命立即停止向西进攻，在所到达的地区设防，并将所属快速兵团转隶坦克第 3 集团军。

这样，该集团军群所属各集团军就陷入了必败无疑的境地。他们不得不浴血奋战，企图在东普鲁士沿岸地区为自己找到最后的立足之地，以保障自己的前途，并掩护难民沿着弗里施沙咀和经由海路撤退。此外，这些集团军还为保卫柯尼斯堡进行了殊死搏斗。如果当初能继续进行第4集团军发动的进攻，那么，该集团军群也许可以避免悲惨的结局。

希特勒的干预还帮了东普鲁士平民的倒忙，他们从南部和中央地区向西逃亡，本想着在第4集团军的庇护之下躲到维斯瓦河对岸。现在，这些居民却和集团军一起被北逐，在担惊受怕之中逃过弗里施湾和弗里施沙咀，寻找一条生路。

争夺东普鲁士的战斗正在上演，科涅夫和朱可夫指挥的各集团军以锐不可当之势向奥珀伦与屈斯特林之间的奥得河不断推进着。当舍尔纳于1月20日开始指挥“A”集团军群（于1月25日改称为中央集团军群）时，科涅夫所指挥的坦克部队已经进抵布雷斯劳以东的旧德国边界。最初，只有一些后备部队、警察分队和人民冲锋队与坦克第4集团军溃退的分队和部队一起，在奥得河组建防御。在维斯瓦河以南的喀尔巴阡山，坦克第1集团军和第17集团军实施着有组织的退却。为了掩护上西里西亚，第17集团军在撤退过程中被调往西北，并得到了在其以南退却的坦克第1集团军部队的增援。后者受到很大的削弱，因为当时匈军第1集团军的残部还在其编成之中，但在撤退过程中已经完全溃散。

在西里西亚，为了保卫奥得河及其毗邻的工业区，已经展开了顽强的搏战。科涅夫的乌克兰第1方面军多次试图在格洛高与奥珀伦之间的不同地点强渡奥得河，并从北面经过大施特雷利茨和塔尔诺维茨（塔尔诺夫斯凯古雷）突入工业区。同时，乌克兰第4方面军也从东面向上西里西亚地区和摩拉维亚峡谷发起了进攻。坦克第1集团军受到削弱，在这里只能勉强制止敌人突破，而这种突破将意味着敌人侵入摩拉维亚，并动摇好不容易才保持住完整的德军南翼。第17集团军也参与了保卫上西里西亚工业区的血战。当时，地面下的工作还在继续着，满载着煤炭的火车每天向西奔驰。集团军一步步地放弃着还在坚持生产的最后一个德军武器制造基地，直到2月中旬，集团军四面受敌，面临着被全歼的命运，才被撤到了奥得河的对岸。失去西里西亚后，在武器装备方面，帝国也丧失了长时间继续作战的最后一点可能性。

在争夺奥得河的战斗中，1月23日，科涅夫的乌克兰第1方面军在奥珀伦与奥劳之间进抵该河，1月28日前，作战行动向北扩展到了布雷斯劳接近地，并在施泰瑙地区攻克了一个登陆场。只有北翼被内林将军和绍肯将军指挥下的德军两个军阻拦，暂时滞留在卡利什地区而稍稍落后。德军两个军接到命令，且战且退，来到了奥得河。内林首先抵达该河，在格洛高地区的东岸建立了桥头堡。绍肯率军紧随其后。这两个军饱受苦战并遭遇重重困难，因此遭到了极度削弱，希特勒和舍尔纳希望这两个军哪怕能在布雷斯劳以北阻止苏军经奥得河展开突击。两个军奉命将苏联人在施泰瑙附近建立的登陆场清除。内林接受的任务是在西岸对登陆场发起正面冲击，绍肯则留在东岸，并派兵南下，从后方突击施泰瑙地区的苏联人。两位将军试图拒绝执行这些命令，因为兵团早已疲惫不堪，这早已超出了他们的能力，但他们的尝试全都是徒劳。绍肯在敌人强大的压力下退却了，没能沿着奥得河东岸穿越敌人的战斗队形并向格洛高挺进。在格洛高与施泰瑙之间，他被逼到了奥得河。内林也没能及时抵达施泰瑙，但他及时在奥得河架设了舟桥，在最困难的时刻帮助绍肯率领着英勇的兵团渡河来到了西岸。

苏联人从他们攻克的各登陆场发起进攻，在他们猛烈的攻势之下，2月初，布里格与格洛高之间的奥得河防御终于崩溃了。布雷斯劳和格洛高遭遇合围，集团军群一边将逐渐开到的新锐兵力投入到战斗之中并扼守住奥珀伦，一边缓慢地向西南和西部撤退。3月初，战线在拉蒂博尔、奥珀伦、施特里高和格尔历次一线，并在北面奥得河以南的地区稳定了下来。因为无法通过从格尔历次地区向东发起反突击来扼守住格尔利茨和劳班以北的地区，于是，集团军群失去了连接着德国中部和西里西亚的最后一条铁路交通线，它被压迫到了苏台德山脉，只能使用那些从捷克通到这里的一些小的铁路支线。

为了保卫被围困的布雷斯劳，展开了旷日持久的激战。一些市民来不及撤出，甚至不惜以生命为代价来支援军队。守备部队和市民都坚信，坚守这个具有决定性意义的德国防御要塞是他们所肩负的使命，他们要一直坚持，直到德军即将发起的进攻彻底扭转形势并解救他们于水火。戈培尔不会忘记把布雷斯劳交战作为全民族坚贞不屈的一个象征，这一态度与对待亚琛交战如出一辙，他当然也不会吝惜一切能鼓舞保卫者斗志的慷慨陈词。他寻觅到了狂热的地方长官汉科作为助手。他们想起了1813年以及在布雷斯劳诞生的《告同胞书》（《告同胞书》是普鲁士国王腓特烈·威廉三世于1813年8月17日所发布的号召书，在号召书中，国王呼吁德国人奋起反抗拿破仑的军队），号召大学生行动起来，要无愧于自己光荣的祖先。和德国其他地方一样，城里都流传着宣传机构散布的消息：西方国家的阵营发生了矛盾，他们与苏联人之间的同盟很快就会走向终点。他们对“神奇”武器进行大肆宣扬，并预言德军将在西里西亚和波美拉尼亚发动一场大规模的进攻，这势必会给入侵德国领土的苏军各集团军带来毁灭性的打击。好几个星期以来，德军的战线一直稳定在施特雷伦与施特里高之间，隆隆的炮声不断传入被围困的城市，这一情况让守卫者一直心怀希望并斗志昂扬。德军甚至还将援兵空运到城里去。让人丝毫也不奇怪的是，这里和整个德国一样，军民都如同溺水者抓住最后一根救命稻草一般，将希望寄托于形式发生根本性的转变。任何人也料想不到，所有这一切都只是宣传伎俩，而没有任何现实基础，只不过是把不可能避免的灾难向后延迟的绝望尝试罢了。直到5月7日总投降那一天，布雷斯劳最后一批英勇的保卫者才放下了武器。 与逃跑的地方长官不同，他们直到最后也效忠于西里西亚首府。

突破德军在维斯瓦河的正面后，朱可夫的军队继续以锐不可当之势向奥得河中游推进。对他们而言，途中的波茨南要塞并不构成任何威胁。他们轻而易举就包围了它，并从南北两面展开迂回。1 月 22 日，首批苏联坦克出现在要塞东部的接近地。要塞守军的兵力根本不足以顺利展开防御并牵制住敌军的重兵。九天后，苏军各集团军展开宽正面进攻，绕过了波兹南，打算前出至屈斯特林和法兰克福。1 月 25 日，波兹南周围的包围圈合拢。这个城市主要居住着波兰人，留下的德国人很少，波兰人则躲在屋子里和地下室里。当地一所陆军学校的 2000 名学员组成了卫戍部队的核心力量，此外，蒂罗尔后备步兵、被击溃部队的残部以及飞行员也都加入了卫戍部队。像梅斯的战友们在几个月前那样，他们对德国的胜利满怀着坚定的信念，并带着青年人所特有的热情和振奋精神投入到战斗之中。经过顽强地抵抗，直到 2 月 16 日前，德军手里只剩下了瓦尔塔河东岸的一个狭窄地段。这时，卫戍司令擅自下令，允许还有实力的 2000 名城市保卫者尝试突围。其中许多人也确实向东北方向实现了突围。其余的守军在 10 天后投降。

在托伦地区的维斯瓦河与法兰克福以东的奥得河之间，德军的进攻造成了一片混乱。为了整顿秩序，除了调遣新锐兵力之外，急需一个有组织能力的人来实施坚定的指挥。布塞将军接替了已经离职的吕特维茨将军，指挥第 9 集团军。该集团军残部的任务是得到增援后，尽可能在奥得河以东阻拦朱可夫军队向前挺进。斯德丁军区领导机关则在东波美拉尼亚边界组织临时防御，为此，后备部队、混成守备分队、军校学员、警察部队和人民冲锋队都投入其中。魏斯上将试图用第 2 集团军残部与这个临时的正面建立并保持直接关系。为了对所有兵力进行统一有效的指挥，1 月 22 日，古德里安建议希特勒使用在巴尔干半岛已经没有丝毫用途的东南集团军群司令部，其司令为魏克斯元帅。希特勒坚决拒绝将魏克斯作为候选人。如此复杂的局势，也许只有经验丰富的司令官率领着工作协调的司令部才足以应付，因此，希特勒决定向希姆莱求援。在最近几周的莱茵河战斗中，希姆莱很难证明他真的具有绝佳的军事天赋。他应该自己组建司令部，并同它一起指挥新的维斯瓦集团军群。希特勒对高级指挥官和总参谋部都极不信任，华沙附近的战事越发加深了这种不信任。因此，他将希姆莱作为候选人，认为他身兼后备军司令、党卫军和警察首脑，比起其他人，他应该更忠诚，也能更快将国内现有的兵力组织起来，并守住那些几乎没有构筑堡垒的地区。希姆莱的司令部调去了陆军总参谋部的一些军官，以确保开展技术方面的工作。他从自己的部署里挑选了参谋长，此人既没有担任这一职位的充足的知识，也没有丰富的经验。

司令部就这样临时地拼凑了起来，却很难履行新集团军群所承担的艰巨任务。1 月 24 日，他率领着司令部抵达东波美拉尼亚的奥登斯堡—克勒辛，这时，朱可夫所属各集团军正沿着波兹南两侧挺进。此外，随着朱可夫军队北翼攻破维斯瓦河，并顺利与白俄罗斯第 2 方面军左翼在普沃茨克地区会师后，朱可夫将大量兵力转向了西北，其目的是向东波美拉尼亚进攻，并掩护军队北翼，以便其向屈斯特林和法兰克福方向发起突击。现在，他的目的已经昭然若揭：前进至奥得河并尽可能抵达斯德丁，同时，经过东波美拉尼亚向波罗的海前进。在向奥得河挺进的过程中，还需要克服一个小障碍。从帝国开始提防波兰可能从奥得河突击柏林时起，就留下了一个依托奥布拉河并掩护着奥得河—瓦尔塔河户型防线入口的筑垒地域。那之后，该筑垒地域的威力明显下降。从 1939 年以来，没有再为整顿防御工事做过任何努力。这一地区仅由两个弱小的师和第 9 集团军残部防守着，事实上它的兵力不超过一个团，并且没有炮兵。

希姆莱试图将手里的第一批党卫军兵团及时地应用于支援奥得河 - 瓦尔塔河弧形防线的正面，然而又晚了一步。当这些兵团抵达指定地区时，他们和第 9 集团军部队一起，被压缩到了奥得河边，又或者被驱逐过河。因为早在 1 月底，苏联人就已经抵达该河，并在屈斯特林以南完成了强渡。

德军还掌握着位于东岸的屈斯特林要塞，但紧靠着一条狭窄的走廊与奥得河以西的军队保持着联系，因为苏联人在瓦尔塔河以北也已进抵奥得河。不过，在法兰克福地区，第 9 集团军守住了东岸的桥头堡。

苏联人的坦克部队急速向前挺进，在一些地点横渡了冰封的奥得河，还引起了一系列的恐慌，这种恐慌甚至蔓延到了柏林。这时，朱可夫从战役观点出发，暂时停止了部队的攻势。他将主要力量转向了自己稍微落后的右翼，以将其也拉到奥得河边来。德军指挥部企图在这里借助内策河（诺泰奇河），与布龙贝格（比得哥什）地区的第 2 集团军西翼保持联系，以便防守东普鲁士建立新地区。但是，以德国的兵力根本不足以实现这一意图。1 月 27 日，苏联人包围了布龙贝格，在纳克沃到克罗伊茨地段抵达了内策河（诺泰奇河），一部分甚至渡过了河，抵达了北岸。按照希姆莱的命令，德军曾试图在施耐德米尔地区阻拦苏联人，却没能成功，只在施洛佩、德意志克罗讷、霍伊尼采一线有暂时阻拦苏军前进的可能性。在其以西，月底前，苏联人也在克罗伊茨和兰茨贝格地段强渡了内策河（诺泰奇河），在向阿恩斯瓦尔德方向发起突击后，斯德丁也笼罩在了威胁之中。为了保证对东波美拉尼亚军队进行统一指挥，与此同时和第 2 集团军协同合作，希姆莱在被任命为集团军群司令后，很快就将所有分散的兵力都集中了起来，编成由党卫军上将施泰纳指挥的坦克第 11 集团军。作为一名党卫军指挥官，施泰纳有一定的作战经验和素养，他接受了这个无法完成的任务，即在新斯德丁到奥得河的广阔区域内阻止苏联人的猛烈攻势。

单靠着这些措施，自然不能挽救敌人尚未占领的德国东部。如果说，就总体而言还必须继续作战的话，那目的也是为了阻挡来自东方的红色祸水，并尽可能让它流回去。当时还寄希望于在东线的最后一道防线被突破前，找到一条与西方国家相同的政治路线。战场上的策略也大致如此。这最后的希望，以及德军东线官兵每天都要眼睁睁看着难民遭受空前的灾难，都予以了他们力量，使他们一天天继续进行着殊死抗争，这样一来，至少能让很晚才撤退的难民队伍能走得远一些。

总参谋长认为，自己与德国东部有着密切的联系，一直想挽救这一地区。他一次次斩钉截铁地请求希特勒放弃已经毫无意义的外围阵地，尽力加强东线。直到1月底，希特勒却仍将德军官兵留在亚平宁山脉和挪威的北角，并拒绝从库尔兰撤军，还下令将荷兰作为外围阵地来坚守，而当时柏林距离陷落不过几个星期，至多几个月了。他这样行事究竟遵循了怎样的原则呢？是不是还处于那种无论在什么地方都不主动放弃一寸土地的思想支配着呢？而之所以这样做，如果不是为了在战争中取胜，就是为了在命运面前和打败他的人面前进行最后的垂死挣扎。再或者，他寄希望于通过长期抵抗来为研制“神奇”武器赢得时间？但是，那就更应该将全部德军投入到保卫帝国的任务上来。也许，他已经到了一种境地：因为享受破坏带来的快感，他决心要在所有战线和所有民族当中消灭尽可能多的人，摧毁尽可能多的城市，造成大范围的混乱，更何况，既然他已经注定不能统治欧洲，那么，他就要拉着整个欧洲为他陪葬。是不是在他看来，德国人民也应该因为他们的弱小而觉得愧对伟大的元首？

古德里安进行的斗争是徒劳无功的。坦克师从西线腾出来，主要调往匈牙利，以便坚守或夺回那里的石油工业区；驻守在库尔兰的集团军已是穷途末路，他们没有被撤出，只是从那里抽出了几个师，其中一部分后来又被调去了东普鲁士；从挪威撤军的速度也非常缓慢。通过拉长战线或在西线和意大利将军队撤往新地区，以便腾出兵力，则想也不用想。

最后，只好放弃最初讨论过的如下计划：通过从古本、格洛高地区和阿恩斯瓦尔德地区展开两面突击，切断突破奥得河的苏军集团，因为根本没有足够的兵力这样做。全线加强后，集团军群长官只剩下了为数不多的兵团，这些兵团只能从阿恩斯瓦尔德向兰茨贝格展开目的有限的翼侧突击，这种突击顶多是保障德军向进抵屈斯特林以北奥得河的苏军后方推进。预定用于进攻的军队在装备方面存在着很大困难，在克服该困难后，在古德里安不断的催促下，各指定兵团主力终于在 2 月 15 日前做好了进攻准备。此时劳斯上将率领着从东普鲁士调来的坦克第 3 集团军司令部，开始指挥该地段的作战行动。德军将苏联人在皮里茨、阿恩斯瓦尔德一线的猛攻击退了，还守住了斯德丁东南地区，用于集中己方军队。为了保持突击成功并对战役进程尽可能产生影响，经希特勒同意后，古德里安派出自己最亲密的助手文克将军暂时去希姆莱司令部工作。他将直接在那里确保对军队进行最恰当的指挥。

2 月 16 日，突击集群开始进行反突击，其中包括 4 个被削弱的党卫师、2 个勉强经过补充的坦克师，起初两天取得了很大的战果。但随着苏联人反抗力度的增强，德军坦克第 3 集团军西翼只能退守格赖芬哈根、阿恩斯瓦尔德地区。

不久后，德军在东波美拉尼亚的薄弱防御地区也被突破。魏斯上将请求允许其向西撤退，以便与坦克第 3 集团军协同，将所属军队调过奥得河，但也是毫无结果。2 月 26 日，为了向北突进，朱可夫从新斯德丁地区发起了进攻，很快就突破了德军的薄弱正面，在施韦特和斯德丁之间，坦克第 3 集团军被驱逐过了奥得河，并被逼到了海湾。在斯德丁以东阿尔特达姆地区，它还扼守着奥得河东岸的一些阵地。到 3 月 10 日，这一地区的战斗才逐渐平息。苏联人的目的达到了，在法兰克福到河口地段抵达了奥得河。他们在屈斯特林地区建立了强大的登陆场，现在开始准备突击柏林，并向西挺进，与盟国军队会师。

在突击斯德丁方向的同时，苏联人突破了东波美拉尼亚正面，进抵波罗的海。德军第 2 集团军西翼突击了向北挺进的苏军翼侧，并尝试着与坦克第3集团军保持联系，虽然最初取得了一些小的战果，但接着就遭遇失败。3月1日前，最后一列军列通过了第2集团军所在地区，然后交通即告断绝。3 月 4 日，科尔贝格附近出现了苏军坦克，两日后，内泰尔贝克和格奈泽瑙战斗过的城市（1807 年，拿破仑军队曾包围过科尔贝格，但该城成功地展开了长时间的坚守。当时，由内泰尔贝克和格奈泽瑙领导这场城市保卫战）被包围了。与布雷斯劳保卫战一样，戈培尔又在这里展开了宣传，这次举的是1807年的例子。要塞司令并不愿意受到似是而非的历史对照的愚弄，不过，他认为自己的首要任务是用三千守军扼守住科尔贝格，直到在大批难民在海军的协助下从海上撤离。要塞保卫者浴血奋战，最终，这一任务完成了，但德军手里只剩下了港口地区一小块狭窄地带。于是，司令和幸存的2000人放弃了饱受摧残的空城。

苏军突破的另一个结果是包围了德军第2集团军。1月底，该集团军被迫从托伦西北地区向维斯瓦河撤退，因为苏联人向埃尔宾推进，它与第4集团军的联系因此被切断，尔后，它竭尽全力经东波美拉尼亚同帝国保持联系。当时，它还扼守着埃尔宾和诺加特河畔的马林堡以及格劳登茨（格鲁琼兹）以北的维斯瓦河地区。托伦则被包围了。现在，只能寄希望于守住诺加特河和维斯瓦河防线，以此从翼侧掩护从南面维斯瓦河以西通过的新战线。仓促间组建起来的第2军区所属兵团，被朱可夫军队北逐的第9集团军残部，从库尔兰赶来、得到东波美拉尼亚后备兵员补充、但技术兵器严重缺失的1个师，以及由居住在东南欧各国的德国人组成的另1个党卫师，这些就是安排在新战线上的所有兵力。这条新战线逐渐延伸到了亚斯特罗地区，与仓促间组建起来的坦克第11集团军一起，防止苏联人长驱直入，直接攻克波美拉尼亚。2月中旬以前，比起维斯瓦河，这里更能顶住苏联人的压力，因为在维斯瓦河，白俄罗斯第2方面军已经突破了一个又一个地段。2月7日，1个弱小的“人民步兵团”得到了希姆莱的许可，向北发起突围，而这已经是组成托伦卫戍部队的核心力量。布龙贝格（比得哥什）被包围了，2月12日和13日，埃尔宾和什维茨分别失守。2月13日，格劳登茨被包围，但因为时常将库尔比厄将军（库尔比厄是出生于荷兰的普鲁士将军，是1807年格劳登茨的保卫者）在1807年英勇斗争的事迹拿出来宣扬，并不断放出很快就能被解救的消息，它一直坚持到了3月5日。

2月21日，迪尔绍（特切夫）失守。现在，集团军东翼分布在诺加特河以西的依托弗里施湾，中央则被驱逐出了维斯瓦河地区，和西翼一起向北撤退。这时，敌人不断向科尔贝格途径，切断了第2集团军与帝国的联系。该集团军遭遇了来自西面的迂回，在中央则受到强大的压力，在许多地段已被击垮，与长得望不到头的难民纵队交织在一起（这些难民还妄想着在它的庇护下向西逃难），混乱不堪地向但泽（格但斯克）湾溃散逃亡。在卡尔图济两侧的高地上，德军设防固守，企图制止苏联人进入但泽和格丁尼亚，但从吕根瓦尔德至里克斯赫夫特的沿岸地区很快落入了敌人手中。由东波美拉尼亚、西普鲁士和东普鲁士逃出的难民也如潮水一般，涌入了但泽和格丁尼亚，这里的难民人数比在科尔贝格多10倍左右。两市都簇拥着从各战线甚至从库尔兰送来的伤员。参加保卫“最后堡垒”的第2集团军也试图营救他们。这个堡垒位于南面的依托诺加特河，范围包括维斯瓦河口、但泽和格丁尼亚以西各高地，并在北面的诺伊施塔特地区掩护着海尔沙咀接近地。

3月12日，魏斯上将被任命为驻但泽和柯尼斯堡地区的集团军群司令，接替了伦杜利奇上将，后者被调回了库尔兰。绍肯将军则负责指挥但泽保卫战，现在，他要在自己的祖国——东普鲁士附近与敌人展开最后的较量。苏联人毫不停顿地发起突击，压缩着但泽和格丁尼接近地的范围。3月22日，他们抵达索波特，切断了两市之间的联系。3月28日以前，德军还能依靠重巡洋舰“欧根亲王”号的支援，在距格丁尼较远的地方阻拦苏联人，协助海军向后方运送了数万名伤员和难民。格丁尼亚保卫者残部以及来不及登船的难民都涌向了位于格丁尼亚以北的奥克斯斯赫夫特。3月28日，希特勒宣布将奥克斯斯赫夫特作为“要塞”，付出任何代价都必须坚守。对于这个以杀人为最终目的的毫无根据的命令，该地区陆军和海军司令都感到无比愤怒。为了暂时保障3万多人的安全，当地长官放弃了奥克斯斯赫夫特。

3月30日，苏联人攻破但泽，而在此之前数日，猛烈的炮火和接连不断的轰炸已经将之变为了一片火海。绍肯将保卫者和留在城里的难民撤退到了维斯瓦河三角洲的狭小地带。该地段正面有一块被水淹没的地段，可以作为掩护，并在高地上与弗里施沙咀相连。于是，这一小块地方成了第4集团军残部和难民的又一个栖身之所。在维斯瓦河与诺加特河之间，第2集团军残部又坚持了整整一个月，于是，一批批难民和送到但泽的伤员才得以撤退至海尔沙咀。当战争在5月初结束时，绍肯及其部下遭遇了和驻东普鲁士德军一样的命运，后者自1月初开始就为了扼守旧普鲁士省的最后一部分陷入了苦战之中。

1月30日晚，伦杜利奇禁止第4集团军继续向西突围。他打算实施他的前任莱因哈特早已酝酿的计划，虽然这一计划遭到了希特勒的拒绝。该计划就是坚守“海尔斯贝格三角区”，也就是从南面和东南面坚持掩护柯尼斯堡这第一次世界大战前已构筑的阵地，并将这一阵地向北延伸，这样，在柯尼斯堡前就形成了一个依托弗里施湾和库里施湾构成的基地。第4集团军应与埃尔宾保持联系，并占领普雷格尔河以南大基地的南部。不过，这项重任注定是无法实现的。在普雷格尔河以南击垮了第4集团军在马祖里运河的后卫后，苏联人开始经弗里德兰向西进攻，而德军未必能阻拦这一进攻。白俄罗斯第2方面军在南面经勒岑、拉斯滕堡发起进攻，将退却中的第4集团军切割成了两半，接着，它与白俄罗斯第3方面军相邻翼侧就在海尔斯贝格地区胜利会合了。在沃尔姆迪特两侧，第4集团军遭到了来自南面的突击，苏联人又经普赖西施霍兰德向埃尔宾推进，从而包围了它的西翼。不久后，苏联人经克罗伊茨堡发起突击，从北面切断了集团军与柯尼斯堡的联系，另一个突击则迫使它与埃尔宾地区的第2集团军东翼脱离开来。于是，在弗里施湾东南地区，它被压缩在了以海利根拜尔为中心的半圆形狭小地区之内。因为前送困难，各师一边进行着复杂多变的血战，一边缓慢地撤退。3月底，各师残部的人数越来越少，先是被逼到了巴尔加小半岛周围的一小块土地上，最后被逼到了半岛上。大约有5000

人获救，其中一半是伤员，另有将近一半是各辎重分队的外国志愿者。当时有海湾已经开始解冻，他们从那里转移到了弗里施沙咀。

1月底，坦克第3集团军已无法在普雷格尔河以北的柯尼斯堡附近坚守。苏联人进抵要塞东部的接近地以后，高估了该集团军的防御能力，在要塞前止住了前进的步伐，而将主要进攻方向转移到了泽姆兰半岛，试图将该半岛完全攻克，切断从柯尼斯堡通往西部的陆上交通线，并夺取由海路对北方集团军群进行补给的必经之路——皮劳。坦克第3集团军得到从被包围的梅梅尔（克莱佩达）突围的一个师的加强，该师沿着库里施沙咀向前推进，贯穿了克兰茨地区的苏军战斗队形。他们试图以普雷格尔河下游和波罗的海沿岸地区为依托，尽可能在泽姆兰半岛西部扼守更广阔的空间。但是，2月月中，集团军被压缩在了宽仅为10至20公里的狭小沿海地带，费了很大力气才在菲施豪森地区击退了苏联人为了深入沙咀并攻克皮劳而发动的一切冲击。到1月31日前，柯尼斯堡已遭受四面包围。

不过，苏联人没有采取任何措施来迅速攻克要塞。因此，2月初坦克第3集团军司令部被撤走后，第4集团军司令部开始指挥驻东普鲁士的所有兵团，并奉命与驻泽姆兰半岛的兵团和柯尼斯堡守军协同合作，打开一条通往要塞的路，同时将战线向东北推移，以确保能长期为柯尼斯堡提供补给。要塞司令将全部能实施进攻的部队和兵团集中起来，其中包括久经沙场的坦克第5师，而在要塞周围的阵地上除了人民充分队员之外，只留下了少量陆军部队，并在2月19日开始组织突围。在两天的战斗中，已陷入绝境的要塞图为部队以极端的勇猛投入战斗之中，期望着最终能获得突围。在柯尼斯堡-皮劳公路，他们与由西面进攻的军队会合。尽管之后进行了激烈的交战，但由于苏联人优势明显，并没有成功将敌人驱逐到柯尼斯堡、克兰茨一线。但是，与要塞的联系一直保持到了4月初。柯尼斯堡受到的压力有所缓解，这给守卫者带来了新的希望。泽姆兰地段的战斗也开始逐渐平息下来。

直到德军集团军残部被驱逐到巴尔干半岛以后，苏联人采开始对柯尼斯堡展开猛攻。他们对这座城市进行了持续几天几夜的炮轰，并将得到最猛烈炮火支援和大量航空兵兵团支援的数倍优势兵力投入到了战斗之中，终于突破了柯尼斯堡周围的阵地，又一次从四面包围了要塞并向市中心逼近。4月7日和8日，在多处起火的城市里展开了激烈的巷战。要塞司令请求允许卫戍部队从城里向西突围，却遭到了希特勒的拒绝。当地国社党领导人试图逃命，在城市西部擅自进行局部突围，最后也失败了。不久，卫戍部队被分割为了一些孤立的战斗群，并失去了集中指挥。

一些地段的保卫者已经陷入绝望或消极避战的境地时，另一些战斗群却在浴血奋战，并对任何抵抗意志动摇的人处以极刑。就这样，两个可怕至极的昼夜又坚持了下来。4月9日夜，要塞司令利亚施将军决定结束这种苦难，开始与苏联人谈判。4月12日，要塞司令在阵亡的切二年霍夫斯基的继任者华西列夫斯基司令部 签署了投降书。在这里，苏联人建议利施亚劝说第4集团军司令米勒将军投降。判决利亚施死刑时，希特勒缺席了，还惩罚了他的家眷。米勒将军也不得不为柯尼斯堡迅速的陷落承担责任，被撤职处理。为了摆脱干系，地方长官科赫早在1月月中就悄悄离开了柯尼斯堡，只是偶尔乘坐“菲塞勒 - 施托尔西”侦察机回城。他竟厚颜无耻地给希特勒发了一封电报，将该城的投降归因于他暂时不在城内，并承诺将继续坚守泽姆兰半岛和沙咀。当继续停留下去已经岌岌可危时，4月底，科赫乘坐着早在几个月前就准备就绪的破冰船逃去了丹麦。自去年秋季以来，他不顾军事长官的再三建议，一直顽固拒绝撤出东普鲁士一些陷入绝境的地区。因此，居民所遭受的厄运科赫应承担相当一部分罪责。

米勒被撤职后，由绍肯将军指挥东普鲁士和维斯瓦河三角洲的所有德军。现在，各地的当务之急就是如何挽救伤员和难民的生命，并尽可能从海上将他们转移走。但是，苏联人留给泽姆兰半岛保卫者的时间已经很少。柯尼斯堡附近的兵团腾出来以后，就被派去攻击德军在泽姆兰半岛剩下的最后阵地。那里只有几个已经疲惫不堪的德军师继续防守着。德军只守住了皮劳所在的沙咀接近地，一直等到聚集在泽姆兰半岛的大部分难民转移到弗里施沙咀。4 月 25 日，德军后卫放弃了皮劳。

在弗里施沙咀，除了转移到此的泽姆兰半岛幸存下来的保卫者和第 4 集团军残部之外，还聚集了无数难民。为了躲避如洪水般从四处涌来的苏军，他们有的从但泽，有的从东普鲁士逃到了这里。苏军飞机不间断地轰炸着沙咀。苏联人已强渡了弗里施湾，切断了狭窄的沙咀，企图分割从皮劳撤退的德军部队。但德军一鼓作气，突出了重围。

5 月 9 日，德军被击垮的各集团军残部投降，极其悲壮的东普鲁士保卫战结束。

二、突破奥得河防御

自从 3 月初朱可夫军队进抵斯德丁（什切青）以南的奥得河下游后，维斯瓦集团军群正面似乎显得平静了一些。苏联人忙于攻克东波美拉尼亚，此外，他们相当一部分兵力还滞留在东普鲁士。直到这些战役接近尾声，投入在那里的大部分兵力才腾出来，于是，苏联人感到自己已足够强大，可以着手进行最后第一次世界大战，其目的是攻占柏林并与西方国家军队胜利会师。不过，为了夺取屈斯特林要塞，他们还要继续激战。他们已进抵利亚索要塞接近地，并在奥得河大桥两侧建立了两个登陆场，因此，德国人要在这一地区使用较大兵力，才能与要塞保持联系。在法兰克福地区，德军第 9 集团军所属军队在奥得河东岸坚持了下来。

维斯瓦集团军群司令希姆莱行动优柔寡断，他缺乏作战经验，对于在奥得河作战的集团军，他既不能指明应该如何做，也不能提供任何帮助。现在看来，在这一正面，苏联人离柏林最近，哪怕只有微乎其微的取胜希望，也需要进行顽强抵抗，因此，应让有丰富经验的军事长官来进行指挥。古德里安以希姆莱本就身兼数职为借口，劝说他辞去他早就觉得负担过重的职务，接着，有着丰富防御经验的海因里奇上将取代了希姆莱。3 月 22 日，新司令官面临的形势是这样的：与在各处被突破的战线一样，这里一些仍具有战斗力的部队与伤愈归队的年轻新兵组成的分队、补充分队、人民冲锋队和外籍党卫队军人，以及从海空军及帝国施工部队抽调出的补充兵员混杂在一起。这些军队的装备五花八门，十分简陋。因此，当务之急是在健全的基础上将他们组织起来，并让他们接受训练，以投入到防御战斗之中。但是，受希特勒的影响，地方长官们对陆军满怀仇恨，他们一心想让人民冲锋队成为狂热的抵抗者，但这些部队因为素养差加之指挥不力，无法当此重任；而在前线作战的兵团中，有许多部队是从各级海军、空军、党卫军及隶属希姆莱的后备军中调集而来的，他们在许多方面都依赖于上述各级单位，这难免造成指挥混乱。当然，这种混乱是希特勒刻意制造的，其目的是不给任何人过多的权力。尽管如此，前线部队及其指挥官仍然准备不惜一切代价阻止苏军即将发动的进攻，为此，他们凭借着自身百折不挠的坚强意志，在困难重重之中重新组建起防御，尽管因为敌人投入了大量有生力量和技术兵器，这一防御显得十分薄弱。新司令官很明白，如果没有充足的预备队，这种防御是抵挡不住猛烈进攻的，因此，他不止一次向希特勒汇报这一情况。

但是，除了纯军事方面的担忧之外，任何一个不愿意一味盲从并稍微有远见的人，都会想到目前最主要也是最紧迫的一个问题，那就是这场战争究竟有何意义？它不断断送德国青年甚至是孩子的前程，将德国的城市变为一片废墟，迫使数百万难民从一个避难地逃往另一个避难地，并且与刚刚离开家园的又一批居民一起被苏联人的坦克和强击机屠杀。显然，这一情况在东线比西线更为严重。难道要让这场悲剧继续下去吗？古德里安煞费苦心，请里宾特洛甫寻求政治出路，因为只有这个办法才能让军队所进行的徒劳的顽抗变得有些许意义，此外，他还小心翼翼地暗示希姆莱利用他的国外关系去试探一下英美的态度。但他几乎处处碰壁，有的人表示完全不理解，有的人则束手无策，此外，他的所作所为还引起了希特勒的不满，因为有人将这些汇报给了希特勒。

现在的问题是，希特勒不愿承认败局已定。他指望着至少坚持到同盟国分裂，在他看来，这是不可避免的，他一直试图从这些矛盾中捞一些好处。随着罗斯福的阖然辞世，希特勒的这种想法更加坚定。他荒诞地认为，在他的领导下，德国可以在同盟国分裂后，倒向向他提出优厚条件的一方。为了尽可能地拖延时间，等待同盟国分裂的到来，希特勒于 3 月 19 日命令德军在撤退时应尽量摧毁敌人现在或将来可能在某种程度上直接或间接加以利用的一切。如果执行这一命令，德国人民将失去继续生存的最后基础。幸亏帝国部长施佩尔采取了果断行动，并积极参与安排部署，在各地安排了富有责任感的人，才在很大程度上阻止了破坏行动。

在这种指挥混乱中，最高层的束手无策暴露无遗，这时，防守奥得河的第 9 集团军于 3 月底再次试图阻止苏军在屈斯特林地区建立大登陆场的尝试，以便为几乎被合围的该要塞守军解围，并清理苏联人在奥得河西岸的危险跳板。3 月 22 日，德军实施了进攻，并在数日后再度发起猛攻，但遭遇了苏军的顽强防御。希特勒厚颜无耻地指责指挥官和军队吃了败仗，于是，这导致了他与古德里安的决裂，后者愤怒地斥责他对德国军人的侮辱行径，因为正是希特勒过去几个月的指挥失误才导致了如今的危险形势。和前任一样，古德里安在东线最近 9 个月的苦战中，煞费苦心地试图将战役指挥置于合理的基础上，并使所有其他战略考虑和政治考虑都服从于抵御红军的行动。现在，他的反抗被挫败了。3 月 28 日，克莱布斯将军接替了他，继续担任那个现在已毫无意义的职务。

在屈斯特林地区进攻失利后数日，德国守军放弃了这一要塞。

4 月初，在猛烈的炮火掩护下，苏联人在屈斯特林两侧的登陆场架设了几座横跨奥得河的桥梁，他们将桥面铺设在水面下。因为弹药不足，德军不能采取有效对策。为了发动进攻，苏联人在奥得河与尼斯河展开了 3 个方面军。在施韦特以北由曼陀菲尔将军指挥的坦克第 3 集团军当面，配置了从东普鲁士调来的白俄罗斯第 2 方面军，该方面军辖有 4 至 5 个合成集团军和 1 个坦克集团军；在施韦特与菲尔斯滕贝格之间，分布着由朱可夫指挥的白俄罗斯第 1 方面军，辖有 8 至 10 个合成集团军和 3 个坦克集团军。方面军的主力集中在屈斯特林地区。此外，乌克兰第 1 方面军在科涅夫指挥之下，在古本和格尔利茨之间沿着尼斯河下游占领着阵地，也准备参与对柏林的突击行动。

希特勒头脑不清，再次误判了形势。他认为苏军接下来的主要突击方向是保护国。因此，他将维斯瓦集团军群预备队中的快速兵团的一半兵力于 4 月 6 日转隶于中央集团军群。当然，不管将这些兵团投入哪里，他们都无法改变东线各集团军的命运，更别说影响战争进程了。但是，他们至少能缩小奥得河的灾难，从而使许多德军免于被苏联人俘虏。海因里奇将军队对希特勒继续削弱他的战线表示抗议，却没有任何结果。希特勒又一次低估了敌人的力量。他认为苏联人的兵力已耗尽，现在所使用的是“战利品”，也就是释放的战俘和重归他们管辖的地区征集来的新兵，换而言之，就是用“各种各样的败类”在进行战斗。对于这种罔顾事实的臆断，海因里奇毫不理睬，继续坚持需要增援。于是，统帅部只好答应从空军、海军和党卫军中为他抽调 137000 人。希特勒认为，这些人员可以编为 12 个师，并消除海因里奇的一切忧虑。但实际上，这次凑集的 3 万年轻人虽然士气高昂，却从未打过仗，没有任何战斗素养，也缺乏有经验的指挥，而且装备还很差。

4 月 16 日，苏军再次发动强攻。最初，白俄罗斯第 2 方面军在斯德丁以南无法前进，另两个方面军却向德军防御打入了一些巨大的楔子。之后，苏联人展开了最猛烈的炮火准备，接着，朱可夫军在强大的空中支援的掩护下，在屈斯特林地区经奥得河实施突破。进攻首日，没有突破经过良好组织的德军防御，德军甚至还在个别地段转入了反冲击。但是，总体而言，此时的德军已经对苏联人束手无策。为此，希特勒专门发布了最后一份告“东线战士”书。在这份呼吁书里，他将己方兵力夸大其词，并号召男儿们保卫他们数月来一直在为之流血牺牲的妻儿；提醒人们防备军官和士兵中的叛徒，不要相信他们的命令和传话；要求人们只根据其正面的情况履行职责，抗击来自东方的最后一击；他预言敌人在西线的进攻势必会失败；柏林将仍属于德国人，维也纳也将重回德国人的怀抱。在这份呼吁书的末尾，希特勒为了蛊惑人心，还信誓旦旦地表示布尔什维克的进攻将被血海淹没，从而导致战事发生转折。但这种提振士气的誓言书并不能消除苏德战争上双方兵力极不相称的形势。

不过，即使没有这封极具蛊惑性的呼吁书，德军也已无力抵御苏军的猛烈攻势，到进攻第三日傍晚，斗争结局已定，在弗里岑地区，苏联人突破了第 9 集团军的北翼。为了保障受威胁的集团军翼侧，集团军群长官将自己的全部预备队都调遣给了集团军，因此才得以在屈斯特林以南到菲尔斯滕贝格之间的奥得河地区击退了苏军的牵制性突击。但是，它的南翼却有另一个严重的危险出现了。4 月 16 日，科涅夫军队在朱可夫实施突击的同时，快速突破了坦克第 4 集团军在穆斯考与古本之间的尼斯河辖有防御。与此同时，科涅夫的坦克以锐不可当之势继续向西推进。而乌克兰第 1 方面军只有较小的兵力调头南下，方面军主力则继续向西和西北挺进。这一突击方向表明，苏军想要对柏林实施深远迂回，同时向第 9 集团军后方推进。

如果维斯瓦集团军长官能根据情况进行斟酌，在苏军对第 9 集团军的两面包围已不可遏制时，就立即从奥得河正面撤回第 9 集团军，并努力与坦克第 3 集团军恢复联系，这两个集团军还能继续战斗，但两个集团军的长官受限于希特勒的命令——希特勒不愿意相信末日已经降临，他认为第 9 集团军应留在奥得河，和从南面进攻的坦克第 4 集团军协同合作，将科涅夫军队突破的缺口封闭。但此时第 9 集团军的两翼正受到朱可夫和科涅夫的军队的压迫，根本无力扼守住即将崩溃的翼侧。因此，海因里奇于 4 月 20 日企图下达撤退的命令，以改善该集团军的命运，却毫无成效，因为"元首命令"迫使军队留守奥得河，而他并不敢违令。几天后，苏联人的铁钳就在集团军后方合上了。

配置在奥得河的坦克第 3 集团军最初并未遭到进攻，如今也遭遇了同样的威胁。没过多久，它的南翼防御就被攻破，苏联人强渡奥得河后，挺进了 90 公里。维斯瓦集团军群长官集中了所有的预备队、人民冲锋队和被西逐的第 9 集团军余部，总之，将一切可以集中的力量都集中了起来，由党卫军上将施泰纳指挥，并将这个临时拼凑起来的集团调往埃伯斯瓦尔德及其以西，再沿着哈弗尔河－奥得河运河安排到奥拉宁堡，在那里参与战斗并掩护坦克第 3 集团军已暴露的翼侧。就在组织掩护这一翼侧时，4 月 21 日，罗科索夫斯基对奥得河的坦克第 3 集团军发起了进攻，但起初几日并未完成任何决定性的突破。

4 月 20 日，希特勒得知已组建施泰纳集团后，立即萌生了一个新计划。于是，仓促间拼凑而成的施泰纳杂牌部队成了集团军。在埃伯斯瓦尔德以东防守的两个师及用空军临时拼凑的一些兵团也编入了该集团军，它包括约 12000 至 15000 人，但是，这些人员只拥有手榴弹和轻机枪装备，而且数量很少。因此，这些人中的大多数无法发起进攻，也没经过组织。施泰纳却要他们向南进攻。在希特勒看来，在施泰纳指挥下的这次坚决而狂热的进攻，加之几天前坦克第 4 集团军和第 9 集团军奉命发动的进攻，将能阻止科涅夫的突破，并在波罗的海到施普雷河上游之间建立起新的绵亘战线，以援救柏林于危难之间。在这些没有任何现实基础的幻梦之中，希特勒度过了人生中的最后一个生日。这一天，戈培尔再次指出，德国人民坚信自己的“元首”，并说举国上下发扬坚韧不拔的精神，将最终迎来胜利。

但是施泰纳的进攻不具备任何必要条件，因此，他的军队未能如期出击。如此一来，第 9 集团军周围的包围圈逐渐合拢；苏联人从南北两面迂回柏林，已逼近它的东郊。于是，希特勒所有的幻想都破灭了。希特勒肆意辱骂军队、党卫军乃至全国人民，指责他们背叛了他。他决定留在柏林等死。周围的人竭尽全力粉饰现实，试图让这个被现实击垮的人打起精神来，并说服他放弃留在柏林的念头。

几乎同一时间，希姆莱和戈林离开了柏林，他们异想天开地认为，自己是与西方国家谈判的最佳人选，于是走上了自己的道路。凯特尔和约德尔当时并不在已被包围的首都，他们决定对各战场上的军队继续保持形式上的指挥。他们罔顾现实，认为自己的首要任务是从外面解救柏林和希特勒。于是，第 9 集团军接到了撤退命令，以便在柏林以南与坚守着易北河和穆尔德河的第 12 集团军会合。凯特尔和约德尔认为，如果这两个集团军能从南面和东南面突击柏林，而施泰纳也能同时能展开攻击，那么，也许可以将铜墙铁壁一般的合围圈突破（当时，苏军已包围了柏林的三分之二左右）。

为了将这个计划付诸实施，凯特尔首先前往第 12 集团军，责令它在 4 月 22 日夜间做好执行新任务的准备。4 月 24 日，从大本营的临时所在地传来几份最终拟定的命令，命令第 12 集团军向于特伯格方向东进，在那里与向西突围的第 9 集团军会合，并与其一同转入进攻，解救柏林。第 12 集团军长官文克此时只能根据凯特尔的乐观描述来判断柏林周围的情况，最开始，他确实准备开赴柏林，但很快就意识到，实施这种进攻是不可能的。不过，向东进攻是必要的，这不仅是为了支援被围的第 9 集团军，也是为了保障第 12 集团军能获得自由，以在易北河以东作战，因为若不是这样，在几日内它就可能腹背受敌而被击溃。

文克希望美国人留在他们已进抵的地区，因而只用 1 个师掩护位于维滕贝格以东的南翼（因为那里已经能感觉到苏联人从东面不断施加的压力），至于主要兵力则向东进攻。4 月 29 日清晨，文克的 3 个师开始由贝尔齐希地区向东北方向进攻。很快，苏联人的顽抗就被粉碎（苏军并未料想到这次突击，因此溃不成军）。在贝利茨，3000 名德军伤员获救，并被立即撤走。同日，第 12 集团军左翼进至施维洛夫湖南段的费尔希，为了寻求生路，被围的波茨坦守军已退到那里。但是，这次顺利突击已耗尽了集团军的突击力量。他只能派出庞大的兵力掩护深入纵深的两翼，因为当时苏联人在南面已抵达维滕贝格，在北面已抵达勃兰登堡，很可能将突然冒进的进攻集团彻底切断。为了防止这一威胁，第 12 集团军尽力对两翼施加掩护，并将之前沿着易北河配置的从未使用过的兵力在勃兰登堡与哈弗尔贝格之间的哈弗尔河下游设防，以扼守贝利茨地域的正面。他们的坚守持续到 5 月 1 日，在这场持续 10 天的战斗中，早已疲惫不堪的第 9 集团军残部展开了最后一次突围。25000 至 30000 人冲过了敌人的战斗队形，但是因为疲劳至极，无论在精神上，还是在体力上，他们都一蹶不振了。

现在，如果第 12 集团军不想遭遇第 9 集团军残部那般的命运，就必须抓紧行动。文克决定用屏护队在哈弗尔河下游进行掩护，让集团军主力向马格德堡以北的易北河撤退。与此同时，他派人设法与美国人取得联系，希望得到美国人的同意，让集团军在坦格尔明德地区渡过易北河，以免沦为苏联人的俘虏。经过一番周折，他的计划勉强完成了。

4 月 23 日，凯特尔下令第 12 集团军与第 9 集团军协同，对柏林发动在他看来是决定性的进攻，并返回帝国办公厅待了一会儿。他在那里对情况进行了介绍，所有人又都充满了昔日那种乐观情绪。凯特尔对众人说，当前的任务是在第 12 集团军与第 9 集团军协同进攻的同时，保证维斯瓦集团军群的兵力从北面进攻柏林。但海因里奇强烈反对凯特尔和约德尔从北面进攻柏林的企图，因为自4月22日起，他的集团军群正面的情况又一次变得危机重重——坦克第3集团军暂时还能顶住白俄罗斯第2方面军在奥得河以西的进攻，但为了避免敌人突破，他在4月25日撤退到兰多夫河地区，接着，当苏联人向普伦茨劳突破的威胁再次出现时，又继续西撤。同时，集团军群以施泰纳的兵力和第12集团军从易北河派来的一个军，在拉特诺以北、哈弗河以东仓促间组织起了宽正面的防御，以抵挡苏联人从南面进攻。为了从后方掩护这些进攻部队，坦克第3集团军应留在原地。只有1个从西面调来的摩托化步兵师和1个已溃散的坦克师可以参与进攻，而海因里奇却急需这两个师去支援坦克第3集团军。执行最高统帅部命令将会引发怎样的后果无须怀疑：在兵力如此弱小的情况下进攻柏林，毫无胜算可言。而一旦失败，坦克第3集团军的正面就会被突破。几天后，这将导致无法避免的混乱，从被突破正面撤下的部队将与向西逃亡的一批批难民混在一起。海因里奇不愿成为这种灾祸的制造者。

4月27日，正如人们所担心的那样，坦克第3集团军的防御在普伦茨劳方向被突破，只有将当时在最高统帅部的直接干预下为了进攻柏林而占领着出发地的那2个师投入，才能阻止这一分割突破。于是，海因里奇决定将这2个师北调。凯特尔与约德尔已完全被希特勒同化，对于希特勒责难他人变节和怯懦的桥段早已司空见惯。在希特勒看来，没能发动解救柏林的进攻就是因为变节和怯懦，因此，他们罔顾周围的实际情况，认为周围的人即使不是变节，也是居心叵测。

因为不服从命令，4月28日晚，海因里奇被解职，施图登特上将接替了他，后者被认为“更果断也更顺从”。他到职前，帝佩尔斯基希将军负责指挥该集团军群，后者于不久前已开始指挥编成第21集团军的军队，这些军队在从东普鲁士调来的集团军司令部的领导之下，坚守着哈弗尔河下游与新鲁平以南地区之间的正面。受海因里奇的影响，进攻柏林已告吹。剩下的目的只有一个，那就是保持两个集团军的协同，通过退却机动减缓苏军的压力，使大批难民能在正面军队的保护之下转移到比较安全的地方去。

这个任务总算基本完成，原因在于：第一，南面争夺柏林的战斗牵制住了朱可夫的主力，德军暂时得以顶住苏军从那里施加的压力；第二，在海因里奇强有力的指挥之下，坦克第3集团军的正面未被彻底突破，而最高统帅部则将希望寄托于菲尔斯斯滕贝格，并迁至石勒苏益格荷尔斯泰因，不再干预各位司令官的行动。

三、柏林陷落和希特勒的末日

尽管形势紧迫，但希特勒并不愿离开柏林，他的宣传部长戈培尔也希望将德国首都宣传成为“全民族坚决斗争的象征”。因此，在那个不幸的城市里，德国人开始了没有任何意义的战斗。在这场战斗中，许多参与者都怀着无限的忠诚，他们之所以怀有这样的感情，是因为他们得到了政府的虚假承诺，那就是解救他们的集团军即将到达。其他人则是因为害怕纳粹党的迫害，才被迫参战。总之，这些来自于第9集团军残部、警卫分队、人民冲锋队、纳粹党积极分子、“希特勒青年团”的德国人被组织起来，并被强制分配到柏林的各个地段，开始了他们的最后一场战争。

但苏联人并不急于行动，他们以猛烈的狂轰滥炸来支援自己的进攻。4月30日，城市西郊仍在作战，苏联人已从东面攻入市中心的空军军部大楼和温特登林登大街。以文克、施泰纳和布塞所部解围的最后希望宣告破灭。希特勒原本还有机会挺身而出，站在敌人面前，为这几年的所作所为承担责任，因为早在几年前，他就声称，这场斗争是他为德国人民进行的，由他一人负责，但现在他却反其道而行之。他至死都坚信自己是正义的一方，并且对那些似乎妨碍他取胜和破坏胜利基础的人大肆指责。他要脱离尘世，其目的是“不至于落入敌人手中，而敌人正盼望着犹太人导演一出新戏，以此来取悦他们歇斯底里的群众。”

4月30日下午，希特勒自杀身亡。

苏军攻占国会大厦的战斗还在地进行着，第3突击集团军第150步兵师是最接近国会大厦的部队。1945年4月30日下午6时，苏军再次向国会大厦发起攻击，与2000名德军展开战斗，争夺每一个楼层和每一个角落。靠着源源不断的兵力，苏军逐渐粉碎了德军的抵抗。在战斗中，即使苏军占领了大厦下面的楼层，在上面楼层守备的德军也不肯投降，苏军只好一层楼一层楼地与德军搏斗，21时50分，苏联英雄米哈伊尔·耶果罗夫中士和麦利唐·坎塔里亚下士将苏联的红旗插上了国会大厦主楼的圆顶。

30日深夜，德军通过广播请求临时停火，要求与苏军进行谈判。5月1日凌晨3时55分，德国陆军总参谋长克莱勃斯将军举着白旗钻出帝国办公厅的地下掩蔽部，前往苏近卫第8集团军的前线指挥所谈判，克莱勃斯对崔可夫说：“我想告诉您一件绝对机密的事，您是我通报此事的第一位外国人，希特勒已于昨天自杀了”。克莱勃斯接着要求苏军先停战，然后等到德国组成新的政府后再进行谈判。崔可夫立即用电话将情况向朱可夫做了报告。十几分钟后，斯大林从莫斯科发来了最高指令：“德军只能无条件投降，不进行任何谈判，不同克莱勃斯谈，也不同任何其他法西斯分子谈”。9时45分，朱可夫根据斯大林的指示精神，代表苏军向柏林德军发出最后通牒：德军必须彻底投降，否则苏军将在10时40分对德军实施最后强攻。崔可夫让克莱勃斯把这份通牒带回给戈培尔等人，戈培尔见到通牒后，知道没有任何讨价还价的余地了，傍晚便与妻子及六个孩子自杀了。

1945 年 5 月 2 日 7 时，德军柏林城防司令官魏德林上将前往崔可夫的前沿指挥所，签署了投降令。至中午时分，柏林剩余守军约 15 万人全部投降。至此，苏德战争最后一次决战——柏林会战结束。此役苏军共歼灭德军 80 万人，俘虏 38 余万人，缴获坦克和自行火炮 1500 余辆，缴获飞机 4500 架。而苏军也付出了 30 万人伤亡的代价。